中华文化公开课

体育文化十讲

李世华 ◎ 编著

中国商业出版社

图书在版编目（CIP）数据

体育文化十讲 / 李世华编著. —— 北京：中国商业出版社，2018.5

（中华文化公开课）

ISBN 978-7-5208-0331-1

Ⅰ.①体… Ⅱ.①李… Ⅲ.①古代体育 - 体育文化 - 中国 - 文集 Ⅳ.① G812.92-53

中国版本图书馆 CIP 数据核字 (2018) 第 087020 号

责任编辑：唐伟荣

中国商业出版社出版发行

010-63180647　www.c-cbook.com

(100053　北京广安门内报国寺 1 号)

新华书店经销

北京晨旭印刷厂印刷

*

710×1000 毫米　1/16　16 印张　240 千字

2018 年 5 月第 1 版　2018 年 5 月第 1 次印刷

定价：46.80 元

* * * *

（如有印装质量问题可更换）

前言 PREFACE

中国古代并无"体育"这个词,但是毋庸置疑,体育运动是存在的。中国古代的体育指的是从原始社会体育的萌芽,到18世纪末西方现代体育传入中国为止。从体育的内容上说,既包括中原地区的体育项目,也包括周边民族的体育项目。这些体育项目不但具有较强的竞技性,而且还有浓烈的娱乐色彩。

中国古代体育更注重运动者本身的体验,从某种意义上说更接近体育的实质。其运动形式大致可以划分为五个类型。第一种是脱胎于生产和战争的体育,例如射箭、马术、御车、跳高、奔跑、滑雪、滑冰等;第二种是娱乐性的体育,例如蹴鞠、斗鸡、杂技、走犬、投壶等;第三类是思维性的竞技游戏,例如围棋、象棋、蒙古围棋、九连环等;第四类是养生体育,例如五禽戏、八段锦、导引术、行气术以及气功等;第五类是武术体育,例如少林拳、太极拳、八卦掌、形意拳,以及各种武术器械,如棍术、枪术、刀术、剑术等。早期的军事体育对体育影响很大,出于战斗的需要,各国都积极发展体育运动。射箭被视为运动的鼻祖,据考古发现,在山西峙峪人文化遗址中,就曾发现了石质的箭镞,这是早期射箭的最好佐证。周代贵族教育中推崇礼、乐、射、御、书、数等"六艺",把射箭、御车与其他技能并重,也可看出当时人们对体育运动的重视。

中国古代的田径运动也很发达,虽然没有"田径"一词,但是短跑、长跑、跳高、跳远、投石、投枪等活动经常举行。西周时期的"令鼎"记载:两个随从跟随周天子与马车赛跑,赛跑结束后,周天子还赐给他们十家奴隶作为奖品。战国时代的军事活动频繁,为了训练士卒,魏国名将吴起也曾组织过负重长跑、跳高、跳远等士兵选拔赛。汉唐的史籍上记载的田径运动就更多了,霍去病等将领都曾组织过类似的比赛。元代出现了规范的

"贵由赤"长跑赛,起点和终点分别在元大都(今北京)和元上都(今内蒙古正蓝旗境内),距离180里,赛跑在两个地方同时进行,其长度是现代马拉松比赛的两倍多,是中国式的马拉松比赛。

竞技性的比赛中,最早的是赛马。内蒙古乌拉特中旗的岩画上曾发现了史前赛马的记录。河南郑州出土的画像砖上,有《赛马图》。此外,在一些汉代画像砖上也出现了赛马的生动记录,就是说至少在汉代以前已经出现了成熟的赛马形式。古书上记载的"田忌赛马"一事也印证了出土文物上的记录。到了唐朝的时候,更是出现了打马球这种竞技性非常强的运动。中国的赛马和马上运动,一直到清代末年依然长盛不衰。

另外,摔跤、蹴鞠、捶丸、步打球等体育运动也都风行一时。摔跤运动是一项古老的运动,它最早源于古代"蚩尤戏"。"蚩尤戏"是为了纪念与黄帝逐鹿中原的蚩尤的一种游戏。汉代的时候,"蚩尤戏"发展成了一种类同摔跤的运动——角抵。此后,角抵又演化出了相扑和柔道两种形式,并在唐代的时候传入了日本。

蹴鞠运动是现代足球的鼻祖,战国时期就已经在民间非常普遍了。司马迁在《史记》中记载,齐国首都临淄居民富裕,常常进行蹴鞠活动。汉高祖刘邦和他的父亲也都是蹴鞠迷,刘邦专门在长安建造了足球场——鞠城。汉代李尤还写了一篇《鞠城铭》,把蹴鞠的规则、裁判、比赛形式、道德规范都写得清清楚楚。

球类运动中的捶丸盛行于元代,一个叫宁志斋的老人还编写了一部《丸经》。明朝的皇帝明宣宗也很热衷于捶丸运动。

围棋和益智类游戏早在春秋时代就已流行,其中围棋还在隋唐时代传入了朝鲜和日本,是中国文化对外交流的重大体现。

本书讲述了从原始时代体育的萌芽一直到清末我国体育的发展历程,体育文化的发展,体育项目的孕育,少数民族体育,武术体育,养生体育,体育名人以及体育轶事,并配了数百幅生动的图片,使读者在了解中国古代体育史的同时扩大视野。

目录 CONTENTS

第一讲 古代体育简史

- 萌芽——原始社会体育/2
- 初步形成——夏商周时期的体育/4
- 缓慢的发展——春秋战国时期的体育/6
- 承前启后——秦汉时期的体育/8
- 融合——三国两晋南北朝时期的体育/10
- 鼎盛——隋唐时期的体育/12
- 继往开来——两宋时期的体育/14
- 嬗变——辽金元时期的体育/16
- 落日余晖——明清时期的体育/18

第二讲 古代体育文化

- 中国古代体育的伦理思想/22
- 先秦的体育思想/24

- 尚武思潮对体育的影响/26
- 武术文化/28
- 养生体育/30
- 对弈与竞技/32
- 象棋与竞技/34

第三讲　古代体育项目

- 射箭——竞技的鼻祖/38
- 投壶——贵族文人的高雅游戏/40
- 田径——古代体育之母/42
- 蹴鞠——足球的起源/44
- 马球——唐代第一运动/46
- 步打球——古代曲棍球/48
- 捶丸——古代高尔夫/50
- 击壤——投掷项目萌芽/52
- 举重——古代的扛鼎运动/54
- 御车——古代的赛车/56
- 游泳——最古老的水上运动/58
- 赛龙舟——奋勇竞渡夺锦标/60
- 滑冰——古代冰上运动/62
- 滑雪——生产中诞生的运动/64
- 摔跤——古老的竞技运动/66
- 相扑——源自中国的运动/68
- 手搏——勇士的较量/70
- 舞蹈——艺术体育之母/72

第四讲　古代武术竞技

- 柔道——四两拨千斤/76
- 太极拳——以柔克刚/78
- 峨眉拳——攻防兼备/80
- 少林拳——以刚猛见长/82
- 八卦掌——内外兼修/84
- 形意拳——象形而取意/86
- 醉拳——以无形攻有形/88
- 棍术——武术器械之祖/90
- 枪术——武术器械之帅/92
- 刀术——武术器械之霸/94
- 剑术——武术器械之尊/96

第五讲　古代民间体育

- 风筝——开阔胸臆的运动/100
- 荡秋千——凌空飞跃的运动/102
- 踢毽子——老少皆宜的运动/104
- 抽陀螺——儿童们的运动/106
- 抖空竹——艺术型的运动/108
- 耍杂技——高难度的运动/110
- 拔河——民间喜闻乐见的运动/112
- 跳绳——从儿童游戏演化出的运动/114
- 春游——民间运动的渊薮/116
- 钓鱼——有益于身心的运动/118
- 走犬——拥有深厚政治内涵的运动/120

第六讲　古代节日体育

- 登高——岁岁重阳节/124
- 踏青——三月野外行/126
- 舞狮子——锣鼓喧天壮声威/128
- 耍龙灯——盛会狂欢节目/130
- 踩高跷——轻歌曼舞走空中/132
- 耍中幡——天桥盛会传绝艺/134
- 跑旱船——陆地依然泛轻舟/136
- 扭秧歌——劳动的颂歌/138
- 庙会活动——民间体育聚会/140

第七讲　古代民族体育

- 那达慕——蒙古族体育盛会/144
- 赛马节——藏北的盛大节日/146
- 斗牛节——苗侗族的体育盛会/148
- 刁羊——哈萨克族体育项目/150
- 抛绣球——壮族体育运动/152
- 跳板——朝鲜族体育运动/154
- 达瓦孜——维吾尔族绝技/156
- 珍珠球——满族的篮球/158
- 波依阔——达斡尔族的曲棍球/160
- 竹杵舞——高山族的体育运动/162

第八讲　古代体育名人

- 秦武王——为举重贡献生命的帝王/166
- 养由基——百步穿杨/168
- 项羽——力拔山兮气盖世/170
- 霍去病——足球先生出身的名将/172
- 李白——击剑和旅行家/174
- 徐霞客——登山运动的楷模/176
- 周懒予——棋坛怪杰的传说/178
- 徐星友——纵横四十年的棋坛霸才/180
- 康熙帝——痴迷下象棋的天子/182
- 范西屏——驰誉海内的棋坛剑客/184
- 施襄夏——康乾围棋大师/186
- 杨露禅——杨式太极拳创始人/188
- 黄飞鸿——粤港洪拳名师/190

第九讲　古代体育与养生

- 养生体育的基本内容/194
- 养生中的体育人文思想/196
- 药物养生与体育/198
- 气功与体育运动/200
- 佛家养生思想/202
- 儒家养生思想/204
- 道家养生思想/206
- "五禽戏"与养生/208
- 八段锦与养生/210

- ⊙导引术与古代养生体操/212
- ⊙行气术与吐故纳新的运动/214
- ⊙按摩术与推拿/216
- ⊙孙思邈论养生/218
- ⊙苏东坡的养生术/220

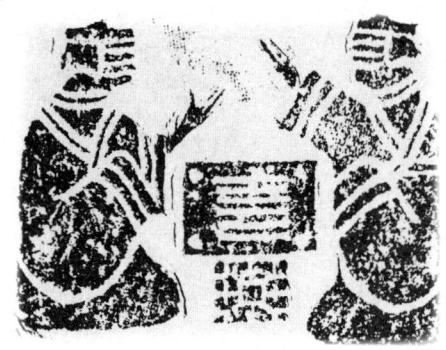

第十讲 古代体育轶事

- ⊙汉代的骑术与马戏/224
- ⊙唐朝的盛装马术表演/226
- ⊙古代体育交流与俱乐部/228
- ⊙《三国演义》中的大规模射箭赛事/230
- ⊙爱好球类的帝王们/232
- ⊙古代神射手佳话/234
- ⊙王积薪蜀中得棋艺/236
- ⊙达摩祖师与少林武功/238
- ⊙清代木兰围场的体育盛会/240
- ⊙清末体育教学/242
- ⊙刘长春与中国奥运梦/244

第一讲
古代体育简史

萌芽——原始社会体育

体育是人类通过实践创造的一种特殊运动,中国古代的体育源远流长,早在远古时期,就已经伴随着原始人的生产劳动和其他社会实践活动逐渐地孕育出来,甚至与后世有关的各种运动器械也已经初具雏形。

虽然"体育"一词出现在17世纪,至19世纪末才传入中国,但是,中国古代的体育活动却源远流长,甚至可以追溯到原始社会文明未开化的时代。中国古代体育萌芽的产生与当时人类社会生产的发展、社会生活以及人类文化的进步有着密不可分的关系。主要与以下几个方面有关。

劳动中萌生体育

茂密的原始森林里,两个猿人正在采摘野果,树上的猿人把摘下的果子丢到地上,树下的猿人不停地在地上爬来爬去,把散落在地上的果子拾起来。突然树下的猿人一跃而起,前肢一下子接住了一个高处落下的果子。从此,开始了人类直立行走的时

◆ 早期人类的生产活动

代，后来他们学会了奔跑、跳跃等技能。又经过几十万年的光阴，人们慢慢学会了打制石器、骨器来获取食物。在追捕猎物的活动中，学会投、掷等方法，并发展了速度、耐力、力量、灵敏等各种身体素质，这个时候原始体育应运而生，但主要是以生存为直接目的。

远古时代，恶劣的生活环境改变了人类的体力和智力，使他们不得不学习走、跑、跳、投、攀登、游戏、搏斗等技能。原始人类赖以生存的劳动主要是打鱼和打猎，这不仅要求猎手们反应快，动作敏捷，还要求他们有良好的体力和一定的基本技能。这个时候的体育主要是以生存为直接目的，进行各种能力的训练。

战争中推进体育

原始社会时期，人们生活的条件十分艰苦，部落之间常常为了争夺生存空间、复仇或祭祀而发动战争，随着战争规模的不断扩大，为了提高自己的力量，每个部落纷纷制造兵器，教民习武，而且还挑选身强力壮的士兵进行军事训练，其中包括摔跤、飞镖、棍棒等。所以，战争对体育的发展起到了一定的推动作用。

体育教育的萌芽

劳动工具出现后，体育便获得了进一步发展的条件。狩猎用的石块演化出了后世的链球运动和其他球类运动，投矛器是现代弓箭的前身。这些技能需要尽可能地传授给下一代，这就产生了原始社会的劳动教育，从而进一步增加了体育因素。我国鄂温克族的长辈很注重向后辈传授狩猎的知识和技能，如跳高、滑雪、角力、射箭和搬家游戏等。

从上述内容可以看出，在人类还处在蒙昧时代的时候，体育就已经步入了人们的生活视野，并且出现了最原始的运动器械。除此之外，还有祭祀活动，不同的民族在举行宗教活动的时候，各自有着独特而复杂的仪式，如祭拜、礼仪、迎神赛会等。人们以身体的动作或技巧、能力的考验等方式，表达对宗教的信仰和崇拜，这其中含有诸多类似体育活动的内容，如搏杀野兽、掷投飞镖、角力、障碍赛跑等。

中华民族是伟大而充满智慧的民族，她创造了最早的体育活动，在生存、劳动中实践，锻炼身体、陶冶情操，使人类得到发展，社会得到进步。

延伸阅读

丁村遗址与石球

"丁村遗址"是20世纪50年代初期在山西襄汾丁村一带发现的，距今约12万年。遗址共有20多处旧石器中期的文化地点，都分布于汾河两岸。从出土的2000多件石制品看来，丁村人石器工具的制造和使用技术，相比北京人都有了很大提高，他们制造的石器工具加工更精细、形体更规整、类型更多样，而且还出现了较专业的分工，其中最具代表性的就是大棱角尖状器和石球。大棱角尖状器采用有三棱的厚大石片打击而成，手握部分宽厚，尖端锐利对称，像个等边三角形，其作用应该是用于挖掘植物的根茎，石球比较粗糙，重量一般在500—1300克之间，被认为是狩猎工具，像流星索一样为投掷所用。

初步形成——夏商周时期的体育

中国奴隶社会夏、商、周时期,十分重视体育,主要围绕着"祀"和"戎"这两项活动。奴隶社会时期的体育运动呈现出军事性、教育性、民间性的主要特点。

人类进入奴隶社会后,生产力水平大大提高,青铜冶铸技术的熟练掌握使得精锐工具和武器大量产生,从而导致阶级分化与斗争愈加激烈,推动了军事体育的发展;文字出现后,为传播文化知识,设立了学校,体育活动也被确立为学习科目而得以传播,这表明人类正在向文明的征途迈进;统治者出于祭祀、朝会大礼等诸多礼仪的需要,客观上为许多体育活动形式制定了某些法规,并将一些体育活动列为教育内容,广泛推广,这对古代体育的发展也起到了一定的影响。

军事训练中的体育

原始社会后期出现了军事活动,阶级矛盾的尖锐化,对中国奴隶社会时期的体育产生了深刻的影响。先前的狩猎,除原有的生产意义外,也开始转化为统治阶级用以练兵习武的"田猎"活动,大大提高了军队的战斗力。

《山海经·海外西经》载:"大乐之野,夏后启于此舞九代。"即夏启曾带领部下在大乐之野进行名为"九代"的武舞;商代的甲骨文和金文中,已经有了射、御两个字,甲骨卜辞中还出现了许多记载田猎活动的资料;西周时期还出现了"象舞",以步

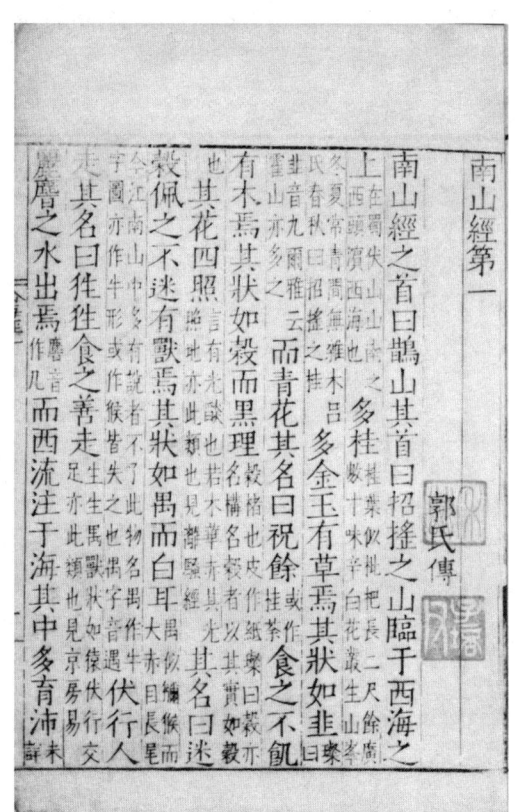

◆ 《山海经》书影。此书记载了夏代体育活动的某些内容。

伐整齐，统一攻防，最终战胜了商军。

当时的军队有车兵和步兵两种，车兵称为"甲士"，并且车兵是军队的主力。作战时，甲士乘车，步卒或在车前引路，或在车后前进，必须有很强的奔跑能力，因此奔跑成了军队训练的一项重要内容。周代《令鼎》铭文记述了这样的故事：周王从淇田场返回王宫时，命令步卒与马车赛跑。并说，你们若能一直跟上我的马车跑回宫中，我就赏赐你们十个奴隶。两名步卒紧随马车，一直跑到王宫，周王如约赏赐。

在漫长的古代历史中，随着兵器、作战技能和军制的变化，作为军事训练的体育活动也不断演变，射箭、御术、角力、举鼎、拳术、奔跑、跳跃、投石、游泳、蹴鞠、马球等都先后用作军事训练。此外，尚武、崇武也成了夏、商、西周时期的社会风气。

学校教育中的体育

夏、商、西周时期的体育活动，除与军事和田猎等联系较为密切外，学校教育中的射、御、舞勺、舞象等，均带有明显的体育特征。

奴隶社会时期奴隶主贵族想要巩固自己的统治地位，就需要将后代子弟培养训练成身体强壮的武士，以继承自己财产和领地。如夏、商的学校里，习射就是重要的教育内容；西周的教学内容合称"六艺"，即礼、乐、射、御、书、数，其中乐、射、御都是体育内容。

"乐"是音乐、诗歌、舞蹈等，是陶冶情操、节制欲望、缓和奴隶主内部矛盾的精神教育。

民间活动中的体育

在军队和学校之外，民间也在不断发展。西周时期倡导"尊礼文化"，因此，朝会、宴乐、祭祀等活动比较常见。在这些活动中，就包含着独具特色的体育形式，如五御、跳舞、礼射等。体育活动不仅仅是奴隶主的专享，奴隶们在乡间集会或是劳动空闲的时候，也会用歌舞来抒发自己的情意。在东周时期，围棋已流行于民间。

纵观夏商周时期体育发展的境况，对中国古代体育发展影响最为深远的就是军事体育、体育教育和民间体育的分化。这种格局一直延续到近代西方竞技体育传入之前。

延伸阅读

围棋的早期历史

一般认为围棋诞生于东周时期。不过晋代张华所编的《博物志》认为围棋早在上古就已诞生。明代陈仁锡所著《潜确类书》认为围棋诞生于夏代，围棋是夏桀的臣子乌曹发明的。《左传·襄公二十五年》中明确出现了"弈棋"的记载，这一点说明，至少在东周时期围棋已经存在。《论语》中说："饱食终日，无所用心，难矣哉！不有博弈者乎？为之犹贤乎已。"由此可见，围棋产生于在春秋已经为很多人所熟识。在此后的典籍中，如《孟子》《关尹子》《尹文子》等书中都记载了"围棋"，由此可见我国早期的围棋活动十分普及。

缓慢的发展——春秋战国时期的体育

> 春秋战国时期，战争频繁，军事体育空前发展；各种民间体育活动纷纷涌现；养生术和养生思想也已诞生，但是纯粹的竞技性体育并未有太大发展，总体上呈缓慢发展态势。

春秋战国时期是我国历史上从奴隶社会向封建社会过渡的大变革时期，奴隶统治日渐瓦解，形同虚设，各诸侯国并吞弱小，互相兼并，争雄称霸，风起云涌。军事活动对体育产生了极大影响。

军事体育大发展

由于战争频繁，各诸侯国大都崇尚武功，以强兵治国，战法与兵种也发生了很大变革。其间蓬勃发展的体育项目，都与军事训练有密切的关系，如射箭、举重、武艺、摔跤、田径、游泳、赛马、击剑尤为兴盛。由于吴、越、楚三国地处江南，因而水战是其主要战斗形式，对水上运动起了很大的推动作用。

春秋时期赛马活动兴起，并十分盛行。齐威王与大臣田忌赛马，先是两人各出上、中、下三匹马，比赛结果，田忌三战三败。后来军事家孙膑出了个主意，比赛时调整了一下马匹的排列，让田忌以上马对中马，以中马对下马，以下马对上马，结果是一败两胜，总评获胜。"田忌赛马"的故事在中国流传极广。虽然当时的赛马只是诸侯贵族赌博取乐的活动，但说明当时的人们在驾驭马匹方面已经有了较高的技术。

后来，铁器得到应用，

◆ 战车图。在军事活动的推动下，驾驭战车、战车训练等活动蓬勃发展。

◆ 蹴鞠铜镜

士兵得以用铁剑为主要兵器。赵文王养了3000多名剑士，"日夜相击于前"。可见当时对抗性极强的体育在战争的推动下得到较大的发展。

吴起训练魏武卒

士兵的体能是古代军队最主要的战斗力，因此对士兵跑、跳能力的要求都很高，因而多以跑、跳来训练军队的战斗能力，其中负重跑是士兵的体能训练形式。孔子再传弟子中，曾出现一位与"武圣"孙子齐名的大军事家，名叫吴起，后任魏国将军，他十分重视士卒的训练，注意提高实际作战能力。吴起镇守西河期间，首创士卒考选制度，要求参加考选的人穿"三层之甲"，背负一张用上百斤力气才能拉开的硬弓和装有五十支箭的箭囊，头戴铁盔，腰佩剑，带三天粮食，在半天之内走完百里路（合现在41.3千米）方可入选。并对"武卒"严格训练，使之成为魏国的精劲之师，也就是著名的"魏武卒"。

民间体育的兴起

商业的繁荣促进了娱乐体育的发展，临淄是齐国的首都，当时齐国经济发达，物质生活优裕，衍生出丰富多彩的体育活动，蹴鞠就是其中一种。

南国水乡还流行一种水上娱乐活动——竞渡，流传最广的说法是为了纪念战国时期楚国的爱国诗人屈原。另外，投壶、飞鸢、秋千、弄丸、围棋等娱乐活动也在民间兴起，象棋也依稀可见。

延伸阅读

悲剧射手斗越椒

斗越椒是春秋时期楚国的令尹（相当于宰相），也是一个著名的神箭手，而且还训练了一大批善于射箭的弓手。可以说是古代体育史上最出名的射箭运动员和教练员。史载，若敖氏数代都把持着楚国的相权，而且控制着较精锐的军队（尤其是射手）。楚庄王为了加强君权，削弱公族的权力，先后杀掉了两任若敖氏家族出身的宰相，仍无奈地任命若敖氏家族的另一人斗越椒为令尹。斗越椒为了维护家族利益，趁庄王率军队问鼎中原时发动叛乱。庄王赶紧回国平叛，在战场上君臣相遇。庄王亲自擂鼓，斗越椒向庄王射了一箭，箭从车辕间飞过，射穿鼓架，洞穿了牛皮鼓，吓得庄王把鼓槌也掉落了。左右护驾人员赶紧拿着"笠"（伞盖）替庄王遮挡。斗越椒又一箭，将左笠射了个对穿。其箭术力道之大，令人瞠目结舌。可惜这位号称数百年来难得一遇的神箭手遇到了另一个射手养由基（当时还是无名小校），被养由基射死，养由基也因此扬名天下。

承前启后——秦汉时期的体育

> 秦汉时期体育运动的发展是中国体育史上承前启后的重要时期。在继承先秦体育与引入外来体育基础上，有所摒弃，形成了后世体育发展的基本格局。

秦汉时代是中国封建社会的前期，封建制度基本形成和初步发展，这是中国古代体育活动内容发展的重要时期，先秦的各类体育活动得到了继承和发展，新的体育活动和项目又陆续产生。这一时期体育的主要特点是：活动规模较大，竞技性与娱乐性较强；某些类别的体育活动（如"导引""百戏"等）已初步自成体系，且独具特色；寓军事训练于体育娱乐的思想得到体现，开创了重文士轻武夫的先河，使得社会上形成了"雅""俗"两类不同的体育活动。

军事体育的变化

秦统一之后，虽为防边患大力发展军事体育，但国内的安定生活更需要休闲娱乐，因此如何改变枯燥的军事训练，把练武寓于娱乐之中，成了这一时期军事体育的重点。

汉朝时大力提倡以野兽为假想敌的军事射猎活动，狩猎不仅使用骑射、兵器击刺捕杀禽兽，还提倡徒手搏斗擒捉野兽。狩猎中保存了古老的弋射、毕捕方法，可以说是各种狩猎方式都兼容并蓄，集练武、娱乐于一体的体育活动。

蹴鞠这种活动曾在秦统一后低落，到了汉代又逐渐兴盛起来，有娱乐和军事两种形式。汉武帝时，攻打匈奴的行军途中，士卒都参与蹴鞠活动，以振奋士卒的精神。这就是"蹴鞠兵势也"的重要原因之一。

◆ 汉代画像砖上的追随于车前车后的步卒，反映了当时步卒受训的情形。

◆ 汉代画像石上寓体育于乐舞的的娱乐活动。

角抵最初主要是流行于民间的徒手角力活动，秦时增加了它的娱乐性和表演性并进入宫廷，与杂技、魔术、歌舞等同台表演，成为宫廷贵族的观赏性娱乐活动。到了东汉，角抵戏随着内容的增多而被称为"百戏"，举凡古代歌舞、杂技幻术、角力较武、赛车走马，无不囊括其中，成为中国古代歌舞、杂技表演、运动竞技的综合表现形式。

民俗节令中的体育

我们祖先很早就认识到节令的迁移、气候的变化会给身体带来一些影响。秦汉时期，通过节日、节令习俗开展体育活动已成为中国古代主要的体育组织形式之一。在众多的节令习俗活动中，不是与驱邪防病有关，就是与祈求长寿、欢娱身心相联系。

作为节令民俗活动的驱傩，是古代的一种驱疫防病活动。大约西周时已成礼制，至汉代成为"腊祭"活动的内容之一。汉代宫廷举行的驱傩仪式，先由"中黄门"带领"子"将火炬从宫禁中传至端门外，再由守候在端门外的卫士将火炬传至等候在城外的五营骑士，五营骑士分三站，相继传至洛水，将所持火炬投入水中。其中，卫士与五营骑士皆有千人参加，这实际上是浩荡的越野接力跑。

医学的发展

汉代医学已有了极大发展，医学专著《黄帝内经》《伤寒杂病论》奠定中医学的发展基础。《黄帝内经》中提到当时医疗的手段有九种，导引是其中手段之一，"亦以除疾，兼利蹄足"，（《三国志·方伎传》）导引既能健身，又可以治病，开创了"体疗"新方法。

延伸阅读

李尤的《鞠城铭》

《鞠城铭》为东汉人李尤所写，全文是：圆鞠方墙，仿像阴阳。法月衡对，二六相当。建长立平，其例有常。不以亲疏，不有阿私。端心平意，莫怨其非。鞠政犹然，况乎执机。

这是世界上最早论述足球裁判的著作，全文不过48字，却内容丰富，告诉我们汉朝的足球竞赛形式、裁判规则、竞赛用球和运动场地，都已开始走向规范化。其中提出的竞赛原则，至今仍值得我们学习、继承和发扬。

融合——三国两晋南北朝时期的体育

> 三国两晋南北朝时期，社会多有动荡，体育发展有失均衡。同时空前的民族大融合又为体育活动增添了许多新的内容和色彩。

两晋南北朝时期玄学对儒家正统礼乐观的冲击，北方骑射民族的剽悍尚武，都为隋唐体育的繁荣打下了基础。无论是武艺、球戏、保健养生，还是围棋、水戏等都初步定型，竞放异彩。而且这个时期妇女的体育活动较为兴盛。

军事体育的衍生

三国时期，各国争战不断，为了获得战斗力强的军队，魏、蜀、吴三国的统治者都下令争求武才。蜀国的诸葛亮创制了不少新型武器，每一种新式武器的出现，必然对士兵的身体素质和武艺技术提出新的要求，如元戎，是一种能够连发的弩，这就需要士卒加强对腰力和臂力的提高；木牛流马类似人力独轮车，适用于山地作战的运输工具，不仅要求驾御者要有很大的力气，而且长途跋涉还需要有很好的耐力。士兵们不断经受新的训练，这对军事武艺的发展和身体素质的提高，又是一种促进。

两晋南北朝时期，战争主要是骑战和步战，因此骑射受到相当的重视。北方习射之风胜过南方，女子也善于骑射。当时也出现了以骑射为内容的娱乐和竞赛。

北魏末期的濮阳王元顺，善于射箭。《资治通鉴》上说，元顺参与了宇文泰拥立南阳王元宝炬的计划，元宝炬成为西魏的开国皇帝，即西魏中宗，元顺是中国历史上有史可考的第一个射箭冠军。

两晋南北朝时，受北方游牧少数民族影响，角力（又称"相扑""拍张"）成为一种单独的体育活动，在社会上开始流行起来。

◆ 诸葛亮

◆ 《抱朴子》书影（晋 葛洪著）

养生思想与方法的发展

两晋南北朝，统治阶级腐朽、醉生梦死，为养生思想的发展提供了土壤，出现了历史上的一个高潮，涌现出不少养生学家。

"竹林七贤"之一的嵇康"长好老庄"，著有《养生论》。晋代著名道士葛洪，好神仙导引之术，后炼丹终生，著作很多，代表作为《抱朴子》。他还对各种养生方法多有研究和论述，包括吐纳、导引、房中和服食等等。他提倡服食丹砂、黄金、白银、诸芝、玉王、云母、石英、松柏脂、汉等、地黄、麦冬等，以"令人身安命延"。

南朝齐梁间道士、医学家陶弘景80多岁时，容貌还跟中年人差不多，他在著作《养生延命录》一书中辑录了大量的养生理论和方法，其中《导引按摩》部分，丰富多彩。他根据《导引经》，介绍了不少成套的动功（如导引七势、按摩八法、肢体运动八势等）。

娱乐体育盛况空前

两晋南北朝，围棋又出现一个高峰，王公大臣、文人学士通宵达旦，下棋无度。少年儿童中也涌现出围棋高手。魏晋南北朝已有棋品制（相当于今天的段位），按棋手技艺高低分为"九品"，后传到日本，成为日本九段制的依据。当时纵横19道的棋盘，一直沿用至今。

民族大融合使多姿多彩的各族舞蹈彼此交流，繁盛空前，北朝继承了汉、晋的舞蹈，还将西北各地少数民族乐舞带进中原，实现了各民族舞蹈的大交流。南朝也引进了北方民族的舞蹈，这一时期的艺术体育在各方面均有广泛开展。

延伸阅读

围棋名由来

围棋，起源于中国，它迄今已有2000多年的历史。从古文献来看，围棋最早被人称为"弈"或"棋"。据说，这是各地方言不同的缘故。北人称"弈"，南人谓"棋"。

后来，有人根据下棋时黑白双方总是互相攻击，互相包围的特点，称"下棋"是"围棋"。汉代，围棋虽已作为一个专用名词出现，但在很长一段时间里，"围棋"还是被当作动宾词组使用。如古诗中"溪头烘药烟霞暖，花下围棋日月长"，"昂头说《易》当闲客，落手围棋对俗人"，都是明显的例证。到了佛道盛行的南北朝时期，围棋活动极为普遍，文人学士中有的已嗜弈成癖，有些遁迹沙门的佛门弟子也乐此不疲。这期间，围棋又得了两个富有时代特点的别名："手谈"和"坐隐"。

鼎盛——隋唐时期的体育

作为灿烂的唐文化之一——体育，不但为唐文明增添光彩，而且在中国体育史和世界体育史上，都占有显赫的地位。

唐代作为一个具有广阔胸怀的朝代，她所具有的文化氛围渲染着每一个阶级。唐代体育呈现出多姿多彩的形式，空前繁荣的经济极大地刺激了唐人对体育文化的追求，同时也揭开了体育外交的序幕。

全民参与

自古以来，各代帝王大多对体育抱有浓厚的兴趣，其中唐代最多，他们本人也更多地参与体育活动。唐太宗李世民不仅是好射手，更是马球的倡导者。玄宗李隆基更是嗜球入迷，经常在场中驰骋。唐中宗景龙三年（709），吐蕃赞普派遣他的大臣尚赞咄来迎接金城公主，因知道唐中宗李显最爱看球赛，便带来了一支十人马球队。吐蕃是游牧民族，马匹骏壮，骑术精良，马球技术也很精湛。唐中宗派遣皇宫内园的马球队和神策军马球队比赛，两战都输了。唐中宗十分恼火。这时，临淄王李隆基和嗣虢王李邕、驸马杨慎交、武延秀组成了一支四人贵族马球队，与吐蕃的十人马球队比赛。开赛之后，李隆基往来奔驰如风回电激，挥动球杖，连连透门，贵族队大获全胜。球赛结束之后，吐蕃大臣尚赞咄连连称赞说："想不到王爷会有这么好的球技！"李隆基是唐代皇帝中寿命最长的一个，活了77岁，这与他喜爱马球，一直到老年还坚持参加体育活动不无关系。

唐代体育的普及不仅在上层社会，平常百姓也都以极大的热情投入到这场体育热潮中。每逢清明都会举行蹴鞠、角力等比赛；民间竞渡也进行得如火如荼，场面十分火爆；跳水运动开始出现；击球运动风行一

◆ 马球的倡导者——李世民

时，唐后期，每逢初春时节，科举及第的进士们都会进行击球比赛；唐代棋类活动也十分流行，前期围棋盘为17道289子，中唐以后发展为19道361子，大大增加了围棋变化的余地，与现代围棋几乎吻合。

唐代给予女性的自由和开放旷古未有，唐代女性也是整个中国封建社会里最喜欢运动的一族。当时妇女中间，广泛流行着舞蹈、射箭、散乐、秋千、拔河、郊游、田猎、蹴鞠、击球等多种多样的体育活动。1972年，陕西乾县唐章怀太子李贤墓出土的《马球图》壁画，故宫博物院收藏的唐代妇女打球图铜镜都反映了这种情状。

中外体育交往

唐代长安是当时世界文明的中心，周边国家经常派出使员到中国学习，中国也有使者和其他人员前往国外，他们成了中外交流的重要桥梁。

中日两国的友好交往在汉朝就开始了。三国时期，中日互有兵器赠送；汉代到南北朝，中国的相扑传入日本；到唐代，中日体育的交往随着友好往来的增多而愈加丰富。中日体育交流的内容，涉及蹴鞠、击鞠、武艺、棋类多种运动项目。中国百戏的一些内容也被日本所吸收。

南北朝初期，朝鲜的音乐、舞蹈就已传入中国。隋朝"七部乐"、唐朝的"十部乐"，都有"高丽伎"，可见高丽乐当时很受欢迎；更多的留学生来中国，同样也吸收了大量包括体育、医疗保健内容在内的文化。

隋唐时期，中国和印度的友好往来是以佛教为纽带的。唐太宗时，有"秦王破阵"乐舞，"乐工百二十人，被甲执戟而习之。凡为三变，每变为四降，有来往疾徐击否则之象，以应歌节"，是当时最受欢迎、最负盛誉的乐舞之一。隋唐以前，就有天竺传入的佛教导引按摩术。孙思邈的《千金要方》中就辑有"天竺国婆罗门按摩法"十八势。唐代统治者崇佛，又信长生术，造成了印度方士到中国传授长生术的条件。

总之，隋唐时期，中国丰富的体育内容传到东西方各国，产生了深远的影响。中国也吸收了外国的体育内容，使中国体育更加丰富多彩。

延伸阅读

秦王破阵舞

《秦王破阵舞》，又名《七德舞》，是唐代著名的战争舞蹈，是在军歌的基础上排练出的阵容庞大的舞蹈。唐武德三年（620），秦王李世民打败了割据势力刘武周，巩固了唐政权。于是，他把旧曲填入新词，命将士吟唱。贞观七年（633），身为皇帝的李世民亲自给这首曲子编舞。舞阵呈左圆、右方、先偏、后伍、鱼丽、鹅贯、箕张、翼舒，交错屈伸，首尾回互，往来刺击，以像战阵之形。舞凡三变，每变为四阵，计十二阵。舞蹈表演的同时宫廷乐队进行奏乐，其中以鼓乐为主，大鼓震天响，声传百里，气势雄浑。

《秦王破阵舞》演练成熟后，太宗李世民命令120人（一说128人）的庞大阵容在玄武门之外表演，当日由2000人的军马引导着表演者，所有表演人员都披甲持戟，荷杖负矛，场面尤为壮观。一起来观看的除了高官贵族外，还有各国的使节，入贡的游牧民族的首领。

《秦王破阵舞》在当时的名气很大，甚至传到国外。玄奘大师到达印度后，印度国王尸罗逸多亲自询问了关于此舞的内容。武则天时期日本遣唐使节粟田正人还将此舞传入日本。可以说，《秦王破阵舞》既是著名的乐舞，也是集体性很强的体操活动。

继往开来——两宋时期的体育

从北宋到清末，是中国古代体育演进的重要时期，体育文化呈现出特异色彩，对后世体育的发展产生了很大影响，在中国古代体育史上有着十分重要的地位。

两宋时期是中国历史上文化璀灿的时代，从北宋以后传统体育出现了一些新发展，武术体系形成，消闲娱乐活动兴盛，养生内容丰富，与此同时，民族融合也丰富了传统体育的内容。中国古代体育由此开始经历了一个由继承、发展到逐步走向定型的过程。

武艺的发展与形成

唐代的武功虽门派众多，但是因为政局稳定，又没有战争，所以武功偏向强身健体，各派武术有频繁的交流。而到了宋代，阶级矛盾和民族矛盾日益突出，军事斗争紧张激烈，军事教育和训练大大增强，以骑射为中心的武艺训练得到了进一步完善。

宋代负责士兵训练的是教头，教头只有训练的责任，而无统领军队的权力，因而可以把精力用在研习武艺方面，推动了武艺的发展。小说《水浒传》中的林冲出身枪棒世家，原为八十万禁军枪棒教头，武艺高强，"林家枪法"举世闻名。著名抗金将领岳飞曾创编子母拳，后其子岳震、岳霆隐居于湖北黄梅，传下了岳家拳。

◆《宋太祖蹴鞠图》。宋太祖是一个热爱蹴鞠的皇帝，常和功臣内侍一起踢球。这也反映了宋代体育的兴盛。

宋朝南派武术的特点在民间已经初步形成，但却分散各处，岳家散手就像是一根丝绳，将散落四处的珍珠统统串了起来，这就为南派武术赶上北派奠定了技巧上的基础，同时也打下了民间基础。此后，南派武术才在明朝与北派平分秋色。

消闲娱乐活动的兴盛

随着城市文化的发展和戏剧等表演艺术的发展，一些传统的体育活动或融汇于戏剧，或演变为民俗，有的则渐渐消亡。

宋元时期已出现了民间的体育组织——"社"。据记载，南宋京城临安有多种"社"，如弓、弩的"踏弩社""水弩社"，打拳使棒的"英略社"，蹴鞠的"圆社""齐云社"等。这类体育社团，担负了制定技术标准、竞赛规程、组织比赛和交流等任务，标志着古代体育进入了一个新阶段。

养生内容的发展

宋代注重道教典籍的编纂整理，张君房取《道藏》精华编成的《云笈七笺》中，保存了许多导引养生资料。北宋至清代的众多养生和医学著作，整理、创编了大量导引术，最有代表性而且对后世影响较大的是《八段锦》和《易筋经》。

宋代统治者提倡市民文化的发展，很多文人对养生产生了兴趣。养生专著有许多是文人编著的。苏轼对养生颇有研究，撰有《养生诀》《苏沈良方》等养生论著，主张经受自然力的锻炼，认为养生之要，在于"和"与"安"。他还根据自己亲身实践，总结了一种简便易行的导引养生

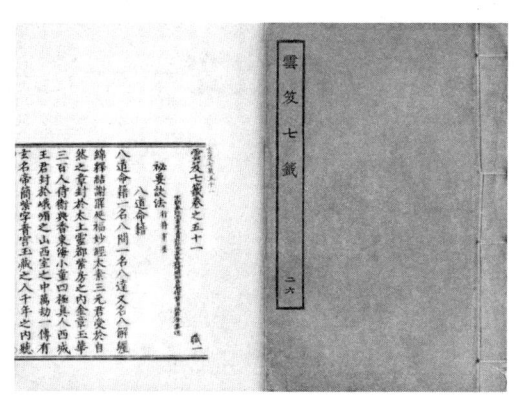

◆ 《云笈七笺》书影

功法。

诗人陆游也热衷于养生，他认为"养生之道"在于养性和气，常练气功，注意饮食、起居。他还主张心要静，身体要适当运动。他早晚常常散步和按摩，有"朝脯两摩晚""吐纳馀闲即按摩"的诗句。

延伸阅读

《云笈七笺》

《云笈七笺》是宋代张君房辑录的大型道教类书，收录了宋以前的大量道教书籍。俗称"小道藏"。全套图书分为三洞、四辅。所谓三洞，是指"洞真、洞玄、洞神"；四辅是指"太玄、太平、太清、正一"，加起来总共是七部，故谓七笺。

该书不但对道教的教理教义、本始源流、经法传授等做出了提纲挈领的阐述，还记载了一些道教的养生内容。其中对于上清经传授系统和上清派的养生尤其详细，对后世的养生学发展有较大的影响。

嬗变——辽金元时期的体育

契丹人和女真人建立的辽、金两代王朝都注重民族传统，在建立稳固的政权后，大力发展民族体育。在与汉民族交往的过程中，吸收和发展了体育文化，呈现出向中原先进民族学习与借鉴的文化特征。

辽、金、元时期的体育，既保留了本民族的传统项目，又吸收了中原地区的有益成分，形成了自己独特的风格。

骑射

以游牧为生的民族重视骑射，辽、金、元三朝全民皆兵，"上马则备战斗，下马则屯聚牧养"。骑射、围猎是他们军事训练的主要内容和形式。

契丹人以游牧为生，一些体育活动具有浓郁的游牧特点。每年三月三这天，辽国人民要举行一种射木兔的游戏，也是比赛箭术的一次例会。比赛者将一木雕的兔子放在选定的地方，参加者分为两组，骑马较射，以射中木兔为胜。

长跑

为了迅速传递军情，各王朝都十分重视发现和训练善于长跑的人。金章宗泰和六年（1206），"初置急递铺，腰铃转递，日行三百里"；元代的急递铺兵，甚至达到"一昼夜行四百里"。以上都属于职业性质的长跑。

元世祖至元二十四年（1364），建"贵赤卫"，担负元大都（今北京）及上都（今内蒙古正蓝旗境内）警卫。元代统治者为检阅这支军队的身体素质及长跑技能，每年举行一次长跑竞赛。据元朝人陶宗仪《辍耕录》所记，长跑竞赛有两条路线：一条以河西务（河北武清县东北）为起点，至大都内中（宫廷）为终点；另一条以泥河儿（河北宣化县东）为起点，至上都内中为终点；每

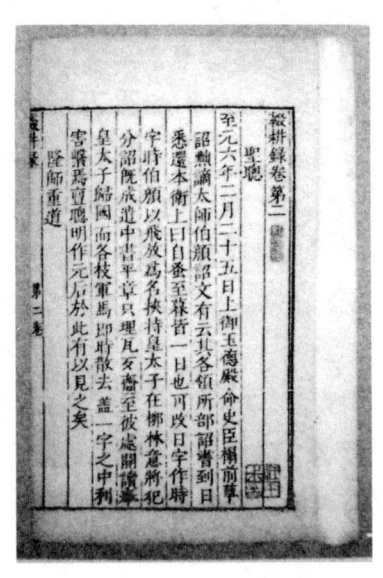

◆《辍耕录》书影。该书记载了元代"贵赤卫"的赛跑。

10里或15里、25里设1铺，急递铺兵上下传递作接力赛。前在起点处"约之以绳"，各队参加者横列绳后，开始时将绳去掉，齐向终点奔跑。约3个时辰（6小时）跑完全程（约180里）。

马球

体育文化则体现了北方少数民族素善骑射的特征，辽、金、元三代的统治者，喜好马球运动。辽代有端午、重九举行马球比赛的传统风俗，并在都城修建了供皇家打球消遣的专用球场。元代对马球运动不断加以改进，以皮革缝制的"软球子"代替了木球，加长了球杖，提高了比赛的技巧性。

捶丸

捶丸由唐代"步打"发展而来，宋、辽、金、元时均盛行。元世祖至元十九年（1282），有位书房号"宁志斋"的老人，著《丸经》2卷。他认为捶丸有"收其放心，养其血脉，怡怿乎精神"的作用，并视为"训将练兵之一伎"。《丸经》共32章，对捶丸活动的场地、设备、竞赛方式与裁判规则等，均有详细记载。根据地形选择场地，做成球穴。球以坚固的木料制成，棒为木竹合制。竞赛人数可3—10人，双数可分两班比赛。竞赛方法主要是以棒击球进穴，以筹计胜负。从《丸经》这一珍贵的体育专著中，可知中国远在宋元时期，就已经有了类似欧洲高尔夫球的运动。

摔跤

元代时，民间摔跤仍然流行，特别在蒙古族中广为开展，不光是猛士们的专利，女子也参与其中。元世祖忽必烈的侄女、海

◆《捶丸图》。山西省洪洞县广胜寺水神庙明应王殿壁画。

都王的女儿明月公主就是一位摔跤高手，罕有男人是她的对手。她曾摆下擂台比武招亲，世界各地的人都赶来看这国际男女混合摔跤比赛。规则是：只要把公主摔倒在地，就算胜利——跟奥运会摔跤比赛的规则差不多。

延伸阅读

明月公主

明月公主，即"艾吉阿姆郡主"，她名字的意思是"明月"，故而在《马可·波罗行记》里被称为明月公主。她是元世祖忽必烈的弟弟海都王的女儿，小时候很受忽必烈的钟爱，据说忽必烈曾为自己的侄女打造纯金马鞍，在上面雕刻半卧的小鹿，以象征她的聪明伶俐。明月公主是蒙古著名的女摔跤手，很多男子都不是她的对手。后来忽必烈做主将她嫁给了一个非常信任的部落王子。明月公主婚后不久，海都王与忽必烈反目，二人兴兵相见，明月公主在两军阵前慷慨陈词，劝解他们罢兵和平相处，并为此拔刀自尽。忽必烈和海都王非常痛心，罢兵言和。

落日余晖——明清时期的体育

> 明清两代处于古代与近代的交替时期，是中国古代传统体育发展的重要阶段。明初到清中叶，体育活动仍在不断发展。清代中期之后，传统体育活动逐渐没落。

明清时期的民间体育活动完整地保留了传统体育文化，为现代体育的发展提供了宝贵的资源。明初到清中叶，突出表现了古代体育的娱乐性与健身性，如武术、摔跤、冰嬉、围棋、导引等体育活动较活跃，有的还有发展。清嘉庆以后，随着清王朝的日益腐败，中国的体育也逐渐衰落。纵观历史，明清两代仍不失为中国古代民间体育的最盛时期。

武术空前发展

明清农民起义连绵不断，出现了武艺大发展大提高的盛况。随着民间武艺的广泛开展，其健身、娱乐的作用日益明显，主要用于军事作战技术的武艺，分化出一个专门的运动形式——武术。嵩山少林寺僧普遍练武并以武功见长，明正德年间，少林寺已"以搏名天下"。嘉靖三十二年（1553），在抗击倭寇的战争中，少林僧兵就是其中一支最为骁勇的力量。

从武艺演进到作为运动项目的武术，经历了极为漫长的岁月，到明代才基本完成。这时武术已经有了完整的系统，有比较完整的技术结构。拳械之术由各种招势形成完整的套路并定名，为明清的武术理论提供了坚实的基础。

骑射的延续和狩猎的复兴

明清时期骑射之术仍然受到重视，不仅军中将士娴习骑射，儒生文臣中善于骑射的也屡见不鲜。明代民间骑射也有广泛的开展，明末农民军领袖李自成尤"善骑射"。他领导的农民军士兵大都精通骑马射箭。清初除军中强调骑射外，并令八旗子弟以骑射为本务，不得荒疏。

努尔哈赤及其子皇太极在关外时，通过"狩猎"，演习行军作战。经清圣祖玄烨提倡，选择蒙古翁牛特旗作为围场基地。清高宗弘历对狩猎也很重视，明确提出了狩猎具有军事演习和体育锻炼的双重意义。

球戏由盛而衰

古代各项传统球戏，至明代仍有所发展。女子踢鞠在明代民间流行。洪武间，民间女子彭秀云善踢鞠，"挟是技游江海"，被誉为"女流清芬"。《明宣宗行乐图》长卷中绘有朱瞻基观看踢鞠的场面，踢鞠是宫

◆ 《明宣宗行乐图》（局部）

中嫔妃们非常喜好的运动。

明代"捶丸"运动也很盛行，仍有击球、射柳之举。至于"拍球""踢石球"等非正式球戏，遍及城乡各地，在妇孺中尤为流行。到了清代，由于满族习俗尚骑射，善溜冰，喜摔跤，从而取代了各种球戏。除拍球、踢石球尚在民间流行外，一些大型球戏逐渐衰落。

棋类

继魏晋南北朝隋唐之后，明清时期出现了中国围棋史上第三个高峰。妇女中也不乏弈棋能手。还形成了弈棋流派，如"永嘉派""新安派"等。

明代除称弈棋名手为"国手""国工"外，并已使用过"冠军"的称号。清代的围棋活动又有进一步的发展，出现了新的高潮。

象棋在民间更为普遍，清人所写的《象棋歌》中谓"市夫牧童靡不能"，反映一般市民和牧童都会下象棋的盛况。

其他

摔跤：清代摔跤活动得到空前发展。军中设有"善扑营"，人员是从"八旗精练"勇士中选出。蒙古王公贝勒朝见清帝时，常举行满、蒙摔跤力士的竞技，并有赏赐。

冰上运动：满族聚居关外时，早有冰嬉习俗，并有擅长溜冰的军队。

延伸阅读

国手王抗与褚思庄

王抗，是中国南北朝时期宋齐之间的棋手，号称国手。他下棋注重攻势，而且快捷，其人下棋攻势凌厉，弱者几乎无招架之功。有一次，齐高帝命他和同为"圣手"的褚思庄比赛，两人从早上开始一直到晚上，才下完一盘，观棋的皇帝都疲惫不堪，就命王褚二人先休息，待五更时再来决战，王抗得此命令后，趴在棋盘上立刻呼呼大睡。褚思庄却坐在棋盘边没有合眼，整整思考了一夜。由此可以看出褚思庄与王抗正是棋逢对手，同时也反映了二人不同的棋风。

第二讲
古代体育文化

中国古代体育的伦理思想

中国传统文化以世间伦理纲常、现实专制统治为指导思想，具有明显的伦理性和政治性特征。先秦体育正是在这种文化背景下产生，成为一种道德教化、礼仪培养的政治工具。

我国古代体育经过传统文化的伦理政治思想的渗透后，过于强调其伦理内涵和政治功用，弱化了竞技体育应有的激烈、竞争的本质特征，与宗教、军事、医学等的紧密结合又加剧了这种倾向，后逐渐发展成为"哲学体育"。如：古代礼射有严格的礼仪程序和等级规定，旨在"明人伦，知礼法"。儒家主张"文武兼备"，文在于提升道德修养，成为君子、圣人；武则倡导"武德"，以匡扶正义、捍卫正义。

讲究长幼尊卑的礼射

文化背景下的古代体育，始终把道德礼仪的培养作为首要任务，通过实践寓之德礼的"准体育"，影射和强化了深刻的伦理内涵，培养具有理想人格、文武兼备、身心俱佳的君子、圣人。

礼射是我国古代的习武礼仪活动。后经儒家"道之以德，齐之以礼"思想指导得以重新整理和诠释，进一步强化了道德礼仪的教化功能。举行比赛时，会按照参与者的不同等级身份对配乐、侯（箭靶）、标准（父鹄、子鹄）等加以区分，旨在君臣父子，各安其位，即按既定的方针政策行事，达到明"君臣之义"和"长幼之序"的目的。孔子主张"射不主皮"，淡化射技的同时，重视射手的道德礼仪培养，提倡"揖让而升，下而饮"的爱人精神。

◆美国乔治梅森大学孔子铜像。孔子对"射礼"很重视，其哲学观深刻影响了中国古代的体育发展。

习武先习德

武术是我国古代体育的典型代表，各门派都不约而同地默许和尊崇"未曾学艺先学礼，未曾习武先习德"的思想，把培养德、礼作为习武的前提条件，放在首位。各门派的门规戒约和谚语格言中，都蕴含了丰富的伦理内容。如：少林强调"道勿滥传"，应传"贤良之人"；峨眉主张"不仁者不传"。练武以"德薄艺难高"为指导思想，把武德培养视作通向上乘境界的精神航标。督促练武者在修炼武功的同时，既遵守基本的伦理规范，笃行儒家伦常之理，中庸之道，提倡忠孝仁义，贤良方正的道德规范，又培养谦和忍让，立身正直，取义轻利，守信重诺的侠义精神。

而德中必有礼，礼作为德的外在体现在武术活动中也留有诸多痕迹。习武者相见必抱拳以礼，若要切磋武艺，在交手之前必有"有礼""承让"之类谦恭语，且武术交手中通常不伤及性命，主张点到为止。

爱家及国的民族气节

历朝历代都大力推行以修身为本，鼓励老百姓积极入世，建功立业。中国古代体育在这种文化背景下表现出了极大的民族气节。

儒家主张通过个体的"身心兼修"以达到"文武兼备"的目的，进而提升到或仁或圣的状态。明代少林武僧为抗击倭寇，而抛开佛门戒律，大开杀戒，血染沙场；清末《少林戒约》后十条之首条要求习武者"必须以恢复中国为志"；岳飞背负"精忠报国"四刺字，去抗击金兵，虽冤死，但铸就

◆ "孔子六艺城"。六艺之一的"射"是先秦时期的准体育运动，在孔子伦理思想中占有重要地位。

了"忠君爱国"的千古美名，永为世人敬仰。这些都集中体现了崇高的爱国主义精神和民族责任意识。

古人通过武术抵御外侵，倡导的"忠君爱国""立德事功"等精神，推动中华历史不断前行的同时，促成了民族主义体育思想的形成。

延伸阅读

什么叫礼射？

射箭从远古狩猎、争战发展成娱乐健身的活动，至商代时期进而成为一种具有礼仪形式的体育活动。当时的礼射分为大射、燕射、宾射和乡射四种：天子用大射，并以射选诸侯参与郊庙之事，宾射为天子因诸侯来朝而与之同射之礼，燕射为天子及群臣燕息娱乐所行的射礼，乡射为在乡饮酒举行的射礼。礼射作为周礼的一部分，是其宗法制度的反映，也赋予了射箭这一体育活动的精神内涵。

先秦的体育思想

> 中国古代体育思想根植于博大精深的传统文化。中国传统文化蕴含着丰富的体育伦理思想，能较好地协调古人从事体育活动的价值和利益关系，反映出当时的时代精神。

中国传统文化的伦理政治性特征，使得古代体育伦理思想中处处蕴含"求善""求治"的意蕴，体现了儒家"仁爱""礼治"的精神。具体表现为：天人合一——自然、人文的和谐统一；和合中庸——以和为贵的处事准则；尊德重礼——德礼并举的伦理规范；立德事功——经世致用的主体精神等。

儒家以伦理为中心的体育思想

儒家的创始人孔子开创了中国古代私人讲学之风，据说弟子有3000人。他把自己的思想主张贯彻到教育活动中。他的伦理思想的核心就是仁，同时又强调文武兼备。正是在这样的思想指导下，孔子在礼、乐、射、御、书、数的六艺教育中，强调射和御的教育，强调了礼乐和射御的结合，以期造就文质彬彬、尽善尽美的人格境界。

孟子继承了孔子的体育思想，在孔子的基础上更加强调伦理性。荀子作为儒家后期的代表人物，强调以动健身的体育思想。孟子和荀子的体育思想主要表现在形神兼具、以动养生、学以致用、技贵于精、公平竞赛、广招贤才几个方面。

儒家思想对中国古代体育道德发展的影响是深远的。在武术中表现为不伤对手而是自卫，见义勇为、敢于斗争，尊重对手、光明磊落，自我克制、自我完善。在古代的其他体育项目中也强调公平竞赛、作风正派、

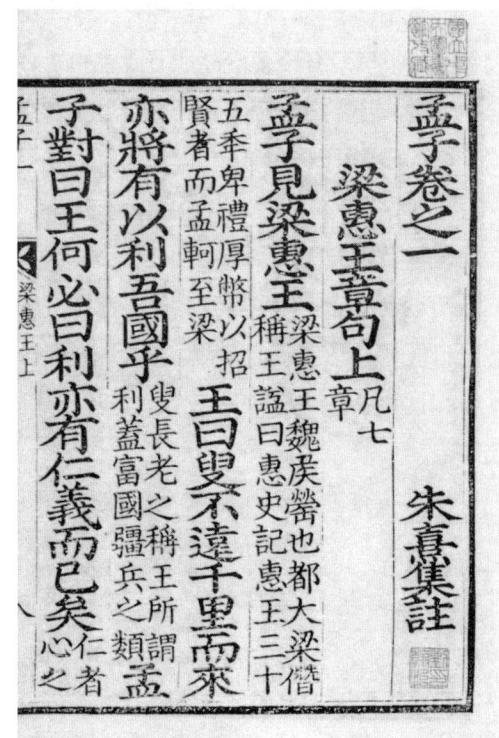

◆ 《孟子》书影

◆ 墨子雕像

时，墨家强调形与神、生命与运动的辩证关系，重视身体健康和身体锻炼，重视尚贤举能和军事体育，对武侠思想和精神产生了深远的影响。组织严密、苦行生活、尚武崇勇、重义轻利这种武侠精神对后世影响深远。

阴阳家对立统一的体育思想

《周易》是中国文化源头的经典之一，对中国传统文化的影响是极其深刻的，在体育方面的影响也是非常深远的。从太极观念到太极拳、八卦掌的产生，从五行学说到形意五行拳的产生，使我们清楚地看到阴阳对立统一规律在古代体育中的运用和影响。

服从裁判、不责怪人等几个方面。

墨家尚力的体育思想

墨子是墨家的创始人。提出了尚力的体育思想。墨子尚力是强调人的主体能力。这里包含了人的体力和脑力。与此同

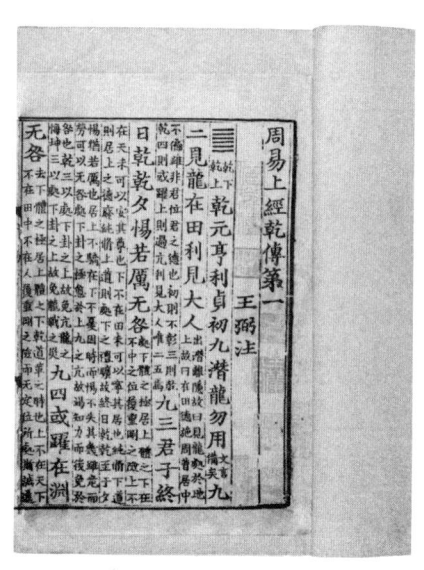

◆ 《周易》书影

延伸阅读

墨家巨子

墨家是先秦时期的哲学流派之一，与其他学派不同的是它拥有严密的组织和相关的组织规则，所有墨家弟子都自称"墨者"，最高领袖称"巨子"。墨家讲求兼爱，非攻，提倡薄葬，因此吸收了大量的下层人民，尤其是有相当多的侠客义士加入其中。所有墨者都对巨子坚决服从，只要是巨子发出的号令，即便是赴汤蹈火，墨者无不遵从。墨子本人是否担当过"巨子"，史无可考。从古代的典籍来看，孟胜、田襄子、腹䵍都曾担任过巨子。巨子不但要有极强的能力，而且拥有极高的道德声望。据《吕氏春秋》记载巨子腹䵍的儿子杀了人，秦惠王念他声望卓著，而且老了，不想让他有丧子之痛，赦免了他的儿子。但腹䵍按照"杀人者死，伤人者刑"的墨家规矩杀掉了自己的儿子，以身作则，维护"兼爱"与"非攻"的墨家主张。

尚武思潮对体育的影响

> 尚武精神是因为战争环境的残酷而逐渐形成的至上而下的风俗,亦称国家文化。中国历史上,尚武思潮始于春秋战国时期,在西汉武帝时期和唐初达到巅峰。

一个没有脊梁的民族势必会被世界潮流所淹没,一个没有伟大精神贯穿的脊梁必将被外力所折断。中华民族的尚武之风,在不同的朝代有着不同的特点。春秋战国时期的齐、赵、秦人具有强烈的尚武精神,齐国的技击之术推动了竞技体育的发展,赵武灵王进行了"胡服骑射"的改革,秦国的尚武之风促进了军事武艺的发展,汉代的尚武之风推动了北击匈奴的大规模战争,唐代的尚武之风使唐初涌现出无数名将。

形成之初

上古时期,战争是国家的大事,支撑华夏族群发展的就是远古粗犷尚武的社会风尚。因此,从夏代开始,就出现了以培养武士为主的学校,统治者为战争准备,把贵族子弟全都培养成武士。商、西周、春秋直至战国均是如此。相传在与东夷的战争中,少康之子杼发明了甲,甲的发明为战胜善战的东夷族起了重大作用。

秦人祖先是古羌人的一支,因为远离中原,被中原各国视为蛮人。但是,自孝公任用商鞅励精图治、厚积薄发,终于在春秋末年成为五霸之一,并为其最后统一中国奠定了坚实的基础。秦人尚武精神正是源于此,耕与战更是支撑他们经济生活与战争扩张,促成了我国历史上第一个"华夏一体"的大一统政权。

鼎盛之时

春秋战国之际,礼崩乐坏,干戈四起,战争成为时代的主旋律。社会的巨大动荡,冲击了原先森严的宗法秩序,绝对的等级地位开始松动,士人有了施展才能的机会,能够实现振兴家国的远大抱负。"儒以文乱法,侠以武犯禁",韩非子简简单单一句话,勾勒出春秋战国时代士人的意气飞扬,也为后世谈侠论义提供了说不尽的话

◆ 赵武灵王雕像。赵武灵王胡服骑射反映了中华民族的尚武文化。

◆ 卫青。卫青身上集中闪烁着汉武帝时期的尚武精神和开拓进取精神。

头。眺望历史时空，豫让、庆忌、专诸、荆轲等豪杰侠士仗剑驰骋、厮杀纵横，演绎了一幕幕家国兴亡、荡气回肠的传奇。身系军国大事的将帅像孟尝君、信陵君也被人们传颂。春秋战国时，尚武思潮渗透到人们的生活习惯中，尚武、重义、轻死之风盛行。各国统治者皆尚武之君，齐有桓公，管仲因此提出"武勇者长"的主张，将尚武精神作为国策。

汉代，整个社会的精英人才愿意从军报国建功立业，因而才有班超的"投笔从戎"。因此有汉一代，灭匈奴、破楼兰、平羌人，战功显赫，据说"汉族"之称就是来源于匈奴的赞叹。唐朝也是拥有强烈的尚武之风，灭东、西突厥，平定薛延陀，征高丽，耀中华国威，创史上盛世。不过，汉唐两代过于炫耀武力，重视贵族政权，尚武精神仅仅是高门子弟的追求。

泯灭之路

宋朝开始尚武之风渐衰。由于开国皇帝赵匡胤依靠"陈桥兵变"夺取了江山，因此他对掌握兵权的将军极其敏感，后来通过"杯酒释兵权"解除大将的兵权。自此，有宋一代重文轻武，同样品级的官职，文官要比武官大一些，待遇优厚一些。而且宋代派文人做知州掌管地方行政，设立转运使管理地方财权，进一步削弱军人的权力。

宋朝的重文轻武和军事制度直接导致了宋与契丹、党项、女真和蒙古人的战争是一败再败。

延伸阅读

杯酒释兵权

宋太祖赵匡胤建立北宋政权后不到半年，就有两个节度使发动了叛乱。他认为节度使掌管军权，是造成唐朝以来藩镇割据的重要原因。尽管两个反叛的节度使被镇压下去，但是如何解决将领军权过大的问题始终困扰着他。

961年，赵匡胤在皇宫里设酒宴，宴请石守信、王审琦等数位高级将领。酒过几巡，伺候的太监退出。赵匡胤拿起一杯酒，先请诸臣喝干，然后说："你们或许不知道，我做皇帝也有很大难处，还不如做个节度使自在。这一年来，我就没有一夜睡过安稳觉。"

石守信等大将听了十分惊讶，连忙问缘故。宋太祖说："这还不明白？皇帝这个位子，谁不想啊。"石守信等人听出话外之音，赶紧跪在地上说："现在天下已经安定了，谁还敢对陛下三心二意？"

宋太祖摇摇头说："你们我当然放心，只怕你们的部下将士当中，有人贪图富贵，把黄袍披在你们身上。你们想不干，能行吗？"石守信等人非常惶恐，赶紧请教怎么办。宋太祖说："你们不如交出兵权，朕给你们大量赏赐。你们购置良田美宅、美女侍儿，我们君臣相安，不是更好吗？"

第二天石守信等人就称病不上朝，并交出了兵权。这就是"杯酒释兵权"的典故。

武术文化

> 中国武术是民族智慧的结晶,其思想核心是儒家的中和养气之说,同时又融合了道家的守静致柔、释家的禅定等诸多理论,从而成为世界上独一无二的"武术文化"。

中国武术文化,是中国民族精神的一部分,中华武术精神并不代表各门各派的"术"和"法",也不是武术技击的某一种功夫和武德,而是受中国文化和中华民族精神影响的,贯穿于整个武术发展史的思想精髓。它要求所有习武者都要"尊师重道","匡扶正义","扶危济贫,除暴安良";还要求所有习武者和武术团体必须"精忠报国""强种御侮"……

保家卫国

中国武术的文化精神由来已久。中华武术传统武德,以孔孟儒家的"仁学"为核心,以"仁爱"为道德的根本,这种仁爱首先体现在爱国上。"杀身成仁,舍生取义"就是武术精神的集中表现。自有武术之日起,各路豪杰便尚武习武,保家卫国。三国有单刀赴会的关公,明有令倭寇闻风丧胆的戚家军。少林传说有"十三武僧救唐王"的故事:隋末唐初(620),李世民率兵攻打盘踞洛阳的王世充,激烈的战斗中,少林僧偷袭了王世充的后营,活捉了王世充的侄子王仁则,将其捆绑送至唐营。此举,对唐军是一个极大的鼓舞,对王世充军队是一个重大的打击。不久,王世充投降,李世民军队获胜。李世民登基以后,为了

◆ 武术雕塑

◆ 武术图谱

感谢少林僧的帮助,降玺书宣慰,特"封昙宗为大将军,赐田四十顷,水碾一具"。自此,少林寺名声大振,地位升高,贞观以后,不少名僧还被唐王室邀请到皇宫。

修身养性

武术能延年益寿,通过武术活动的锻炼,慢性疾病会慢慢消失。这也是一种医疗治病的手段。中国的太极拳以刚柔并济为特征,就能达到强身健体、修心养性的功用,被西方人称为"东方舞蹈""东方文化的瑰宝"。

"武"字可以拆分成"止"和"戈"两个字。戈是古代的一种长兵器,动干戈就是打斗,就是战争,止字就是停止意思,就是不要动武。从这里可以看出,中国武术追求的最高境界并不是单纯的胜负,而是通过武术修炼而逐渐形成的一种处理矛盾的思想方法,最终获得一种和平共处的理念。正如金庸先生在武侠小说中,写到武功的最高境界就是没有任何招式,所谓无招胜有招。

乐善好施

武术能陶冶人的情操。中国人历来具有侠义精神,也崇尚侠义,这无疑是中华武术的贡献。在中国作家的武侠小说里,侠义是主人公不可或缺的品质,济世救人,扶弱济贫是多少侠义之人所推崇的境界。

如小说《七侠五义》中的展昭,武艺超群,常常帮助穷苦人,素有"南侠"之称。他与包拯进京赶考的途中相识,曾在金龙寺凶僧手中救下包拯,又在土龙岗退劫匪,天昌镇捉刺客,功绩累累。

古代出家人习武强身,积累了大量治疗跌打损伤的经验。清代郭祥泰,习医为生,交友广泛,仁厚豪侠,常救助受困路人和道士僧侣。他在行医过程中因收留得病困窘的高僧,获得佛家正骨医法。

延伸阅读

气功

气功(炁功)是一种以调整呼吸以及身体活动的调整和意识的调整(调息,调形,调心)为手段,以强身健体、防病治病、健身延年、开发潜能为目的的身心锻炼方法。气功的种类繁多,主要可分为动功和静功。动功是指以身体的活动为主的气功,如导引派以动功为主,特点是强调与意气相结合的肢体操作。而静功是指身体不动,只靠意识、呼吸的自我控制来进行的气功。大多气功方法是动静相间的。宗教中,道教的道士常会练习导引、内丹术气功,佛教里的禅定、静坐也包含气功。气功常配合武术或静坐一起练习。精通针灸的中医也常通过练习气功来增进疗效。

第二讲 古代体育文化

养生体育

中国的养生体系中，生命体的自我活动占有重要地位，而且形成了一套关于人体运动锻炼的思想、理论和方法体系，我们称之为中国养生体育。

中国古代养生体育思想是建立在对生命的认识基础上的，它是运用人自身的运动锻炼手段，对人体生命功能进行强化或优化的有目的的活动。这种身体运动是为养生长寿服务，即以养护生命使达最长期限为目标的体育活动。

天人合一

传统文化从天人合一、天人相应的高度观照人的生命现象，认为人的生命是天地自然运化的产物，人的生命与天地自然运化具有相同的节律。与此相应，传统养生观要求顺应自然大化，遵循自然规律，按照自然运化节律调养身心。

老子在《道德经》中说："人法地，地法天，天法道，道法自然。"这里说的"道"，就是自然规律的意思。他认为自然界是生命的源泉，春生夏长、秋收冬藏是它的变化规律，人要是能适应这种变化，身体就能健康，甚至长寿。

宋代文学家苏东坡认为，养生在于"安""和"二字。"安"即静心，"和"即顺心。就是说，一个人对世界万物要有"安""和"心态，才能达到养生境界。

静以养神，动以养形

传统哲学认为人的生命是一个形体与精神相结合的整体，因此，在养生观上主张养神与养形相结合，提出了静以养神、动以养形的养生法则。

"动以养生"的思想萌发于商末和西周，成熟于战国末期和汉代，以杂家的《吕氏春秋》为代表。在《吕氏春秋·尽数》篇中，提出了著名的"流水不腐，户枢不蠹，动也。形色亦然……"的论述，从而指出了运动的重

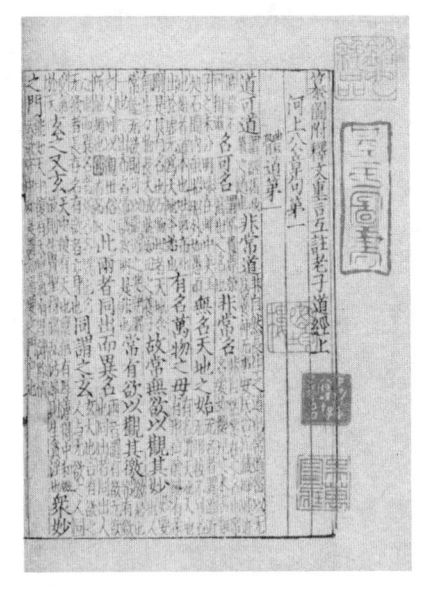

◆ 《道德经》书影

要意义；主张靠积极的运动来增进健康，认为"巫医毒药逐除治之，故古人贱之也，为其末也"。《尽数》说明靠服药治病不是维护健康的好办法，这与《内经》的《治未病》的积极防疾增进健康的可贵思想是一脉相承的。

"静以养生"的思想萌发于"劳逸适度""张弛相辅""不妄作劳"等有关劳逸结合的观点。到了战国末期，进而发展出与"动以养生"相对的一派主张，至汉以后才逐渐构成体系，以老子、庄子为代表。

老子从"虚无、无为"的哲学观点出发，提出了"恬淡寡欲""清静无为"的养生思想和养生原则。老子说："致虚极、守静笃……夫物芸芸，各复归其根，归根曰静，是谓复命，复命曰常，知常曰明。"这些话都强调"致虚""守静"，指出虚、静是一切事物最根本的状态，人们应该归复于生命本源的虚静状态。老子的这些思想为后世以静养生提供了重要的认识论和方法论。

庄子继承和发展了老子的养生观点，进而提出了"无视无听，把神以静，形将自正。必静必清，无劳汝形，无摇汝精，乃可以长生"（《庄子·在宥》）。要人们做到"恬淡寂寞虚无无为"。这些思想构成了我国古代养生界主静派的思想基础，对后世的养生家、医学家，甚至哲学家所采用的修炼身心的方法产生了影响。

"静以养生"的思想，是在"动以养生"思想形成以后，在养生实践中派生出来的一个支流，二者时间相距足有500—1000

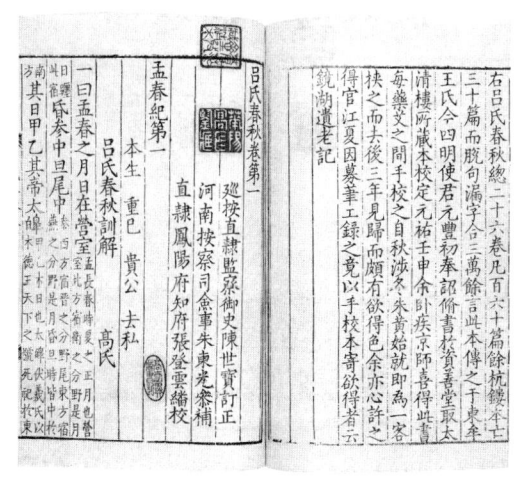

◆ 《吕氏春秋》书影

年之久。但是"以静养生"思想提出了一套"养性""养神""练心""内修""行气""胎息"等观点和措施来，形成了"治气养心之术"。经唐宋两代而渐具规模，足可以和"动以养生"之术相媲美。

延伸阅读

却谷与服食

"却谷"和"服食"是秦汉时期流行的养生术。却谷，后世也称绝谷或辟谷，指不吃五谷杂粮，而以"食气"的方法采集日精月华、松涛流泉等精气的养生术，常与行气吐纳相结合。

服食，最初可能源于先秦的"食医""食养"。《山海经》里记载了某些食物或药物食后有"善走""不夭""多力""美人色"的作用，战国时被神仙方士作为修炼成仙的手段之一而加以渲染，称之为"服食"。

对弈与竞技

> 围棋作为我国传统的体育竞技项目，有着悠久的历史和深厚的群众基础。随着时代的发展，围棋日臻完善和普及，逐渐形成了一种集娱乐与竞技为一体的体育的活动。

琴、棋、书、画是中国四大古老的文化艺术，它们伴随着儒、释、道思想和其他文化艺术，融贯于绵绵几千年的中华文明史。其中的棋指的就是围棋，它不仅和其他艺术具有共性，诸如抒发意境、陶冶情操、修身养性、生慧增智等等，而且还与天象易理、兵法策略、治国安邦等相关联，因此，它又是一门综合性文化艺术。

天人合一、和谐中庸

"天人合一""崇尚和谐""恪守中道"是中国古人对体育人文精神最重要的体现，主张人类在生产活动中要与大自然和谐相处，主张人与人之间要和睦相处，为人处世要奉行"中庸"之道，才会吉祥。围棋说到底，就是用黑、白子所代表的阴、阳两种势力的争斗，黑白双方为了争夺生存空间，进行对抗、搏斗。因此争斗不息、循环不已，与人类为了争夺自然资源、生存空间而进行的对抗非常相似。围棋的棋盘实际上可以看作"地"道，无论人们之间如何争斗，都不能破坏棋盘，即不能破坏生态环境，否则棋子将倾覆，这也象征着全体人类将灭亡。

围棋的基本思想理念是"调和"，黑白双方通过斗争，相互忍让，达到一种和谐的共生状态，都能够各自平安，和睦相处。

超越自我的胜负观

《左传·鲁襄公二十五年》中记载："奕者举棋不定，不胜其耦，而况君而弗定乎？"意思就是说：下围棋的人举棋不定，就战胜不了对手，何况安置君主这样的大事呢！道家讲"上善若水"，因为水是最能适应一切环境的，它可以随容器的形状任意改变外形，同时它又能改变环境，水滴石穿，沧海桑田。这带给博弈者的启示就是勇于改

◆ 围棋

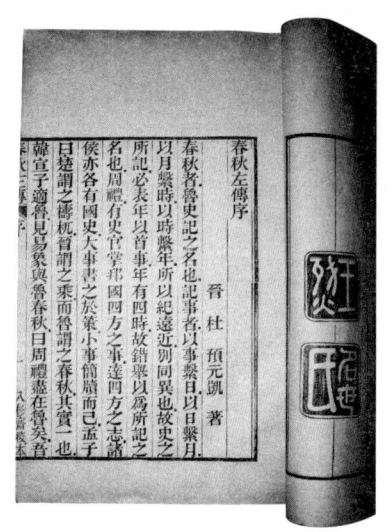

◆ 《左传》书影。《左传》中明确的出现了"对弈""举棋"等记载，并以"对弈"为喻，说明当时围棋已经非常普遍。

变自我、战胜自我，才有可能战胜敌人。

清代黄龙士素来以"弈圣"自负，争强好胜，从不服输。一天，徐星友请来三位弈林中的高手，每人棋力只比黄龙士稍逊。然后请黄龙士到自己家中，指着早已摆好的三副棋说："这三个人的棋艺很高，我同时与他们三人下棋，每次都输。三人口出狂言，说即便是您到了，也不会取胜。"黄龙士果然上当，马上请三人就坐，说是要"大杀三方"。结果，他东奔西走，轮流走子，这三人又都不是等闲之辈，直把黄龙士累得满头大汗，使出平生手段，才把这三盘棋赢了下来。不过，就在当夜，黄龙士因为劳累过度，吐血而死。

围棋对竞技体育的影响还体现在权衡取舍的攻防观上。围棋是两个人的不断磨合的运动，为了达到围地的目的，适当的取舍是必须的。棋理上，不学会弃子就难以得到最后的胜利。

"清风徐来，水波不兴"

下围棋，要有平常心，不能患得患失，要沉着冷静，做到"清风徐来，水波不兴"。

唐高祖起兵时，他的儿子李世民与草莽英雄虬髯客对弈，双方以下棋为名，相互试探对方的才能。虬髯客将四子摆放于四四星位，称："老虬四子占四方！"李世民则沉稳地将一子放在正中的"天元"，谓："小生一子定乾坤！"虬髯客遂推棋认输，放弃了与李世民争夺天下的想法。

明开国皇帝朱元璋，出身贫苦农民，习棋虽晚，但甚是着迷，大将徐达每与朱元璋对阵都故意输棋，只一次赢棋，却在盘中摆出了"万岁"二字，使朱元璋转怒为喜，赠徐达一楼，赐名"胜棋楼"。

围棋将科学、艺术和竞技三者融为一体，有着发展智力、培养意志品质和机动灵活的战略战术思想意识的特点。

延伸阅读

围棋九品制

在我国古代，围棋棋手的等级称为"棋品"。因受人品、官品、书品"九品"的影响，围棋也设"九品制"。"九品"名称，最早见于北宋张拟的《棋经品格篇》："夫围棋之品有九，一曰入神，二曰坐照，三曰具体，四曰通幽，五曰用智，六曰小巧，七曰斗力，八曰若愚，九曰守拙。"明清两代围棋等级分为国手、二手、三手、四手，国手有大家、名家之分，其余各手又分先后，也近似于九等。

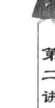

象棋与竞技

> 象棋作为一种智力竞技运动，并不仅仅是技艺的较量，更需要一种严谨的思维、一种更高的心智，它公正、公平，追求至高完美的境界。

象棋，古称"象戏"，一开始是模拟战争而产生的一种游戏，它如同现代军事的沙盘推演一般，是形象模拟战争的棋种。车、马、炮、卒（兵）、象（相）、士（仕）、将（帅），这些象棋棋子的名称都代表着古代军队里的兵种或职务，棋子的布局和走法也与古代两军作战时的行兵布阵极其相似。作为一种斗智的竞技运动项目，其中并不单单是棋艺的较量，还包含有身体条件、心理素质、智谋韬略等方面的较量。

车的意义

车，在棋盘中行动自如，所向披靡，俗话说"三步不出车，必然要输棋"，足以证明车是军中的第一强子。车很像是古代战场中的战车，在东汉以前的战争中具有相当重要位置。古代的正式战车有攻车、守车，成员包括一个使用长兵器的武士、一名射手和一名御手。驭手驾车能适应复杂危险的地形。河流弯曲多变，驾车傍水流而行，路势屈曲，驭人要能得

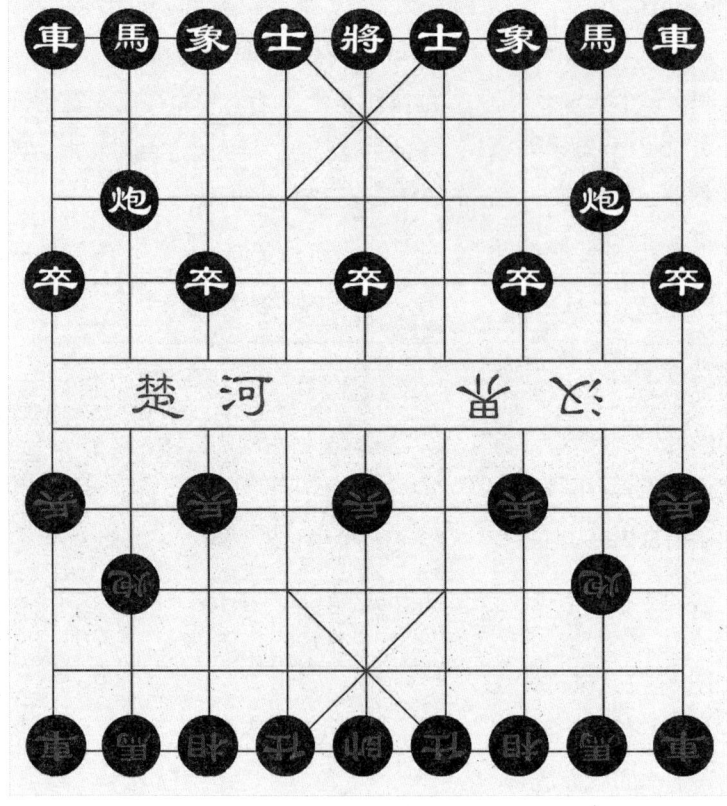

◆ 象棋

◆ 国际象棋

心应手控驾车马，使之能快速前进，而又不坠入河流，陷入水淖。这就必须具备更高明的驾驭技术才能应付。

马的意义

马，很适合于中距离作战，近战时，容易别腿，容易被夹击得走投无路，因此马路要活，应保持灵活的出击状态，等待时机，直到有其他子力配合掩护，方可一跃而上，攻城掠地。先秦时代对骑兵的重视程度不高，虽然骑兵也有出奇制胜的作用，也是不可缺少的兵种，但大多数时间里用它是进行战术机动。古时马术包括马戏和赛马，明清两代，这项运动不但是军队的练兵科目，民间也十分流行。西藏布达拉宫西大殿壁画中的清代赛马图、故宫博物院藏郎世宁绘制的《马术图》，都反映出中国古代马术运动发展的高度水平。

炮的意义

炮，是远距离攻击的先行官，射程远、威力大是毋庸置疑的。然而，在冷兵器时代是没有炮的，当时具有代表意义的是投石机。据《三国志》记载，曹操与袁绍在河北大战，袁绍的弓箭手和箭楼曾一度占到上风，后来曹操谋士刘晔献上投石机图纸，曹军依法制造，造出最早的投石机，这才扭转了战局。

卒的意义

小卒过河当车用，离开大营的兵是不允许退回来的，但看似无关紧要的小兵有时竟是胜负的关键，步兵在战场上也不是白给的啊。

从古到今，步兵都是伤亡最大的兵种，除了步兵缺乏机动性，还因为步兵缺乏防护，在铁骑面前，容易遭到重创。

体育分为思想运动和体力运动两种，象棋属于思想运动，在思考时大脑也在发生运动。象棋的最高境界是双方经过激战，寻平稳之着，以求取胜之道。先为不可胜，力争制敌可胜，此为象棋之最高境界。要达到这个境界，除了有登峰造极的水平外，还要有耐性和求平稳的心态。

延伸阅读

默棋第一人——文天祥

宋代的爱国将领文天祥是象棋迷，造诣很高。在一个炎热的夏天里，他带着众人跳入河里游泳。游着游着，喜好象棋的文天祥见山水景色优美，便提议与一起游泳的周子善下棋，其他人听了都表示赞成。可是两人在水里没有棋具，聪明的文天祥就想到一条妙计，他用口说棋着（读谱）的方式，与周子善展开"闭目棋"的精彩过招。根据文献记载，文天祥还是第一个不用棋子棋盘，闭目下象棋的人呢！

第三讲
古代体育项目

射箭——竞技的鼻祖

> 射箭可谓是中国古代体育项目的鼻祖,远在石器时代,人类就发明了弓箭来狩猎捕鱼。以后很长时间,弓箭又是用于战争的最重要武器之一。

射箭是一项古老的技艺,原始群居时代,我们的祖先为了生存,为了防御野兽的侵害,发明了弓箭。考古工作者在山西峙峪人文化遗址中,发现了石镞(石头磨制的箭头)。古人将粗树枝用绳绷弯,做成弓,将细木棍做成箭,用以狩猎和自卫。

石制箭镞到金属箭镞的变化发生在商周时代。那个时候硝烟四起,连年争战不断,弓箭便成了古代战争中最不可缺少的武器。为了提高战斗力,各国军队开始想办法改进他们的武器,再加上生产力的提高,青铜代替石头成为了箭镞的主要材质。到了汉代,随着铁制器械的发展,青铜箭镞逐渐地向铁箭镞发展,这就大大地提高了它的杀伤力。春秋时期还发明了弩,它又比弓先进了一步。一个是比弓射得远,二是命中率比弓高。到了战国时期弩已增加到四种。在《吴越春秋》中,详解了关于弩射之法,当时对弩射研究的深入程度反映了它的重要地位。

随着箭头的多样化,射箭的形式发生了很多变化,它不仅用于战争,还更多地被运用到祭祀、接见、宴会等各种社交活动中。《周礼》中记载的六艺:礼、乐、射、御、书、数,其中射箭就是一项很重要的宴乐内容。当时,射箭有着很森严的等级制度和繁琐的礼节仪式,每次在射礼之前都要举行饮酒、奏乐等仪式。这可以说是世界历史上最早的射箭比赛了。

春秋战国时期诸子百家中的孔子、荀子、墨子等都是射箭爱好者,对射箭有着极大的热情,并把射箭作为教育的主要内容之一,鼓励学生射箭。随着射箭运动的普遍开展,不少射箭理论也被总结出来,如"身若戴板,头若激卯,左足蹉,右足横,左手若附枝,右手如抱儿"(《吴越春秋·勾践阴谋外传》),这些都是当时

◆ 骑射壁画

◆ 青铜箭镞

射箭理论的精炼概括。秦汉三国以后，随着射箭在军事战争和民间竞技活动中具有越来越重要的地位，有关射箭的著述开始大量出现，仅《汉书·艺文志》中就汇载有《逢门射法》《李将军射法》《魏氏射法》等8种69篇，这说明不同特点的各家射法已经形成。

民族大融合时代的两晋南北朝，射箭的竞技和娱乐色彩渐浓，并产生了正式的射箭竞赛活动。许多文物资料的发现充分证实了这一点。《北史·魏宗室常山王道传》记载：孝武帝在洛阳的华林园曾举行过一次射箭比赛，当时是将一个能容2升的银酒杯挂在百步以外的地方，让19个人进行比赛，射中的就可以得到这个酒杯。结果，濮阳王元顺获此奖杯，这可能是我国历史上最早的奖杯赛。

从魏晋南北朝开始一直到隋唐，射箭活动得到了巨大发展。唐代武则天首设选拔与培养军事武艺人才的"武举制"，其中9项测试科目中，仅射箭就占了5项，即长垛、马射、步射、平射和筒射。这反映出射箭这项军事体育活动在唐代的作用愈来愈突出。

从唐代到宋代，射箭在民间更为普及，根据有关文献记载，在当时的河北一带，民间组织的"弓箭社"就有600多个，参加的人员有3万多，这可以说是我国历史上最早的专业运动员组织了。

辽金元以迄明清，射箭活动渐趋贵族化。如清康熙六十一年（1722），就将"木兰秋围"定为制度，把承德作为专门的射猎场所。这更促进了习射风气的盛行。当时流行的娱乐射法有"射月子""射鸽子""射捆"等，并都有较高的技巧要求。这表明此类射箭活动已经逐渐脱离军事而具有明显的娱乐性，属于体育活动的范畴。

延伸阅读

高山族的月亮神话

传说天地间本来是一片漆黑，伸手不见五指，人们只能用火把来照明。不知过了多少年，也不知是哪一天，突然间，特大的狂风把两个持火把的人吹上了天，天上就有了两个太阳。两个太阳轮流照耀着大地，照得人们无法合眼休息，庄稼也都被烧焦了，人们个个劳累又黝黑。又不知道过了多长时间，一位箭术高明的神箭手用强箭射中了其中的一个太阳，从此，它的光芒渐渐变弱，变成了月亮，在晚上照耀着大地。人们的生活又恢复了正常。

第三讲 古代体育项目

投壶——贵族文人的高雅游戏

> 投壶，也称"射壶"，由射礼发展而来，是一种既受到皇室贵族热爱，又在文人中间长期流行的游戏。

投壶，是古代士大夫宴饮时的一种投掷游戏，它是我国古代一种特殊的娱乐方式，既是一种礼仪，又是一种游戏。

春秋战国时期，诸侯宴请宾客时的礼仪之一就是请客人射箭。主人请客人射箭，客人是不能推辞的，成年男子不会射箭被视为耻辱。春秋末年，奴隶主阶级已经腐化堕落，许多人确实不会射箭，再加上受到室内、堂上、庭院等种种客观条件的限制，进行射礼不是十分方便。有些文士既不愿失礼又不愿行射，于是想出一个两全之策，采用酒壶来替代箭靶，把没有箭头的箭杆投到酒壶中去，名为"投壶"。这样一来，既不用拉弓费力，也不用多加练习，而且不受场地所限，随时随地都可以进行，确实方便了不少，在当时很受各国诸侯的欢迎。久而久

◆ 投壶（《明宣宗行乐图》局部）

之，投壶就代替了射箭，成为宴饮时的一种游戏。

投壶开始之前，首先指定一个司射（即裁判），然后由主人向客人提出邀请。参加游戏的人，每人手中拿着四支没有箭镞的箭杆，站在规定的距离之外，依次向壶内投掷。有时为了增加难度，常在壶内装上又小又滑的豆子，如果用力过猛，即使投入了壶内，也会被反弹出来，四支箭全部投完为一局，每次比赛进行三局，以投中多者为胜，败者则要被罚喝酒。

投壶在战国时得到相当发展，当时的文士倾向于内心修养，投壶这种从容安详、讲究礼节的活动，正适合他们的需要。此外，由于社会发展，民间以投壶为乐的现象越来越普遍。《礼记·投壶》说："投壶者，主人与客燕饮讲论才艺之礼也。"《左传》曾记载过晋昭公大宴诸国君主，举行投壶之戏的事。

秦汉以后，随着投壶技艺的提高，后世的投壶已不为古礼所拘束，向游戏进一步发展，以至废除了射礼，尤其是在两汉时代更为盛行。据《东观汉记》记载，东汉的大将祭遵，"取士皆用儒术，对酒娱乐，必雅歌投壶。"投壶和雅歌连在一起，成为儒士生活的特征。在东汉墓葬中出土的画像石上，常刻有反映投壶游戏的场面。历史上的文人骚客也有记载投壶游戏的文章，如三国时期一个叫邯郸淳的人写的《投壶赋》，将投壶者们身手不凡的投技和妙趣横生的场景描写得惟妙惟肖，淋漓尽致。

魏晋时也流行投壶，投壶的技巧又有所发展。投壶虽然已不是正规的礼仪，但仍是一种高雅的活动，在士大夫阶层中盛行不衰，每逢宴饮，必有"雅歌投壶"的节目助兴。在流传过程中，游戏的难度增加了，不仅产生了许多新名目，还有人别出心裁在壶外设置屏风盲投，或背坐反投。有一个叫王胡的人，可以闭上眼睛投壶，百发百中；石崇家里有个伎女，可以隔着一架屏风投壶，也是百发百中。晋代在广泛开展投壶活动中，对投壶的壶也有所改进，即在壶口两旁增添两耳。因此在投壶的花式上就多了许多名目，如"依耳""贯耳""倒耳""连中""全壶"等。

宋代以后，投壶游戏逐渐衰落下去，不再像汉唐那样盛行，仅在士大夫中进行。北宋著名史学家司马光的《投壶新格》一书，详细记载了壶具的尺寸、投矢的名目和计分方法。作为礼仪的一种，投壶不仅继承了射礼的仪节，还继承了射礼正己修身的礼义，正如清徐士恺《投壶仪节》云："投壶乃射礼之变也。"

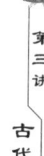

延伸阅读

投壶电笑

投壶电笑的典故出自《神异经·东荒经》，说东荒山中有一个巨大的石头居所，里面居住着一个叫东王公的人。东王公常常和一个美丽的侍女玩投壶游戏，假如有投掷不中的，天空就会传来闪电，宛若笑声。后世以投壶电笑，指代光闪电不下雨。

田径——古代体育之母

> 原始人类在同大自然的斗争中，逐步掌握了奔跑、跳跃、投掷等技能，这些动作是形成田径运动的最初因素，因此田径又被称为体育运动之母。

我国古代的田径运动，是作为一种军事技能，随着战争的需要而广泛开展的。跑、跳、掷，开始只是人类生存所必需的基本技能，在人与自然界斗争中是离不开这种能力的。人类通过各种活动，显示出一些奇才异能。"夸父逐日"的神话，虽是人类征服自然的一种幻想，但人类长跑能力在征服自然过程中所表现的作用，却给人类的想象提供了基础。

随着社会阶级矛盾的恶化，跑、跳、掷等这些活动，被更多地赋予了军事技能的含义。奴隶社会时期的马前卒，更多地变成

◆ 赛跑雕塑

了超乎寻常的长跑能手。如《令鼎》铭文记载，周成王率领了他的臣下和奴隶，到淇田场去进行春种，农事完毕后又进行了射箭比赛。在返回王宫时，有一个叫令的小官吏和一个叫奋的奴隶，是成王的随从，跟着王的马车做护卫。周成王一时高兴说："令和奋，你们两人如果能一直跟上我的马车，跑回宫中，我就赏赐你们十家奴。"周成王的驭手谦仲就快速驱马，车子飞快地奔驰，两个护车的人紧紧跟上，一直到了王宫。周成王如约赏赐，令用这笔钱铸了一个鼎，并把事情经过铸在鼎上。这个故事，说明令和奋能与马车赛跑，是出色的长跑能手。

秦汉以后，出现了骑兵，步兵和骑兵混合作战。长途追击由骑兵担任，步兵主要是短距离的突击，所以在跑的训练上就偏重于短跑训练了。我国古代史籍中对有能力的战将，常常加上"走及奔马""马驰不及"等评语。据《北史·杨大眼传》记载，北魏孝文帝准备南攻，命兵部尚书李冲"典选征官"。杨大眼前去应征。测试武艺之后，他没有被录用。杨大眼又请求测试短跑，用三丈长绳系在头上，跑起来之后，"绳直如

◆ 画像石上的体育活动

矢,马驰不及"。这种惊人的短跑能力,使李冲甚为赞叹:"千载以来,未有逸材若此者。"杨大眼被录用后当了先锋官。由此可见,我国古代军事训练中极为重视短跑,确实出现了不少杰出的短跑能手。

战国时期,战争的防御设施已经有了城堡壕沟。在攻城夺寨的战斗中具有超越壕寨的跳跃能力非常重要。《左传》上记载:吴王夫差想称霸中原,于公元前487年率兵北上攻打鲁国,军队驻扎在泗水之上。鲁国的大夫微虎认为应当趁吴兵立足未稳,攻其不备,以挫败吴兵的锐气。但是鲁君不听这个建议。于是微虎便在自己的家兵中挑选、组成一支突击队,自己带领着去实现这个计谋。进攻营寨的战斗,挑选的办法,就是在庭院中设下障碍,"三踊于幕庭",即凡三次能跳过者才能入选。结果在700名家兵中挑选了300人。入选者中也有当时正在微虎家中当家臣的孔子的弟子有若。由此说明春秋战国之时,军士中是十分重视跳跃能力的。

投是田径项目中一个很重要的内容,投掷在古代也是一种作战的技能。战国时期,秦军在部队当中提倡用"投石超距"的训练方式,让士兵练习臂力,以及投掷的准确性,对增强军队素质,提高战斗力有很大的帮助。在火器没有发明以前,投石在作战中一直受到军队将领的重视。汉代以后直到唐代,军队对于投掷技能优秀者都是"具禄封进",进行嘉奖。到了明清时期,由于投的发展,出现了多种方式,包括工具都有改进,像蒙古族使用的一种投掷用的"布鲁",有多种投掷形式,如投远、投准等等。投的发展,对现代体育当中的铁饼、标枪、铅球等运动的发展都有很大的影响。

延伸阅读

跨栏的起源

跨栏跑是一项有着悠久历史的运动项目,究其渊源可以追溯到上古时代。那时我们的祖先为了生活和生存,在追捕猎物或在躲避猛兽袭击时,常常需要在快速的奔跑中越过一些天然的障碍物,这就是最原始的跨栏跑。17—18世纪的英国,牧业发达,牧童们常常越过羊圈,跳进跳出,相互追逐嬉戏。在节日里,牧童们经常举行跳跃羊圈的游戏,比谁跳得快。后来,他们把栅栏移到平地上,设置成若干个与羊圈高度相近的障碍物,看谁能跨过栏杆跑在前头,这便是跨栏跑的前身。这种游戏后来演化为跨栏比赛。

第三讲 古代体育项目

蹴鞠——足球的起源

中国古代球类活动是人类社会最早的球类游戏之一,蹴鞠在其中占有很重要的地位,而且套路齐全,规则完备。

蹴鞠起源于战国时期的齐国故都临淄,唐宋时期最为繁荣,经常出现"球终日不坠","球不离足,足不离球,华庭观赏,万人瞻仰"的情景。以儒家思想为核心的中国传统文化讲求"和"与"中庸",多数情况下的社会文化心理是重"文治"而轻"武功"。人们推崇谦谦君子的温文尔雅,鄙薄孔武之士的争强好胜。在这种社会文化背景下,蹴鞠由对抗性比赛逐步演变为表演性竞技。

◆ 蹴鞠(《明宣宗行乐图》局部)

汉代，蹴鞠一直是上层社会喜欢的娱乐活动。汉武帝就是个足球迷，不仅在他俘获的俘虏中寻找蹴鞠的高手，有时自己也上场一展身手。此外，汉代蹴鞠不仅仅是一种娱乐活动，还被广泛使用于军事训练中。

唐代，是蹴鞠的大发展时期。这个时期，随着马球的兴起，蹴鞠的军事作用逐渐消失，又重新转向娱乐方向，相应地在球的制作技术和比赛规则上进行了一系列改革。首先就是出现了充气球，唐朝以前的球都是实心的，里面填满了毛发，不仅重，而且缺乏弹性，发展不出复杂的踢球技术。而充气球使球的各种性能充分地表现出来，开始转向高空，技术也更加多样化。与汉代在地上挖鞠坑不同，唐代的场地开始立起了球门，多种多样的比赛方法，更加吸引人了。唐朝的蹴鞠活动还有一个重要突破就是出现了女子蹴鞠。有一次，军队里的几个青年在踢球，一个传球没接住，滚了过来，正巧，路旁树下站着一个十七八岁的姑娘，只见她不慌不忙地伸脚将球稳稳地接住，紧接着，使劲一踢，球直飞了数丈。这是世界上最早的关于女子踢球的记录。在清明节前后，女子踢球更加活跃，不少唐诗都曾描写过这种生动的情景。

宋朝是蹴鞠运动的鼎盛时期，南宋《武林旧事》曾列出了"筑球三十二人"竞赛时两队的名单与位置："左军一十六人：球头张俊、跷球王怜、正挟朱选、头挟施泽、左竿网丁诠、右竿网张林、散立胡椿等；右军一十六人：球头李正、跷球朱珍、正挟朱选、副挟张宁、左竿网徐宾、右竿网王用、散立陈俊等。"这恐怕是历史上的第一份足球"首发名单"了。

蹴鞠运动的兴衰，与统治者的政策、提倡也是分不开的。唐宋皇帝大多都重视蹴鞠运动，并把它当作一种军事训练手段，遇到比赛时都亲临观看。上有所好，下必甚焉，相沿成风，广泛开展，这是唐宋时期蹴鞠运动兴盛的重要因素。

明代朱元璋称帝以后，严禁军人蹴鞠，并下旨"蹴鞠者卸脚"，但由于蹴鞠运动本身的魅力所在，蹴鞠在民间依然盛行。

清朝入关后，喜欢射猎的满族统治者，对汉民族的蹴鞠也实行了禁止政策。顺治皇帝曾口谕禁止踢球，对蹴鞠要"即行严禁"。后来，乾隆皇帝干脆明令禁止蹴鞠活动，到了清代末年民间的蹴鞠运动基本上消亡了。

延伸阅读

足球的祖先在中国

汉代，出现了专供比赛蹴鞠的场地——"鞠城"。鞠城为东西向的长方形，两端各有6个洞状的鞠室。比赛时，双方各派12名"蹴勇"上场，其中6人把守鞠室，6人踢球，以踢进鞠室的球数多少来评定胜负。唐代蹴鞠有了新的发展，一是用灌气的球代替了过去以毛发之物充填的球，二是用球门代替了鞠室。唐贞观年间，在中国留学的日本遣唐学生，把唐代蹴鞠传到日本，使东瀛掀起一股"蹴鞠热"。宋代是蹴鞠的鼎盛时期，明清后日趋衰落。中国原始足球约在公元前4世纪传入中东，以后又传入罗马、希腊，再由罗马传入英国。

马球——唐代第一运动

马球运动起源于何时，目前尚无定论。但是在公元3世纪，曹植在他的《名都篇》里有这样的诗句："连骑击鞠壤，巧捷惟万端。"这里的"击鞠"实际上就是对古代马球的一种描写，可见当时已经拥有了马球运动。

马球最初作为军中练武之用，之后逐渐发展到民间，并普及到闺阁之中。从汉代以后，随着骑术的进步，马具的改革，骑兵在唐代达到极盛。唐代盛行轻骑兵，它有着快速机动与远程奔袭的特长，同时，马上作战、砍杀更为灵活。而马球运动就是训练骑术和马上砍杀技术的最好手段。由于这一军事目的，在统治者的提倡下，马球运动在唐代风行一时。

唐代是我国封建社会的鼎盛时期。贞观、开元之时，天下富庶，社会上就需要有一些休闲的娱乐。于是，马球运动就成为社会欢迎的活动了。作战的军士要练武，闲暇的富民要娱乐，这是唐代马球运动能够蓬勃开展的社会原因。

唐代马球之所以得到迅速的发展，还因为唐代上层社会的喜爱和重视。唐代皇帝及王室贵族，大都喜爱马球活动。唐代皇帝大都亲自上场打球，皇宫中有好几处马球场是专供皇帝打球的。唐宣宗李忱可以骑在飞奔的马上，用击鞠杖连续击球至数百次之多；唐僖宗李儇向他的近侍夸口说，如果朝廷设置打球进士科，他可以考中状元。如果真要在唐代的皇帝中考选马球状元，只有唐玄宗李隆基才够资格。

唐朝时期，由于皇帝对马球运动的热爱，全国上下球场林立，打球成风。许多打球的名手都出在神策军中，并因球技高超而升任节度使的也不在少数。唐僖宗曾用打球输赢来选拔节度使。广明元年（880），西川节度使出缺，神策军中大将陈敬瑄、杨恩立、牛勖、罗元果四人都想去当节度使。唐僖宗无法决定，便叫他们四人赛球，谁赢了

◆ "打马球"（唐 铜镜）

◆ 打马球

几个神策军士想不到一个文人竟然有这样高超的球技，有这样大的击球力量！一个个目瞪口呆，垂头丧气，在几千名观众的嗤笑声中，面红耳赤地离开了球场。

唐代马球场

当时出现了专门的马球场。考古工作者在陕西唐长安大明宫遗址曾经发现了一块奠基石，上面刻着："含光殿及球场等大唐太和辛亥岁乙未月建"，这就是马球场设立的见证。除了球场，当时还有打马球绘画，陕西章怀太子墓里边就有一幅，其中球的形式、马球杆的形式、人的动作都表现得惟妙惟肖。此外，国外的许多文博机构，还收藏有一些马球陶俑，这也证明马球运动在唐代非常盛行。

谁当节度使。结果，陈敬瑄夺得了头筹，便得了西川节度使的职位。

唐代文人马球技术也很精湛，甚至能战胜神策军中的老手。晚唐僖宗乾符四年（877），新进士集会，在月灯阁下准备赛球，场外已围了几千观众。突然，有几个神策军骑士闯进了球场，手拿球杖，策马奔驰。其用意很明显，是要和新进士较量一下。有一个新进士叫刘覃的挺身而出说："让我去教训他们！"说完跨马执杖驰进了球场，向在场的几个神策军骑士拱手道："新进士刘覃，特来奉陪练球！"这几个神策军骑士见有人应战，便拿出球子与刘覃比赛。谁知只驰驱了几个回合，球子便被刘覃夺得。他只有一个人，无法传球，便在马上连击几次之后，一个大打，把球子打向空中，球子飞出球场，不知落到何处去了。这

延伸阅读

马球运动的传播

13世纪，马球运动传入印度。英国种植园主在印度东北部的阿萨姆邦发现了这项运动，随即传入英格兰。在印度阿萨姆邦，马球比赛所用的马是当地的曼尼普尔小型马，马仅有12手宽（一手相当于4英寸），波斯人称之为"chaugan"。后来这个名字成为英语中现代马球球棍的名称。

马球传入英国后首先在军队中流行，后来逐渐开始在贵族和平民中流行。最早时参加马球运动的选手有9人，随着座骑逐渐变大，速度也逐渐加快，人数慢慢减为7人。现代马球运动一方的参赛者较少，为4人。

步打球——古代曲棍球

中国"曲棍球"在唐代称为"步打球",证明我国古代的步打球比欧洲曲棍球的历史要早得多。

步打球的源流还要从我国古代的马球运动说起。唐人阎宽在《温汤御球赋》中说:"击鞠之戏者,盖用兵之技也。武由是存,义不可舍。"马球是一种军事训练的手段,同时也是一种很好的娱乐活动。无论是参加打球,还是观看比赛,马球运动都能使人精神振奋。后来,马球发展成一种徒步持杖击球的游戏形式,类似于现代的曲棍球,称为"步打球"。

早期球场一般铺设在大殿前,所以在史书中,常可看到在某某殿、某某宫打球的记载。唐代女诗人鱼玄机所写的《打毬作》,即写的是步打的"毬":"坚圆净滑一星流,月杖争敲未拟休。无滞碍时从拨弄,有遮拦处任钩留。不辞宛转长随手,却恐相将不到头。毕竟入门应始了,愿君争取

◆ 步打球的工具(类似于曲棍球的球棍)

◆ 宋代步打球图

最前筹。"这写的是男子步打，后来，又分化发展出被称作"小打"的驴鞠和适合女子的徒步进行的步打球。唐朝宫廷中男、女步打都盛行。据《北梦琐言》记载，唐僖宗本人即"精于步打"。

唐代贞观年间，大臣魏征奉诏创造了一种名为"打毬乐"的舞曲，起舞时"舞衣四色，窄袖罗襦，银带簇花，折上巾，顺风脚，执毬杖"。可能是步打球乐的简称。省去一个步字，很容易和称为打球的马球相混淆。后来此舞曲又被唐玄宗李隆基改为"羯鼓曲"。其调宋时犹存。大约在公元8世纪，中国的步打球传到了日本。除了文献记载，步打球也曾有出土实物证据。保存唐代步打球形象的两条花毡现存日本奈良东大寺佛殿西北的正仓院北仓中，各长2.36米、宽1.24米，中央各织着一儿童，周围织着花朵，一儿童左手持弯曲球杖作接球状。到了宋代，又称为"步击"，《宋史·礼志》曾

有一段描述当时步打球的情况，在记述了宫廷的马球竞赛情况之后，接着就记述"又有步击者，时令供奉朋戏以为乐"。这里的"供奉"指男子而言，"分朋"指两队竞赛而言。反映出步打球是当时宫廷中一种经常性的表演。

到了辽代，契丹人中盛行曲棍球运动，《辽史》中称为"击鞠"。辽代以后，曲棍球运动在我国其他民族中逐渐消失，唯有在达斡尔族中保留至今。步打球也和足球、马球一样，在清朝禁止人民练武的情况下逐渐中断了。

延伸阅读

步打球与蹴鞠的区别

步打球和蹴鞠虽有相同之处，但差别很大。步打球为硬质，是表面涂色的木球，而蹴鞠为充填毛发或者充气的软球。在球杖上步打球用杖头弯曲的球杖（月杖），而蹴鞠则不用。步打球和蹴鞠的计分方法也不同，步打球分为两队，以击球入门先后分胜负，用筹计分。蹴鞠分为有球门踢法、无球门踢法，有球门踢法在场地两端栽两根数丈高的竹竿，竿上结网成球门，以进球多少决胜负，不用筹计分。

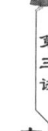

捶丸——古代高尔夫

早在13世纪前后,中国就已流行一种和现代高尔夫球非常近似的运动——捶丸。它由击球的"步打"发展而来,宋元时期正式称为"捶丸"。

"捶丸",是我国古代的一种击球游戏,是由唐代的步打球发展而来。

捶丸游戏盛行于宋金元三代,上至皇帝官员,下至贩夫走卒,对此游戏都乐此不疲。《宋史·礼志》记载,每年三月,宋太宗都要亲自主持仪式,组织朝廷官员和艺人们参加。元人所著《丸经·集序》中记载:"宋徽宗、金章宗皆爱捶丸。"有这些皇室贵族的带领,捶丸在民间也广为盛行。元人杂剧《庆赏端阳》中也有道白:"你敢和我捶丸射柳,比试武艺吗?"当时捶丸风气之盛可见一斑。

元代初年,捶丸运动已经有了比较完备的比赛方法、场地设备和器具规格以及赛球队则,时间比英国的高尔夫球竞赛规则的确定时间早472年。元世祖时期,有一个署

◆ 捶丸(《明宣宗行乐图》局部)

名宁志的老人，把上述内容写成了一本书，名《丸经》，全书目录有32章，内容从捶丸比赛规则到挥杆要领，从球棒的制造到场地如何保养无所不及。《丸经》的序言就提到，捶丸运动是"卫生之微奥，而训将练兵之一技也"。既可"养其血脉"，又能"怡怿乎精神"，达到身心健康。捶丸心不能急，意不能躁，需要保持良好的心境，可使血脉流通，四肢舒畅。作者宁志老人80岁高龄仍身体健康，头脑清晰。在600年前，就能如此科学地认识体育运动的价值，这是对我国体育史的极大贡献。

捶丸用球，一般用赘木制，这种赘木就是树身上结成绞瘤的部分，纤维绞结紧密，十分牢固，久击而不坏。除了木制以外，也有用角骨制成的球，范仲淹的外甥幼时就爱击角球，这里的角球就是捶丸。

捶丸要求地形有凹、有凸、有峻、有仰、有阻、有妨、有迎、有里、有外、有平的园林为场地，除了利用天然山坡打球，也有人在平坦的草地上，在草地上人们会人为地设置些高低不平的障碍。而高尔夫球场也要求有平坦的地形，还要有凹凸粗糙不平的地段，再加上沙洼地、水沟等障碍物。因此，从捶丸同高尔夫惊人的相似这一点看，二者显然具有源与流的关系。

山西省洪洞县广胜寺水神庙壁画中有一副描绘捶丸运动的图画：在树石与云气之间的平地上，有两位身穿朱色长袍的官员，每人右手都握着一支球杖，身前各有一个小球，左边的那位官员正俯身作出击打姿势，右边的那位官员则蹲下注视前方地上球窝，稍远处有两位侍从各持一棒，棒端为圆球体，居中者伸手向左侧击球人指点球窝位置。画面真实生动地再现了元代捶丸比赛的场面。据专家推断，此图完成于元泰定帝泰定元年（1324）。

金元以至明初，捶丸十分盛行。清军入关后，兴起了新的体育活动，捶丸便从史籍中销声匿迹了。

延伸阅读

捶丸比赛规则

比赛时，既可分组，曰"班"，曰"朋"，亦可不分组，各自为战。以参加人数多寡，又分为大会、中会、小会、一朋、单对等。10人、9人为大会，8人、7人为中会，6人、5人为小会，4人、3人为一朋，2人为单对。

比赛前各到"关牌"处领筹。筹又叫牌，每人5筹。捶丸时，每人三棒，三棒均将球击入窝中才能赢一筹，所赢筹由输家给。根据筹之多少可分为大筹(20)、中筹(15)、小筹(10)。比赛以先得以上各数为胜。

此外，还有一系列惩罚条例：不许换球，不准重捶，犯者本人及同组皆输。不许为他人指示地形，犯者输。借棒与他人、借他人球者为输。替他人击者输双筹。打在窝中用棒拨丸而击者输。如先有人在第二棒时将丸打在窝边，若后来人故意捶丸撞该球者也为输。凡此种种，输方出筹，赠与对方。最后，以得筹多少分胜负，并以筹为据得奖品。

击壤——投掷项目萌芽

> 远古时代，人类用木棒打野兽，为了投掷得更准确，平时便要练习。后来，狩猎工具得到改进，有弹弓和弓箭，不再依靠木棒掷击野兽。这种练习便演变成一种游戏——击壤。

击壤，据《风土记》和《艺经》等文献记载，乃是一种古老的游戏，夏商时期，流传极广的"击壤歌"，据说是帝尧之世所创，可谓是最早的体育歌曲。

明代人刘侗说击壤的游戏规则是"击远"，而三国时代邯郸淳提出的"中者为上"，说明古代的击壤强调看准目标，是一种远距离的投掷运动。

两晋南北朝时，击壤在民间流行，南朝诗人谢灵运在《初去郡》中写有"即是羲唐化，获我击壤声"的诗句。张协的《七命八首》中也有"玄韶巷歌，黄发击壤"之句，是说当时黑发的童子歌唱，黄发的老翁在玩击壤游戏。

击壤所用的壤，三国魏邯郸淳《艺经》中载："壤以木为之，前广后锐，长尺四，阔三寸，其形如履。将戏，先侧一壤于地，遥于三四十步以手中壤敲之，中者为上。"明王圻《三才图会》中也有同样记载，说明击壤在古代是有比赛、分争高下、力求准确的投掷运动。

宋元时期，击壤进化为一种掷砖游戏。掷砖，也分胜负。《太平御览》卷七百五十五《掷砖》条引《艺经》说："以砖二枚，长七寸，相去三十步立为标，各以一枚方圆一尺掷之。主人持筹随多少，甲先掷破则得乙筹，后破则夺先破者。"掷砖，主要动作是投掷，这与击壤相像，或是击壤之一种，或由击壤演变而来，有待进一步考证。

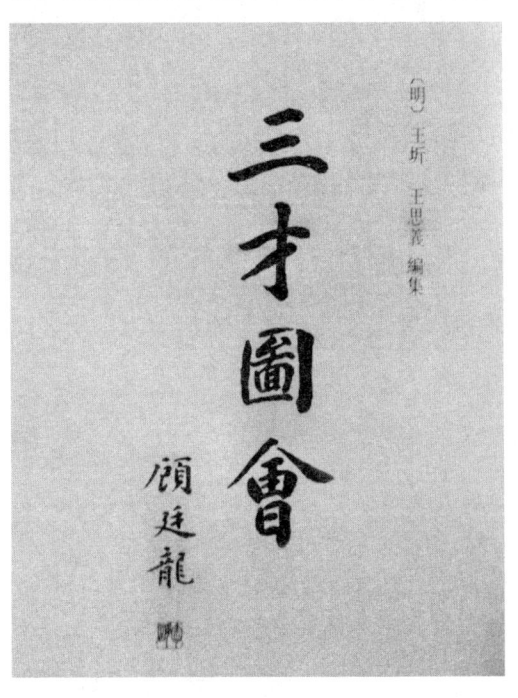

◆《三才图会》书影

◆ 击壤图

宋代还有一种抛堶之戏。堶，瓦石也。抛堶即明代的打瓦之戏，也是一种投掷形式的戏乐，当也源于古之击壤。明杨慎在《俗言·抛堶》中说："宋世寒食有抛堶之戏：儿童飞瓦石之戏，今之打瓦也。"梅尧臣《依韵和禁烟近事之什》诗有："'窈窕踏歌相把袂，轻浮赌胜各飞堶。'或云起于尧民击壤。"这里很明确地指出，宋代的抛堶，今（指明代）之打瓦，均起源于传说中的唐尧时的击壤之戏。

明代，击壤之戏，演变成打夯或曰打柭。夯，是一种小玩具。其形两头尖，中间大。据清代潘荣陛《帝京岁时纪胜》中说："京师小儿语：'杨柳青，放空钟；杨柳活，抽陀螺；杨柳发，打夯夯。'"说明明代北京地区的儿童在每年杨柳发芽之时，常以打夯夯戏乐。又据刘侗《帝京景物略》记载："二月二日龙抬头，小儿以木二寸制如枣核，置地而棒之，一击令起，随一击令远，以近者为负，曰打柭柭，古所称击壤者耶！"柭的形制如枣核，即两头尖，中间大。它与夯是同一形状。说明打夯和打柭可能均源于击壤之戏。

这种游戏，直到现在仍为儿童所喜爱。击者将长约三四尺的一根木棒持于手中，将另一根长约二寸、形如枣核的木棒置于地上；用手中的长木棒敲击地上的短木棒的一端，使之飞起，再用力击之，使之飞远；以近者为负。负者需大声呼"柭……"，边呼边跑，一口气把胜者击出的短木棒拾回来。这种游戏，不仅可锻炼敏感的击敲技能，而且也能锻炼奔跑的能力。它较投掷木块或砖瓦要复杂些，而且更有兴趣。

延伸阅读

打缸

20世纪50年代以前，许多人都玩过"打缸"这种游戏。"打缸"又称"砸缸""叩缸"，是一种竞技比赛，参赛人数一般为三四人，或者多至五六人亦可。赛具"缸"是较为方正的半截砖，每人各执两块。赛前先划A、B、C三道线，两线间距离约为丈许。比赛开始，一方先将自己的一个"缸"立于A线上。由另一方站在C线上，以各种规定的动作将手中的"缸"投掷过B线，借助于腿脚，将对方的"缸"击倒。然后再站在B线上，以同样的动作投掷，直接将对方的"缸"击倒，是为一段两节。全部赛程共计八段十六节，每段规定的投掷动作姿势各不相同，每节均以击倒对方的"缸"为标的，最终以先完成全部程序者为胜。

举重——古代的扛鼎运动

> 古代有很多力大无比的人,往往用"扛鼎之力"来形容他们。鼎是古代的重器,扛鼎,常常是对大力士的衡量。春秋时期秦国的国君秦武王,以及秦汉之交的西楚霸王项羽都是能"扛鼎"的力士,他们都是古代举重运动的著名人物。

举重是一项很古老的运动,中华民族的举重活动,早在两千多年前的楚汉时代就有记录(举大刀、石担、石锁等)。从西晋开始一直到清末,举重均列为武考项目。在使用冷兵器作战的中国古代,体力是十分重要的,兵器杀伤力的大少取决于人的力量大小。举重在军事上也用来评估士兵的身体素质。士兵们通常用举起一种称作"鼎"的庞然大物来证明自己力大无穷,动作同今天的抓举有些类似。

传说中夏桀可以拉直铁钩,殷纣能够举起屋梁换下木柱,都体现了其力量之大。最早的中国举重,出现在《列子·汤问》"愚公移山"这个故事中,略带有神话色彩,夸娥氏二子负二山,一厝朔东,一厝朔南。自此,冀之南,汉之阴,无陇断焉。

《左氏春秋》记载了很多大力士,比较确切的是孔子的父亲叔梁纥。鲁襄公十年(前563),晋国的荀偃等率领几个诸侯国去攻打一个叫逼阳的小诸侯国(在今山东枣庄一带)。叔梁纥作为鲁国贵族孟献子属下的武士,参加作战。聪明的逼阳人打开了城门诱使诸侯军进城。正当诸侯大军鱼贯而入时,逼阳人突然将悬着的城门放下,想要将入城的队伍拦腰截断,分割包围,各个击破。就在这千钧一发之时,叔梁纥冲上前去,用双手托住了即将下落的城门,使已进城的兵士得以安全退出,避免了一场大的伤亡。

◆ 霸王举鼎

唐朝时把举重叫翘关，武考科目中还有一个"负重"项目，即负重行走。唐太宗李世民选择军士的条件，要求"翘关五举""负米五斛行三十步"。武则天在702年始设武举制，力士汪节一鸣惊人，举起渭水桥上的石狮子。

南宋临安已经有了举重运动，《水浒传》中记载武松的片段"武松威镇安平寨"一节，绘声绘色地描述了古时举石练习的场景："天王堂前的石墩，约有三五百斤重，武松去那里，只一把轻轻地提起，双手把石墩只一撇，扑地打下地里一尺来深，提将起来望空一掷，掷去离地一丈来高。"没有千百斤的力气，何能在景阳冈上赤手空拳打死吊睛白额大虎？当然，这一撇一掷便是力量和技巧的结合。

抱举石头运动在藏区有着悠久的历史，桑耶寺壁画中有四人参加，都穿长袍、紧腿裤、长筒靴，光着头。其中一人刚抱起，一人抱到了小腹前，一人抱到了胸前，一人已将石头扛在肩上，旁边有两位裁判。这幅画面生动地表现了举石头的各种动作，最后要扛在肩上。布达拉宫壁画举重图中，有六人参加，三人穿长袍，三人袍子下襟较短，足蹬各式靴子，留着长发，披在后面。里面有一人已将石头扛在肩上，是这次比赛的得胜者，下有藏文云："康、蒙古、西藏等地的人举行举石比赛，内朗日巴楼获得第一名。"

现今在藏历八月的望果节，还经常举行举石比赛，比赛时选一块圆形石头，重达100千克或150千克，上抹酥油，参赛者要将石头抱起，从腋下移到背上，然后按规定的范围行走。也有将石头抱起后，从前或从肩部向外抛出，以远者为胜。

◆ 扛鼎

延伸阅读

扛鼎

鼎是古代的炊具，用青铜制成，三足两耳，轻则百斤，重则千斤。移动鼎时，是用一根木棍横插在鼎的两耳中，两人各扛木棍的一端，名为"扛鼎"。一人扛鼎练力则是抓鼎的两耳再举起。《史记》中记载秦武王好举鼎，有力气，还以高官厚禄招揽力士。《史记·秦本纪》记载："武王有力好戏。力士任鄙、乌获、孟说皆至大官，王与孟说举鼎，绝膑。"可见是举鼎过力，折断了胫骨。

御车——古代的赛车

御就是驾车的技术，车在古代社会中，对交通、军事、运输都着着重要的作用。御术是古代学校教育的主要课程之一。

西周至春秋战国时期，战车的数量往往是衡量一个诸侯国军事实力的重要标志。因此驾车也是一项十分重要的战术。在奴隶制社会中，射和御是联系在一起的，因为那时的打仗是用战车，在四马拉的战车上有三个甲士，中间的是驭手，左面的是弓箭手，右面的是戈矛手。甲士多是由奴隶主担任，所以在奴隶主的教育中，礼、乐、射、御、书、数六艺都是必学的课程，御和射都是奴隶主必修的教育课程。

学校中所教的御，当时称五御，也就是五种基本技术：鸣和鸾、逐水曲、过君表、舞交衢、逐禽左。驭车是一项很复杂的技术，既要灵敏和机智，又要有相当大的臂腕力量，才能使六辔在手，指挥如意。

西周时驭车技术最高的人是造父，他是周穆王的车夫。周穆王是一个喜欢游历的君王，他坐着一辆八匹骏马拉的车子，由造父驾驭，周游了天下的名山大川。造父能成为一个有名的驭手，是经过名师泰豆氏的指点，并经过勤学苦练得来的。《列子》说，泰豆氏是一位有名的驾驭教师，造父不远千里来投泰豆氏门下学御，但泰豆氏并未教他如何驯马，如何赶车，却教他在梅花桩之间穿来穿去；梅花桩之间仅可容身，稍一不慎就碰得皮破脸肿。造父坚持按照师父的指点去做，经过勤学苦练，可以在木桩之间自由来往了。泰豆氏看了造父的进步，很为他高兴，他告诉造父说，赶车子就是要心手合一，眼睛不看马却能知道马奔驰的情形；手里握着六根辔头，心里想到哪里，手中的辔头就按心里想的指挥，这叫得心应手，只有这样，才能成为一个好驭手。

《韩非子》一书中，记载了赵襄王跟王子期学驾车的故事，告诉人们如何处理好车与马以及马与人之间的关系，尤其是驾车人

◆ 商代的车（复原图）

◆ 战国御车

心理的变化会影响技术的发挥。故事说,当赵襄王跟王子期学会驾车的技术之后,就要与王子期比赛。在比赛中,他换了三次马,最后还输了。他认为是王子期没有好好教他。王子期告诉他:你和我比赛,并不是车不好,或是马不好,而是你的心理活动造成的。当你跑在我前面时,本来可以直接向前跑,可是你害怕我超过你,在你四处张望的时候,就没有心思管马,于是,你的车跑起了曲线和弯道;当我超过你时,你又怕赶不上我,还是无心管马,所以车子跑得也不是直线。车赛中最忌讳的就是这样,所以你才会输。

战国初年,车战战术废弃了,驭车便由战斗的技能演变为社会的娱乐活动。这种活动不仅在赵国贵族中极为盛行,在齐国也很盛行,而且还伴随着赌博,一次下千金的赌注很多。齐国的大将田忌经常输给齐王。后来他用了孙膑的计谋,即"以君之下驷与彼上驷,取君上驷与彼中驷,取君中驷与彼下驷"的优选法,结果以二比一赢了齐王千金。

随着战车的军事价值的降低和骑马的方便,驭车逐步在社会上消失了。但驭车术作为古代的文化却保留了下来。

延伸阅读

古代六艺

礼:礼节(即今德育);
五礼:吉礼、凶礼、军礼、宾礼、嘉礼;
乐:音乐;
六乐:云门、大咸、大韶、大夏、大镬、大武等古乐;
射:射箭技术;
五射:白矢、参连、剡注、襄尺、井仪;
御:驾驭马车的技术;
五御:鸣和鸾、逐水曲、过君表、舞交衢、逐禽左;
书:书法(书写、识字、文字);
六书:象形、指事、会意、形声、转注、假借;
数:算法(计数);九数即九九乘法表,古代学校的数学教材。

游泳——最古老的水上运动

> 居住在江、河、湖、海一带的古代人,他们为了生存,必然要在水中捕捉水鸟和鱼类作食物,通过观察和模仿鱼类、青蛙等动物在水中游动的动作,逐渐学会了游泳。

原始社会渔猎时代,游泳是人类向大自然作斗争并获取生活资料的一种技能。上古时期,洪水经常泛滥,威胁着人们的生命,因此才有了大禹治水的故事。正是在人与水的斗争中,人们逐步学会了游泳。

我国古代最早的诗歌集《诗经》上就有描述游泳的诗句:"就其深矣,方之舟之。就其浅矣,泳之游之。"春秋战国时期,留下的许多史料,都提到了游泳。如《庄子》:"夫水行不避蛟龙者,渔夫之勇也。"这些史料都说明,游泳在我国有着悠久的历史。

在东周时候,南方各国都提倡水战、舟战,所以水上兵士训练成为一项重要内容。故宫博物院收藏有一件"宴乐渔猎攻战纹铜壶",壶壁上就有一幅水中游泳的画面,这幅图上,人与鱼共游是非常明显的,有的像自由泳,有的像蝶泳,整个画面给人以很清新的感觉。

在春秋战国时期,各国间的兼并战争越来越激烈,水战成了重要的作战方式之一,南方各国都十分注重水中本领的训练,北方的国家有的也开始重视起来。齐国的军队在丞相管仲的带领下,特意修了一个水池让士兵练习游泳,练得好的给奖励,不好的要惩罚。后来齐国凭借良好的水军,打败了越军。

秦汉以后,游泳活动得到了进一步的推广,到南北朝时期,游泳活动在全国各地普及,北方地区以及西北地区游泳都很盛

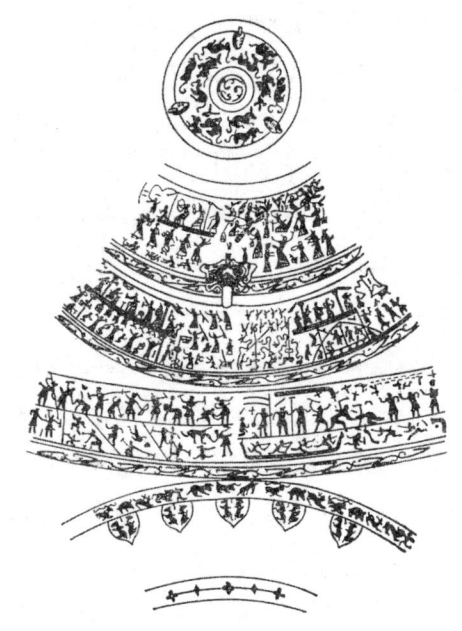

◆ 宴乐渔猎攻战纹铜壶(拓片)

◆ 汉代画像石上描绘的水上活动

行,敦煌莫高窟《弄潮游泳图》生动地反映了古代人游泳的状况,从画面上四人游泳的姿势来看,跟现在的游泳姿势基本一致。当时,南方游泳主要集中在农历五月五日,主要在钱塘江举行。

唐德宗贞元年间,有个叫周邯的人,一次,跟他的小仆从乘船到瞿塘峡。这里是三峡中最险要的地方,水流很急,小仆从竟然潜入水底,捞出了许多"金银器物",真是水性非凡。由于他在水中和陆地一样,能长时间地潜入水中,所以被称为"水精"。

宋代,是我国古代水上弄潮最为活跃的时期。当时的弄潮活动以浙江之潮为最,南宋词人辛弃疾在回忆当时弄潮儿表演的壮观场面时,曾留下了这样的词句:"吴儿不怕蛟龙怒,风波平步,看红旗惊飞,跳鱼直上,蹴踏浪花舞。"

明清民间的游泳活动仍以每年农历八月钱塘江"弄潮"为代表。每当涨潮之际,当地的人们便开展各种游泳活动,且花样越来越多,如游泳健儿在水上表演的"踏滚木"及"水傀儡""水百戏"等。

中国古代的游泳活动在民间以及各个阶层都有不同程度的发展。其悠久的历史,丰富的内容,成为具有民族特色的传统体育项目之一。

延伸阅读

古代的跳水绝活

宋代除弄潮表演外,水上运动方面还创造了水秋千表演。在彩船上立着高高的秋千,一个人登上秋千,高高荡起,当身体与秋千的横架接近平衡时,突然从秋千上腾空而起,翻筋斗,跳入水中。

这种荡秋千的跳水表演较之固定跳板、跳台跳水的难度更大,只有掌握好秋千荡平的一瞬间跳离秋千板,才能跳出好成绩。如果跳离秋千板的时间稍早或稍晚,随着惯性作用,表演者就可能摔在船板上。由于水秋千表演的难度极高,每年只在端午节的宫中宴会上才有表演。

赛龙舟——奋勇竞渡夺锦标

龙舟竞渡是中国民间传统水上体育娱乐项目,已经有2000多年的历史,最早是古越族人的一种祭祀活动。由于地域广大,民族众多,再加上各种故事传说,都给龙舟竞渡增添了不少浪漫的色彩。

赛龙舟,是端午节的主要习俗。相传起源于古时楚国人纪念投江而死的屈原,另一说是为了纪念越王勾践操练水师,打败吴国。吴越交战,勾践败而被俘,在吴国过了三年忍辱含垢的生活,骗得了吴王夫差的信任,被放回越国。回国后,他卧薪尝胆,立志雪耻,于当年五月初五成立水师,开始操练,终于在数年后,一举消灭吴国。后人为了昭彰勾践这种坚忍不拔的精神,便效仿越国水师演练时的情景,于五月五日这一天划船竞渡,以示纪念。

还有一说是为了纪念伍子胥和曹娥。传说伍子胥因遭谗言诽谤,被吴王夫差命人抛于钱塘江波涛之中,有曹娥驾舟去救。"五月五日,时迎伍君,逆涛而上,为水所淹"(《曹娥碑》)。后世遂划龙舟,做救伍员状。

其实,"龙舟竞渡"早在战国之前就有了,应是一种宗教性的娱乐活动。在急鼓声中划龙形的独木舟,做竞渡游戏,以娱神与乐人,是祭仪中半宗教性、半娱乐性的节目。而龙舟竞渡选择在五月五日,是因为这个时间正是我国南方插秧之后的农闲季节。

隋唐时期,江南地区举行的龙舟竞渡,是十分热闹的。

◆《金明池夺标图》(宋 张择端)

◆ 清宫藏院本中的龙舟竞渡

唐代竞渡，比起前代有很大的发展。竞渡用船，装饰华丽，在船首造起龙头，在船后竖起龙尾，船的两侧刻画龙纹，装扮成一条昂首翘尾的巨龙，人们称之为龙舟。在唐代全盛时期，竞渡之风尤为鼎盛。每逢举行竞渡，士民百姓、州县官吏、文人学士等都涌向江边观看。史籍上说，当时士女倾城出观，以致两岸摩肩接踵，观者如堵。可见龙舟竞渡不仅是竞赛者的一种娱乐，观看的人们也同样享受到乐趣。

宋代建都汴京城（今河南开封市），凿金明池以练水军，在金明池中也开展龙舟竞渡活动。宋画家张择端绘有《金明池夺标图》，元人王振鹏也绘有《龙舟夺标图》，反映宋元的首都都有龙舟竞渡活动。

清王室是东北的少数民族，进入北京之后，也沿袭龙舟竞渡习俗。《清稗类抄》记："乾隆初，高宗于端午日命内侍习竞渡于福海，画船箫鼓，飞龙鹢首，络绎于波浪间，颇有江乡竞渡之意。"

龙舟竞渡作为一种社会娱乐的体育项目，有极其丰富的内涵，受到历代统治者的重视和人民的喜爱，历久而不衰，直到今天，仍盛行于江南。

延伸阅读

龙舟的传说

相传很久以前，邹圩没有河流，只有一条又小又脏的水沟。一天，有个渔人在水沟里网住了一条十分奇特的小蛇，它的尾部有九片闪耀的鳞片。小蛇眼里闪着乞求的光芒，十分可怜。渔人顿生恻隐之心，抚了一下它的鳞片，就把它放回了水沟。谁知那九片鳞忽然落了，小蛇长身而舞，化为一条小龙。原来，它是一条上天的神龙，因触犯了天条，受玉皇大帝处罚，尾巴上被加了九把锁——就是那九片闪耀的鳞。玉皇说只有人的阳气才能开这锁，就是渔人无意中一抚，竟打开了小龙身上的千年枷锁。小龙为了感谢渔人，从口里不停地喷出水来，灌注于小水沟里。慢慢地，小水沟变成了大河（也就是现在的邹圩清水河），河水为邹圩带来了五谷丰登。为了纪念这条神龙，人们把沿河的村子称为龙头寨、上龙首等村。在神龙升天这一天，也就是端午节举行赛龙舟，以示庆贺。

滑冰——古代冰上运动

> 我国古代东北和西北有些地区的人民生活在苦寒地带,那里常年冰天雪地。在生活与生产中,逐渐摸索出了冰上活动的经验,或借助工具,或总结技巧,逐渐发展成了冰上运动。

《通典·边防》记载,早在公元前7世纪左右,居住在黑龙江流域的少数民族就利用木制的滑雪工具追逐野兽。元明时朝史书关于黑龙江省内少数民族滑雪的记载就更多了,当时将"骑"的"木"称为"木马",并解释说,这种木马用长方形有韧性的木板制成,"形如弹弓,长四尺,阔五寸",两头翘起,前端尖,翘度大,中间的底部包上狍、鹿的皮,其毛茬朝后,这样滑行的摩擦力小,上坡时不易往后滑。由于多在山路崎岖的密林中穿行,故只有一根滑杖,上山当拐棍,下山用以调整方向。

我国古代滑冰技艺最初仅是一些冰上

◆ 清代皇帝在北海溜冰车

杂耍,真正使冰上运动得到发展的是在清代。满族是女真人的后裔,世代居住在长白山以北,东滨大海以及黑龙江流域的广大地区。满族的发源地在现在的牡丹江地区,那里气候寒冷,冰天雪地,一年中冰期长达五个月,优越的冰雪环境为满族的传统体育创造了适宜的土壤。长期生活在这里的人们由于生产和生活的需要,十分擅长滑冰,也十分喜爱冰上运动,所以滑冰、滑雪技术应运而生。

满人将冰上运动称为"冰嬉",冰嬉早在清入关前就在满族中十分流行。随着满族入主中原,他们把一些冰上活动也带入长城内,"冰嬉"也成为国俗。到了清代滑冰运动有了速滑和花样之分,当时清人把速滑分为"官趟子八式",即初手式、小晃荡式、大晃荡式、扁弯子式、大弯子式、大外刃式、跑冰式和背手跑冰式等。

满族人关以后,每年的阴历十月都要在北京的北海冰面上检阅八旗弟子的滑冰技术,作为训练八旗官兵的制度之一。冰上运动大致有:速度滑冰、花样滑冰、冰上足

◆ 清代院本中描绘的"冰嬉"

球、冰上抛球、冰上射天球、打雪挞及冰上摔跤等。故宫博物院现在还藏有《冰嬉图》，从《冰嬉图》中人们可以看到在清朝冰嬉大典中有人表演时做出的各种花样冰上动作，有金鸡独立、哪吒闹海、双飞燕、千斤坠等。

在清代举行的冰嬉大典活动中必会安排抢等(即现在所谓的速度滑冰)项目。运动员由八旗兵组成，他们足蹬一种底部绑着铁条的简易冰鞋，身穿箭衣，在距皇帝冰床三里外的起始点一字排开，等待号令。"轰"，礼炮一响，运动员听到号令后，如离弦之箭，蜂拥而出，向皇帝的冰床方向飞驰而去，最先到达皇帝冰床的运动员便是头等，能够得到皇帝亲赐的赏品。

古代满洲地区，早就有冰上的足球游戏，它的名字叫踢形头，是满族入关前后很盛行的一种冰上运动。形头是用兽皮缝制而成的圆形物，里面装填毛发，大小同现在的足球差不多。踢形头，是以形头踢入对方的防线内的数量来确定胜负。

清朝入关后，为了保持八旗部队强大的作战能力，清朝历代皇帝都十分重视冰上运动，踢形头(冰上足球)是必不可少的比赛项目。比赛前，八旗士兵分成红、黄两队，分旗门，叫做"分棚"。每队数十人，比赛开始前，双方队员在球场中央列队站好，御前侍卫用力将球抛向空中，球由最高点下落，不等球着地，双方队员奋力争球。场上队员为了在冰面上奔跑，穿着特制的带铁齿铁条的冰鞋，主要是用手抢接抛掷，也可用脚踢，所以又叫"冰上蹴鞠"。

延伸阅读

现代冰球

冰球，也叫"冰上曲棍球"，是多变的滑冰技艺和敏捷娴熟的曲棍球相结合的一种运动，对抗性较强，也是冬奥会的正式比赛项目。运动员穿着冰鞋，手拿冰杆滑行拼抢击球。球一般用硬橡胶制成。比赛时每队上场六人，前锋三人，后卫两人，守门员一人。运动员用冰杆将球击入对方球门，以多者为胜。

1935年，中国在北平举行了第一届华北冰上运动会，第一次举行了冰球比赛。1953年，又在哈尔滨举行了首届全国冰上运动会，有5个队参加冰球比赛。1955年起，每年举行一次全国冰球比赛。1956年以后，中国冰球队开始参加国际比赛。1981年，北京举办了世界冰球C组锦标赛，中国队获得亚军，晋升到B组。1986年，在日本举行的第一届亚洲冬运会上，中国队获得金牌。

滑雪——生产中诞生的运动

> 滑雪是一项满族等北方民族喜爱的传统体育项目。滑雪板是他们冬季使用的滑雪、狩猎工具,古称"木马",又称"踏板"。

几千年前,生活在极其寒冷的地方的人们,在雪地里行走非常困难,为了能在恶劣的自然环境中生存,人类发明了可以代替行走的滑雪板,它的应用使得人们可以在浩瀚的森林中任意驰骋追寻猎物。

我国的滑雪历史非常悠久,一万多年以前,新疆阿勒泰地区一个神秘的民族和一种新奇的工具被特定的环境紧密结合在一起,这就是图瓦族和他们的活化石工具——毛雪板。图瓦人居深山密林,沿袭传统的生活方式,以游牧、狩猎为生,这一地区一年中有7个月被大雪封山,降雪都在一米以上,不仅车辆无法通行,即使是马和骆驼这样的大畜也很难迈开步子。但图瓦人却可以乘着雪板翻山越岭奔走如飞。这种雪板是用动物毛皮和木板制成,底下一般钉有马皮,下山时顺毛滑行,速度极快,上山时又具有很好的防滑作用,是冬季图瓦人在冰雪世界出行、狩猎必不可少的代步工具。据国外专家考证,这个地区滑雪历史悠久,因此被称为"人类滑雪发祥地"。

中国文献中对滑雪的记载,最早见于《隋书》,书中对1400多年前居住在大兴安岭地区的室韦人所盛行的"骑木而行"活动进行了描述。这种"骑木而行"的形式,就是足踏类似于雪橇的木板,这种木板一般长四尺、宽五寸,一左一右,系在两脚上,在冰雪中疾行可以追得上奔马。这种利用装备在冰雪中滑行,较原始的滑雪形式显然有很大的进步,已基本具备现代滑雪运动的主要特征。

距今大约1300年前,居住在黑龙江省的室韦人和赫哲人,都很善于滑雪,他们不仅把滑雪板作为一种交通工具,而且还

◆ 大雪覆盖的长白山地区,古代女真人就生活在这里。他们发明了雪橇,在雪上滑来滑去,解决了生活和生产问题。

◆ 努尔哈赤

乘着它出没林海雪原，进行狩猎活动。他们在雪深数尺的山林里，把大约长5尺的木板绑在脚上，手拿着长竿，跑动起来，就像乘船在水面上飞驰。他们就这样滑雪前进，速度快而灵活，这样才有可能追到猎物，因此赫哲人把滑雪板称为"捕兽之器"。

滑雪板多以松木为原料，长约2米，宽约0.2米，前端呈弯状，翘度大而窄，后端呈坡型，翘度小而宽；中间略厚，装有绑脚皮带。早期的滑雪板板底无包皮，后来便用兽皮包底，因为这样利于爬山；满族猎手射猎时喜欢带有包皮的滑雪板，爬山时不向后滑。北方的一些渔猎民族如赫哲族、鄂温克族、鄂伦春族，至今仍喜欢滑雪板，在茫茫林海雪原中射猎。

唐代的女真族，原来居住在中国东北地区的长白山以北、松花江和黑龙江流域。当时，在他们中曾出现过一种用于驰行的"竹马"，这种"竹马"在冰雪上滑行速度快，也很省力。人站在"竹马"上，手握一根曲棍，用力一撑就可以向前滑行十几米。这种方法与现代滑雪方法已非常接近。

明天启五年（1625）正月初二，东北建州女真族首领努尔哈赤曾经在太子河上主持过盛大的雪上运动会。在这次运动会上，先进行了冰球表演，然后又进行了速滑比赛，并规定，冠军赏银20两，亚军10两。这是中国古代第一次雪上运动会。

清朝入主中原后，将他们传统冰雪体育活动也带入了内地，其内容丰富多彩，呈一代之盛。

延伸阅读

现代滑雪与中国

现代滑雪竞赛有两种，一种是北欧滑雪，另一种是高山滑雪。北欧滑雪比赛包括个人越野滑雪赛、男子接力赛和女子接力赛。此外还有跳台滑雪赛，以及北欧混合项目比赛，包括越野赛和跳台赛。高山滑雪由滑降、小回转和大回转组成。另外，高山滑雪混合项目，则由以上三个项目混合组成。

1957年，新中国在辽宁通化举行了第一次滑雪比赛，两年后又在吉林市举办了第一届全国冬季运动会。1980年，中国首次派人参加冬奥会。1987年，郭丹丹在澳大利亚墨尔本举行的自由式滑雪空中技巧女子项目中获得冠军，这是中国在现代体育盛会中获得的第一个世界冠军。1998年，徐囡囡获得第18届冬季奥运会自由式滑雪女子项目的冠军。2006年2月24日，韩晓鹏夺得都灵冬奥会自由式滑雪男子空中技巧项目的冠军，这是中国获得的第一枚冬奥会男子项目的冠军。

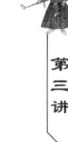

第三讲 古代体育项目

摔跤——古老的竞技项目

中国古代摔跤的异名很多，如角力、摔胡、角抵、相扑、布库、厄鲁特、掼跤等。这是因为，各民族的语言文字不同，摔跤的方式方法也有较大的差异。

古代的摔跤基本上是沿着角力、角抵和相扑、摔跤这几个形式发展过来的。摔跤最早起源于古代"蚩尤戏"，"蚩尤戏"是为了纪念与黄帝逐鹿中原的蚩尤而流行于北方的一种民间竞技活动。东周时期，这种角抵戏比较普及，特别是北方少数民族中非常多见。考古工作者在陕西发现了一件铜牌，上面就有两人角抵的画面，这是比较典型的早期摔跤形式。

汉代，由蚩尤戏发展出来的角抵的形式，被赋予了一定的文化意义。当时有一出戏叫《东海黄公》，戏中黄公的父亲被老虎吃了，黄公为了报仇，跟老虎进行搏斗，就是角抵。它与蚩尤戏是一个体系发展下来的，而且有较高的表演因素和一定的文化内涵。

据《汉书》记载，金日䃅当汉武帝寝宫中侍卫时，有一天，汉武帝尚未起床，江

◆ 摔跤雕塑

充与莽何罗谋反。莽何罗携带武器闯入寝官准备刺杀汉武帝，被金日䃅发觉了。"日䃅摔胡投何罗殿下，得擒缚之。""摔胡"就是抓住脖子摔倒在地，这是一个纯粹的摔跤动作。

唐朝皇帝大都喜爱体育活动，摔跤也是他们喜欢的项目之一。宫廷里的教坊司和内园是两个专供皇帝娱乐的地方，内园是进行体育表演的地方。唐玄宗李隆基"每赐宴设酺，大陈山车、旱船、寻橦、走索、飞剑、角抵"，作为宫廷的娱乐活动，角抵是各种表演节目的压轴戏。摔跤手临上场前，左右军就擂起大鼓。在急鼓声中，一个个赤裸上身的壮士绕场而入，寻对扭摔，一交上手，场外的观众就呐喊助威。分出了胜负之后，观众欢呼，急鼓三通。

宋代时，摔跤不仅是宫廷宴会的压轴节目，在民间也广受欢迎，在城市的"瓦子"中，摔跤是最精彩的表演。众多艺人中，还出现了女摔跤艺人。元朝王室起于北方的蒙古族，这个来自草原的民族，最重视骑马、射箭和摔跤三项，被视为男子三项竞技。只有三项都出色的男子才有资格被推选为部落首领。妇女也可以参加"男子三项竞技"的比赛，有时候还能胜过男子。

清代也十分注重八旗子弟摔跤技术的培养。清王室的御前侍卫大都是摔跤能手。康熙刚登基的时候，朝政大权被控制在大臣鳌拜手中，康熙一心想除掉他。于是利用训练摔跤的方式，瞒过监视，秘密地培养了一批高手，最终利用他们的力量除掉了鳌拜，夺回了政权。

◆ 明代《三才图会》中记录的"角抵"

我国古代的摔跤，从角力到布库延续有三千多年，在摔的方法方式上，从拳脚并用、徒手搏斗，发展到以摔绊为主的技巧。

延伸阅读

布库

"布库"是满语摔跤的音译，也叫撩跤或掼跤，是由满族古代游戏"骑马打仗"演变而来的。着短袖跤衣，摔倒着地即分输赢。清代文献记载：布库专赌脚力，胜败以仆地为定。其人皆白布短衫、窄袖，而领及襟率用七、八层密缝之，使坚韧不可碎。初则两两作势，各欲伺隙取胜，继则互相扭结，以足相掠，稍一失，即拉然仆矣。

布库有双人和多人两种。比赛时在地上划出一个圆形角斗区，参赛者分为两个队，每队各二人。比赛时，一人背着另一人。比赛开始，各队接近对方，背在背上的人相互争斗，设法把对方推出场外或把对方从背上拉下来，以此决定胜负。该项运动也可以多人的多组对抗。

相扑——源自中国的运动

> 角抵经过战国秦汉的发展,在晋代出现了另一个名称——相扑,它在整个宋辽金元时期的运动项目中占主要的地位。

相扑起源于中国汉代,起初曾作为宗教和宫廷表演运动,公元7世纪传入日本,成为武士训练的一部分。

宋金元时期相扑有很大的发展,称相扑比赛的规则为"社条",称裁判为"部署"。由于在比赛中可能会失手死人,赛前双方都要立下生死文书,并出现了两种形式。

一种是正式比赛的,就像打擂台。这种形式,如《水浒传》第七十四回的"燕青智扑擎天柱":"燕青再上献台来,要与任原放对。部署向他先要了文书,怀中取出相扑社条读了一遍,对燕青道:'你省得吗?不许暗算!'燕青冷笑道:'我单只这个水裈儿,暗算他什么?'"可见,相扑中最重要的规则是不许暗算,这是为了保证比赛的公平进行。

另一种相扑是表演的形式,在当时的东京(今开封)和其他地方都有这种表演,而且表演的服装基本延续前代。现存于陕西省博物馆的两块金代砖雕,上面雕刻的画面就很典型地反映了两个力士在相扑前的一个瞬间,画面中的相扑者上身赤裸,下身光腿赤足,仅在腰间系一个兜裆。这一形式跟现在日本的相扑完全一样,也就是说相扑从中国晋代以后,通过文化交流传到日本,而日本保留了这一传统。

宋代社会上喜爱看相扑比赛,这在《水浒传》中有较详细的描写,燕

◆ 日本相扑图

◆ 现代日本的相扑运动

青和任原在泰山庙会上相扑比赛，台下的观众有"数万香官，两边排得似鱼鳞一般，廊庑屋脊上都坐满了"。这些香官观众，来自全国各地，"一者烧香，二者乃为着看任原本事，三来也要偷学他几路。"这反映了宋代相扑的开展有广泛的群众性。

宋代已经有了全国性的相扑比赛。《梦粱录》记载："若论护国寺南高峰露台争交，须择诸道州郡膂力高强、天下无对者，方可夺其赏。如头赏者，可得奖品、旗帐、银杯、彩缎、锦袄、马匹等。"南宋临安城的南高峰比赛是全国最高级的比赛，赢得头名所获得的奖品非常丰盛。宋理宗景定年间，温州的韩福夺得了冠军，不仅获得奖品，还被封了官"补军佐之职"。《水浒传》上写的泰山庙会的比赛也是全国性的比赛。任原在擂台上夸口说："四百座军州，七千余县治，好事香官恭敬圣帝，都助将利物来，任原两年白受了。今年辞了圣帝还乡，再也不上山东了。东至日出，西至日没，两轮日月，一合乾坤；南及南蛮，北济幽燕，敢有出来和我争利物的吗？"泰山庙会的相扑是全国性的比赛，连奖品也是全国各地赞助来的。这更说明宋代的相扑运动是具有广泛的群众性的。

相扑发展到明清出现了另一个名称——摔跤。明末清初有一个叫陈元赟的人，在抗清失败后曾经东渡日本，把摔跤与拳术进行糅合，在日本授徒传技。最后经过日本人士的辗转传播，发展成了现在的柔道。

延伸阅读

日本相扑

日本《相扑之始》一书说，日本的相扑最早出现于公元前23年。日本体育百科全书记载："日本的相扑与中国的角抵和拳法有相互关系。"日本历史考古学家池内宏和梅原末治合著的《通沟》一书也说，日本的相扑同中国吉林省辑安县出土的3—5世纪古墓壁上的角抵图极相像，同中国唐宋时代的相扑比赛形式和规则也近似。从17世纪起，日本各地兴起职业性相扑，称为"大相扑"。18世纪开始形成现代的相扑。到20世纪初期，相扑作为日本的"国技"广泛开展起来。至今日本的相扑比赛每年都要举行6次，分为一月场、三月场、五月场、七月场、九月场和十一月场，是群众最喜爱的运动项目之一。

手搏——勇士的较量

中国古代武术技击运动的主要名称叫"手搏"。手，徒手；搏，相搏。徒手相搏，是一种徒手对抗的竞技运动。比赛时打、踢、摔、拿综合应用，以一方倒地或出界决定胜负。

传说在炎黄部落的南部有一个九黎族，他们的首领叫蚩尤，蚩尤好侵犯别人，他的战士健壮勇猛，戴有角的头盔，格斗时用头盔上的角顶撞敌人。黄帝以闪避腾挪训练他的战士，利用敌人的力量将其摔倒制服，黄帝战胜了蚩尤。以后这种闪避腾挪的格斗常在节庆时表演，人们叫作角抵戏。这是中华武术技击运动的萌芽。

春秋战国，相搏已较普通，秦汉时叫手搏，比赛已较正规。隋唐五代时，手搏、角抵倍受重视，比赛几乎形成制度。唐代是中国古代经济、文化最为繁荣昌盛的一个时期，武术技击运动盛况空前，比赛大体规则情况："不按体重分级；赤身短裤；在方形的台子上进行；主要用踢、打、摔的技法；犯规处罚不明；获胜者给予重奖。"宋朝民间集市庙会上也常有相扑、手搏卖艺表演，重大赛事观者如堵，巷无居人，从正月上元至五月方罢。皇帝也嗜于此道，"常赴神策军（禁卫军）观看角抵"，有些皇帝还亲自参加比赛，有记载：后唐庄宗李存勖挑战高手李存贤，因李存贤胜而赏蔚州刺史。

元明时，徒手较量的技术仍在发展，手搏比赛没有解决安全问题，为了避免纠纷，临赛前双方立好生死文书，否则不准上台比武。技击运动是摔、拿、打、踢综合运用，中国古代武术技击运动追随中华文明发展，深蕴中华传统文化内涵。元朝建立，为防止汉族和其他少数民族的反抗，统治者以

◆ 蚩尤雕像

"恣悍之术不作,凶悍之技不传"严禁民间习武,宋朝所盛行的技击性的相扑运动很快就衰落了。然而蒙古族爱好一种徒手对抗性的运动,称"巴邻勒都"或"搏克",起先的竞赛形式和现代国际自由式摔跤差不多,将对方摔倒后,继续相搏,以令对方双肩着地为胜。

明朝建立以后,力图恢复唐宋旧制,提倡相扑,相扑在宫廷民间都有所发展。但因此时的拳术也融合了摔的技术,由于拳术的发展削弱了相扑的地位,明朝的相扑未能恢复到唐宋时代的盛况。明末武术家陈元赟将结合拳打、足踢、摔拿捕人的"大明拳术"传授给日本人三浦义辰、矶贝次朗、福野正胜三人,此三人后成为日本中古柔术之祖。后来,日人嘉纳姿五郎改革柔术,成为今日之柔道运动。

现代中国式摔跤基本形式起于清代。清朝是满族贵族统治中国的年代,满族原来有一种叫"布库"的对抗性竞技运动,"布库"的竞赛注重脚的勾、绊、掠、撇的使用,一旦倒地为负,不得再攻。和汉民族的相扑及蒙古族的搏克一样,都是以将对方扑放于地为目的。

清代顺治、康熙皇帝等看到民族隔离政策的局限不可取,采取主动学习、吸收汉族、蒙族及其他民族文化。满族的"布库"吸取了汉蒙各民族的技艺,融合成一种可以揪拿褡裢(短袖跤衣),擅长手法、腰法、腿法相结合,以将对手扑放于地为目的新的相扑运动。清政府还设有"善扑营",专门搜罗和训练相扑能手,"善扑营"有300名相扑力士。定期为宫廷表演或与蒙古各部族摔跤能手比赛,平时担任宫中守卫,御试武进士时充当执事。善扑营相扑力士按等级发给俸薪。还有专门研究提高技术的机构,每个跤手都自练绝招。在清朝政府的大力提倡下,经历了300年的持续发展,满族、蒙族和汉族跤手交流学习,跤术不断提高,达到了以柔克刚、刚柔相济以巧制胜的高超境界。清末,善扑营的扑户流散民间,有的成为善扑老师,有的在街头表演卖艺,将这种宫廷御用的跤术流传到民间。清末民初,中国民间出现了许多拳社,这些拳社对于跤术运动的宣传和推广起了很大的作用。

延伸阅读

"手搏"比赛图

1957年,中国考古学者在湖北江陵县凤凰山秦墓(前221—前207)中发现一本笸,下弧形背面上有彩绘的"手搏"比赛图:画面上有三男子,着短裤、束腰带、着翘头鞋。左边一人双手前伸,作裁判状,右边两人已在进行"手搏":一方猛击对方头部,另一方闪躲后用弓步冲拳还击。比赛场景热烈紧张。画面上绘有帷幕、显示比赛是在台上进行。此图为秦汉时期中国武术技击运动的状况提供了佐证。中国考古学者在四川新都出土的汉画砖及河南密县打虎亭东汉墓室的壁画中都发现有"手搏"对峙的形象。可见秦汉时期"手搏"已经很普遍,比赛比较正规。

舞蹈——艺术体育之母

> 舞蹈在原始部落的生活中，具有十分重要的意义，祭祀、庆典都要对着图腾起舞，后来逐渐演变为模拟图腾起舞，从而产生大量象形取意的拳法和舞蹈节目。舞蹈也是现代艺术体育的源头。

研究者认为舞蹈始于旧石器时代，也可能更早。在我国远古的传说中有祝融的儿子长琴始作乐风；有的说帝俊的八个儿子始为歌舞，炎帝（神农氏）的重孙延始为乐风；还有的说黄帝创造了乐舞。实际上舞蹈的创始者应当是人类的群体创造。人们在与大自然的斗争中，在为求生存而从事的劳动中，通过人体动作已产生了节奏、律动——最原始的舞蹈动作，也可算是本能式的"人体行为"。因此，舞蹈与劳动有着天然的、不可分割的联系。它的产生要比传说中的时代更早。

距今170万年前（一说73万年前），"元谋人"生活在云南楚雄彝族自治州北面，靠近金沙江、乌蒙山脉区域的元谋县。有人认为，甘肃省古羌戎就是从这里迁去的。因此甘肃秦安祭祀舞的地画和青海的舞蹈纹彩陶盆的主人，不能排除其为元谋人的子孙。而羌戎人后来又倒流回到了金沙江畔，就是现在丽江地区的纳西族。纳西族女性至今保留有尾饰和日月星辰的披肩，当夕阳西下，篝火点燃时，他们连臂

◆ 原始岩画中的舞蹈

◆ 舞蹈彩绘纹盆

踏歌（称"跳脚"），高唱"窝热热""阿哩哩"，由慢步到狂跳，通宵达旦。

在中华民族舞蹈发展的历史中占有同样重要地位的是长江下游东南沿海一带的良渚文化（约前3300—前2250），在浙江余姚河姆渡出土了大量文物，大约6000—4000年前，这里的先民已创造了丰富的物质和精神文明，这里也是中国早期文化发展的另一个中心。江苏吴县江陵山良渚文化墓葬出土的大量的玉璧玉琮中，有一枚透雕冠状舞蹈纹玉饰，下有五孔为连缀之用。透雕纹饰中央为兽面纹，两侧为对称两舞人，头戴冠，甩袖起舞，颇有巫舞之风。玉饰上的兽纹则含有辟邪驱凶之意。

魏晋南北朝以来，持续300多年的分裂战乱局面结束，被隋朝统一了，代之而起的唐朝更加繁盛。此时，自南北朝时期而来的乐舞文化出现交流融合大潮，日趋独立化的表演性舞蹈，形成唐朝舞蹈盛况。

唐代的舞蹈，已形成自己的舞蹈分类法。按照舞蹈的风格特点区分，有"软舞""健舞"两大类。其中舞蹈节目不固定，随着发展不断增加变更。唐代舞蹈的发达，还进一步体现在乐舞形制的完善成熟方面。古代舞蹈往往是舞、乐、诗的结合，所以称作乐舞。唐代乐舞大曲就是这三者完美结合的典范。歌舞相融，独舞群舞结合，独奏合奏相伴。节奏情绪是由慢渐快，由抒情至热烈的发展。音乐、舞蹈和器乐的许多精彩节目都纳入其中，集歌舞乐之精华。唐代著名的乐舞大曲是《霓裳羽衣曲》，唐玄宗创作乐曲，杨贵妃表演舞蹈，是当时最为著名的舞曲。唐代诗人白居易有《霓裳羽衣歌》诗篇："飘然转旋回雪轻，嫣然纵送游龙惊。小垂手后柳无力，斜曳裾时云欲生。"

舞蹈艺术本身的完善与发达，为艺术体育奠定了基础。

延伸阅读

唐代舞蹈家——杨玉环

杨玉环天生丽质，加上优越的教育环境，使她具备较高的文化修养。她性格婉顺，精通音律，擅歌舞，并善弹琵琶，其中歌舞尤为出色。据传唐玄宗创作《霓裳羽衣曲》后，杨贵妃稍加浏览，便依韵而舞，歌声宛若凤鸣莺啼，舞姿翩若天女散花，表现了一种飘渺神奇的意境。她对乐曲的领悟之深，表现力之强，令玄宗兴奋不已，亲自为其伴奏。

杨玉环的琵琶技艺妙然出众。宦官白秀贞出使蜀郡返回后献上一只逻沙檀木琵琶，"温润如玉，光辉可见，用金缕红文，做成双凤"，是乐器中的精品。杨贵妃常抱着这只琵琶在梨园中弹奏，音响清越，飘然如在云端，许多公主王妃都争着做她的弟子。

杨玉环还是个击磬高手，她演奏时"拊搏之音泠泠然，多新声，虽梨园弟子，莫能及之"。玄宗特意令人以蓝田绿玉精琢为磬，并饰以金钿珠翠，珍贵无比。

第四讲
古代武术竞技

柔道——四两拨千金

柔道是一种对抗性很强的竞技运动,强调选手技巧的娴熟,而非力量的对比。柔道源于中国拳术的发展,出自少林,后来传入日本。

在日本东京,古武道研究会曾立一碑,上书:"拳法之传流,自明人陈元赟而起。"陈元赟是中国的一位武林高手,是他将中国的传统武术传到扶桑(今日本),开现代风行世界的柔道之先河。

陈元赟生于明万历十五年(1578),祖籍杭州,因崇尚武艺,少年时代即在嵩山少林寺习武。经名僧指点,武术渐进,成为一名武林高手。天启元年(1621),东游扶桑,先后在名古屋、扛户等地传授正宗华夏拳术,并广收徒弟。那时,陈元赟的徒弟中有三浦、福野两君深得少林武术之真谛,自立门户广授弟子,被后世称为"日本中古柔术之祖",将中华武术发展成日本的柔术。

陈元赟创立柔道,有一个小故事。据说有一年的冬天清晨,陈元赟推开寺门,发现前夜下了大雪。在雪封的大地上,他看见高大的松枝因承受不了雪的压力而断落,但地上看似柔弱的小草却在雪中摇曳。陈元赟看了大受启发,于是参合武艺改革了摔跤,创造出"以柔克刚""顺势而为""四两拨千金"的武术,称为"柔术",后来逐渐风靡,被称之为"柔道"。因此陈元赟被日本人奉为柔道鼻祖。

柔道吸收了中国武术的许多精华,是广泛吸收中国武术修炼融合而成的。柔道具有开放性、综合性、温柔有礼节的特点,同时又具备了巨大的杀伤力。这种武术常常不怕对方力量的强大,有时对方越强大,它越能够利用对方的力量,并且用对方的力

◆ 陈元赟纪念碑

◆ 柔道比赛

量来伤害到对方。柔道似乎永远不以力抗力，只是将攻击的力量加以引导，制服对手的方式完全是依靠对手自己的力气去打倒他自己。对手越强大，自己就越能够从对手那里学习到更多的东西。柔道的精神就是在对抗过程中，亦有合作与学习，看似温柔有礼，骨子里却是另一番天地。

柔道看似温柔而漫不经心，常常只是温柔的一摔而已，但是，实际上柔中有刚，威力无穷，甚至致对方骨肉分离，关节脱位。柔道比赛要求选手对对手的四肢、脖子作出"锁臂""扼颈"等动作，将对手扔倒或压制在地，直到对手认输或清楚地将对手扔倒在地，方可取得胜利，是一种需要身体素质的运动。

柔道以"精力善用""自他共荣"为基本理念，并以锻炼及教育身心为目的，而非单纯以竞技胜负为目标，"柔"的意思是不以力量对抗对手的力量，而是利用对方的力量以成为自己的优势。"道"所指的不只是方法或技巧，也包括对精神上的修炼以培养出良好的品格。柔道以有效的使用肉体和精神的力量为目标，透过攻守时精神和肉体的训练以明白生命的意义，使自己成为一个对社会有贡献的人。

柔道的重要特点是"以柔制刚"。以力制力并不是柔道，根本没有使用到技巧。柔道是学习技巧以使用比对方小的力量摔倒对手，使用力学的原理把对手的力量引为己用。柔道的另一个要旨是"精力善用"，意思即最有效地运用精神和肉体的力量。要达到这一点，就必须从练习中发现机会和把握机会。

延伸阅读

柔道的段位与级别

1884年，柔道比赛开始设立段位制，并被沿用。柔道共分为十段五级，以腰带颜色来区分。由初段到五段的腰带为黑色，六段到八段为红白相间，九段到十段为红带，一级颜色分别是：咖啡色、蓝色、橘色、绿色、黄色、白色。目前世界上只有极少数人到达红带的段位，但是在大型运动会上为了便于分辨，往往规定一方系白色腰带、一方系红色腰带，有时也用别的颜色来区分。例如北京奥运会比赛的两方分别为白色道服和蓝色道服。

太极拳——以柔克刚

> 太极拳起源于中国古代道家养生术，是一种"动中求静"的养生术，讲究"用意不用力"，注重心静体松，所以被称为"内家拳"，是中国武术中传播最广的一种。

太极拳起源于中国，其动作刚柔相济，既可技击防身，又能增强体质。太极拳历史悠久，流派众多，传播广泛，深受人们的喜爱。

太极拳起源众说纷纭：民间大致有唐朝许宣平、南宋或元末明初时期的张三丰、清朝陈王廷和王宗岳等说法。戚继光的32势长拳理论、王宗岳的"太极拳论"、张三丰道家理论等都在太极拳中有所体现。太极拳的定名、成型、传播靠的是杨露禅。可见太极拳并非一人、一时、一地所创，而是前人不断总结、整理、创新、发展而来的。纵观近现代太极拳的发展就可见一斑，事物只有不断发展才具有生命力。太极拳的源流众说不一，目前可以明确的是，太极拳由河南温县陈家沟陈氏第十四世陈长兴传给河北永年人杨露禅，而后社会依次出现杨式、武式、吴式、孙式等太极拳流派。目前流传的陈式太极拳为人所知则是20世纪20年代的事情了，而这个陈式太极拳和陈长兴传给杨露禅的是否一致，以及陈长兴后陈家沟武术传承则是一件悬案了。

太极拳是一种内涵丰富的养生健身之术，是一种具有广泛性群体联系的拳术，老少皆宜。"太极"一词最早是道家养生术语，它的引申属中国古代哲学的自然观范畴。太极是淳和未分之气，是天地未分时的混沌元气，它是产生万物的本源。北宋周敦颐提出无极而太极，太极本无极。南宋大理学家朱熹解释："太极是无形无象的理，统天地万物之理，便是太极。"明清王夫之把极大无限的阴阳未分的元气称为太极。孙中山曾说："原始之时，太极动而生电子，电子凝而成元素，元素合而成物质。"生成物质的本源就叫太极。

"拳"是指格斗的技巧。在远古时

◆ 太极拳雕塑

◆ 太极拳祖祠

期,人类和野兽搏斗获取食物就产生了拳。太极拳就是利用太极的理论指导人类防身健体。太极是阴阳的统一体,用立体圆来体现。阴阳是在圆的统一体中互相转化,互相发展,互相运动变化,相互弥补,相辅相成,它是一切事物的总规律。

太极拳是一种动中求静的运动,中正安舒、轻灵圆活、松柔慢匀、开合有序、刚柔相济,动如"行云流水,连绵不断"。这种运动既自然又高雅,可亲身体会到音乐的韵律,哲学的内涵,美的造型,诗的意境,在高级的享受中,使疾病消失,使身心健康。

太极拳以黄老学说为理论,在养生术的基础上发展出融养生、防身为一体的拳法;是历代圣贤智慧的结晶。拳架按照生理结构、力学原理,将武术徒手格斗四大技法(踢、打、摔、拿)隐藏在圆的运动中连绵不断,用意不用力的修炼,搏击中讲究后发先至、大智若愚、一招制敌;是一种"有无相生"至善完美的技巧、方法体系。太极拳还很重视练气,所谓"气",就是修炼人体自身的精神力,这是太极拳作为内家功夫的特点之一。

太极拳是中华民族辩证的理论思维与武术、艺术、引导术的完美结合,是高层次的人体文化。其拳理来源于《易经》《黄帝内经》《黄庭经》《纪效新书》等中国传统哲学、医术、武术等经典著作,并在其长期的发展过程中又吸收了道、儒等文化的合理内容,故太极拳被称为"国粹"。

延伸阅读

原始太极拳简介

原始太极拳法最初出自我们中华民族的老祖宗轩辕黄帝。他根据蛇和喜鹊相斗的形态而创出此拳法。中国道教邋遢派所传老拳谱上有这么一段话:"黄帝隅行于坡前,看见蛇鹊相斗紧相连。鹊攻尾,首来救。鹊攻首,尾相援。鹊攻中,首尾连。黄帝一见非隅然,从此留下太极拳。"老拳谱上记载着各种拳势动作的形成过程及创编人和创编的时间地点,还记载着演变出的多种拳法,如吕洞宾祖师创编的"吕式太极拳",陈抟老祖创编的"华山太极拳"等。

第四讲 古代武术竞技

峨眉拳——攻防兼备

> 峨眉拳是指以峨眉山为中心的四川拳系，据传为道姑所创，原称"峨眉拳"。它是在中国南方地区仅次于南拳的第二大拳系。

峨眉山雄跨于四川中部，是中国佛教的四大名山之一，相传是普贤菩萨的道场，山上寺观众多，有不少名刹。峨眉派与少林、武当共为中土武术的三大宗，是一个范围很广泛的门派，尤其在西南一带很有影响。峨眉拳静如处子，动如脱兔，倏忽神奇，变化万方。

峨眉派功法介于少林阳刚与武当阴柔之间，亦柔亦刚，内外相重，长短并用，攻防兼具。拳经上讲："拳不接手，枪不走

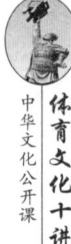

◆ 峨眉山金顶建筑

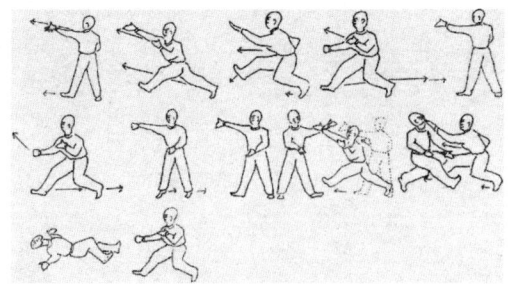

◆ 峨眉拳图谱

圈，剑不行尾，方是峨眉。""化万法为一法，以一法破万法。"

峨眉拳招法绝，技击性强，拳理奥妙。抱着人不犯我，我不犯人之宗旨，非遇困危则不发，不先发手击人，待人分手之际，以后发制人为根本大法。故虽当临场之际，仍守心定气沉，以逸待劳，大智若愚，大巧若拙，手、眼、身、法、步自然灵活，操之得心应手，心感神悟，此入于神话之境，方可占优胜。

据四川史地丛书《峨眉山》记载，峨眉山早在公元一世纪东汉时就创建初殿，晋代在山中建有乾明观、化城寺、贤寺……当时的寺院有封地、良田，有武僧护寺守院，僧人和道人中，一些习武者常与各路拳师交流技艺，各地拳师也常上峨眉山寻师访友，因此，峨眉山成了四川武术的聚散地。传唐代，峨眉山有位绿鸭道人，善拳法，曾创编鸭子拳十路，其中一路至今仍在四川各地流传。清代，峨眉山红严寺，洪椿坪一带武风盛行，僧道人员中，精峨眉拳、飞手、峨眉剑手、红扣六肘、点斗、猴拳、乌龙拳、蛇拳、汉拳者不少，其中万花和尚、果树方丈以及后山"猪肝洞"中的神灯长老、清虚道长等较为出名，隐居在半坡的穆氏父女也是一代峨眉拳高手。至今仍居住在峨眉山麓的八旬老拳师凌霄，其峨眉南拳诸般术艺均出类拔萃。目前，在接引殿、九老洞、报国寺等庙宇中，习峨眉拳之武风尚存。

千百年来，峨眉拳在历史风云变幻中，以它顽强的生态力发展变化着，逐步形成完整的独特拳系，成了人们"强健体魄，防身御敌，陶冶品性，却病延年，练拳自乐"的武术项目，因而深受广大群众喜爱。

据初步调查，峨眉拳系已知有200多个拳路，如峨眉高桩拳、峨眉矮桩拳、峨眉客架拳、峨眉法拳等。

延伸阅读

峨眉派简介

峨眉派与少林、武当共为中土武功的三大宗，也是一个范围很广泛的门派，尤其在西南一带很有影响力，可说是独占鳌头。峨眉派之名，是以佛教四大名山之峨眉山而起的。

关于峨眉派的起源，据峨眉派的拳志说：祖师原为一道姑，后入佛门……遂探各家之拳意另辟蹊径，创不接手之拳法，独树一帜……称峨眉拳。

从宗教渊源上看，峨眉亦僧亦道，而以道姑为主。许多招式都具有女性的色彩，如拳法中的一面花、斜插一枝梅、裙里腿等，又如剑法中的文姬挥笔、素女撑尘、西子洗面等，簪法中的闭月羞花、沉鱼落雁等，都完全是女子的姿态。又如峨眉派的著名兵器峨眉刺，又称玉女簪，也是由女子发簪演变来的。

少林拳——以刚猛见长

> 少林武术是我国有名的武术流派之一，其历史悠长，影响深广，是中国传统武术的一个重要组成部分。"少林拳""少林棍"在我国武术史上占有主要的一页。

古传少林武术无别名，仅有"少林拳"一称，相传为宋代福居禅师所创，据今已有1000多年的历史，共分十路。由于现代"少林拳"一词外延的扩大，沿用旧名多有岐义，便改用老禅师口头常说的"咱练的少林拳是行功拳"中的"行功"二字作为拳名，故称"少林行功拳"。顾名思义，"行功"二字即是"行（打）拳"和"练功"融为一体的意思。

传说北魏孝昌三年（527），印度高僧达摩来到嵩山少林寺传法，面壁九年，静坐修心，被尊为中国佛教禅宗的初祖。当年达摩终日静坐，不免筋骨疲倦，又加上在深山老林，要防野兽和严寒酷暑的侵袭，在传经时，他发现好些弟子禅坐时间久了，昏昏欲睡，精力不振。为了驱倦、防兽、健身、护寺，达摩仿效我国古代劳动人民锤炼身材的各种动作，编成健身运动的"活身法"传授僧人，此即为"少林拳"的雏形。此外，达摩在空暇时还练几手便用铲、棍、剑、杖等防盗护身的动作，后人称之为达摩铲、达摩杖、达摩剑。以后，他又汲取鸟、兽、虫、鱼翱翔、腾跃之姿，发展"活身法"，发明了一套动静联合的罗汉十八手。后来经过历代僧徒们长期演练、综合、充实、进步，逐步形成一套拳术，达百余种，武术上总称"少林拳"。其中起过主要作用的是元代少

◆ 达摩雕像

◆ 达摩祖师

林派拳术巨匠白玉峰、觉远上人、李叟等人，他们精心研讨少林拳法，注意拳法的整顿和传授，将少林拳中的"罗汉十八手"发展为72手，以后又发展到173手，系统地创制出一套少林拳法。

少林寺的不少文物是少林拳来源的历史见证，特别引人注目的是白衣殿内的"少林拳谱"壁画，刻画了当年少林寺和尚练拳习武的真实情景：雄伟的寺院，张灯结彩，30个身着短装、神采奕奕的健壮武僧，分成15对，在演练少林拳，拳打脚踢，栩栩如生。除了行拳图外，殿内还有寺僧演练器械、挥动棍棒的壁画，南北两壁有少林武术的"锤谱"，画面突出两个武僧摆开对打的架势，冲拳、拨掌对练。千佛殿是当年少林寺的练功房，地上还有48个寺僧"站柱"的遗迹；砖铺的地面上留下两行直径约四五十厘米的锅底状圆坑，一个个间隔约两米半，据说是众僧苦心学艺、两脚踏踩而成，反映了古代少林寺僧练功的真实情况。

少林拳多走刚猛一路，所以拳路多是大开大合，劲力迅猛，充分发挥臂长腿长的优势，放长击远，讲究"一寸长，一寸强"，主张"手打三分，脚打七分"，又有"手提两扇门，全凭腿打人"之说。少林拳质朴无华，很少搞花架子，其编排完全从实战格斗出发，来去一条线，起横落顺，即横身而起，顺身（侧身）而落，在击敌的一瞬间，使自己身体的受敌面积变到最小。少林拳要求"拳打卧牛之地"，意思是与敌接战，或进或退，不过是两三步之间，套路编排合乎这种实战需要。

少林寺是中国佛教中禅宗的祖庭（发源地），所以少林拳属于佛门武功，少林僧人练拳的本意在于护寺护法。禅宗的和尚都要练习参禅，日日坚持，不得间断。参禅时，必须端坐蒲团之上，澄心空虑，心念集中于一点，其他什么都不能想。久而久之，便有可能豁然开悟，参悟禅理。少林寺的人在习武的同时，也要坚持参禅。

延伸阅读

中国七大拳系

中国武术的主要流派都是从地域性文化派生出来的。这些主要流派统称为"拳系"，一个拳系中又包括若干个拳种。中国武术至少有七大拳系，即少林、武当、峨眉、南拳、太极、形意、八卦。一些少数民族还有自己独特的武术，有些无法包容在这七大拳系之内。此外，中国武术还包括跤术，流传很广，跤术的基本规则是双方要互相抓住，与拳术颇有不同，所以无法包容在拳系之内。

八卦掌——内外兼修

> 八卦掌又称游身八卦掌、八卦连环掌，是一种以掌法变换和行步走转为主的拳术，属内家拳之一。运动时纵横交错，分为四正四隅八个方位，与"周易"八卦图中的卦象相似，故名八卦掌。

"八卦"最早见于《周易》："两仪生四象，四象生八卦。"八卦原指八个方位，即北、南、东、西、西北、西南、东北、东南。八卦掌以掌法为主，其基本内容是八掌，合于八卦之数；在行拳时，要求以摆扣步走圆形，将八个方位全都走到，而不像一般拳术那样，或来去一条线，或走四角，所以称为"八卦掌"。相传，八卦掌的创始人为清代河北人董海川。

八卦掌以"行桩""蹚泥步"内功功法为入门基础，以拧翻走转为基本运动形式，以掌法的变化为主要技击手段。内外兼修，强调身心合练，身捷步灵如蛟龙游空，拧翻走转掌法幻变无穷。出手成招，刚柔相济，踢打摔拿融为一体。拧裹钻翻，避正打斜，围圆打点，循循相生无有穷尽。

八卦掌是一种以掌法变换和行步走转（走圈）为主的拳术。也就是，以自己的一个臂长的距离为半径画一个圆，然后沿着这个圆走圈。它将武功与导引吐纳融为一体，内外兼修。可以强身健体，而且能够锻炼攻防搏击的技能。

传统八卦掌经许多名师的不断研究，以八卦为理论基础，一圈八步八个掌势，以单换掌为基本掌势，套路非常灵活，并不固定，习练者不同，套路也不相同，但是现在许多演练的八卦掌并未按照这个传统。

八卦掌注重身法的灵活性，要求练者在不断走圈中，改变敌我之间的距离及方向，避正击斜，伺机进攻；出手讲究随机应变，发挥掌法灵活多变的特性。其手法有推、托、盖、劈、撞、搬、截、拿等。

八卦掌的运动特点是：一走、二视、三坐、四翻。这些特点为发展身手的捷径、灵活，特别是下肢的力量提供了必要的锻炼条件。

八卦掌以掌代拳，步走圆形，突破了以拳为主、步走直线的传统拳法，为中国武术开辟了一方新天地。其步法以提、踩、摆、扣为主，左右旋转，绵绵不断。八卦掌以走为上，要求意如飘旗，气似云行，滚钻争裹，动静圆撑，刚柔相济，奇正相生。好手行拳，真个是行如游龙，见首不见尾；

◆ 八卦掌创始人董海川墓地

疾若飘风，见影不见形；瞻之在前，忽焉在后，常常能使对手感到头晕眼花。以此应敌，则避实击虚，手打肩撞，皆可以意为之。

八卦掌技法以实战为主，同时在强身健体、祛病延年上有独特的功效。另有对练和散手，器械有刀、剑、棍、鸳鸯钺等，其步法要求与掌法相同。八卦刀又名"八盘刀"，长1.4米，重2千克，其长度和重量都超过一般的单刀。

延伸阅读

董海川

董海川生于清代嘉庆三年（1798），原名董明魁，清朝河北省文安县朱家坞村人。一般认为他是八卦掌拳术的创始人和主要传播者。年轻时求功名未成，立志博学众家之长。26岁远游吴越巴蜀，以武访友，历险搜奇，一去13年，年近40岁回归故乡，已改青年时之刚猛。朝夕习练揣摩，传授族人。时常外出数日，家人不知何为，问返访友。

董海川身材魁梧，臂长手大，膂力过人，擅长技击。少时家贫，自幼嗜武，年轻时因误伤人命，奔走他乡。相传在安徽九华山得遇"云盘老祖"传授其技，创立了八卦掌。

形意拳——象形而取意

> 形意拳又称"行意拳",是我国三大著名内家拳拳种之一,讲究功力,形松意紧,外形不拘一格,打法变幻多端,与八卦掌、太极拳齐名,无花哨招法,适用于战阵,尤其宜于实战。

形意拳是历史悠久的中国传统武术,也是武术遗产中的瑰宝之一,是内家拳主要拳系之一。据初步考证,诞生于明末清初,系姬际可所创。形意拳原名心意六合拳,也称心意拳,简称意拳,传至李能然之后,易名派生为形意拳。

形意拳流传至今,已有350年的历史,实践证明形意拳不但有较强的技击性,而且对提高人体的健康水平、改善素质、防病治病都有一定的作用。不论男女老少、体强体弱均可习练,也不受场地的限制,即使是斗室席地也足以达到锻炼的目的,所以形意拳

◆ 形意拳五拳师,左起程海亭、韩慕侠、周祥、李子扬、李星阶。

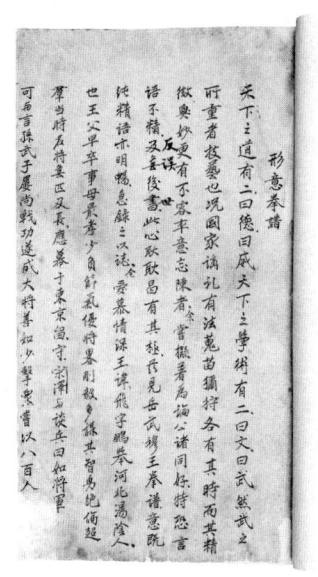

◆ 《形意拳拳谱》书影

的流传较为广泛，是深受广大群众喜爱的一个拳种。

形意拳拳势恢宏，劲力刚猛，功夫上身快，实战性强。自清乾隆年间开始，形意拳在河南、山西、河北广泛传播。河北深州人李洛能创形意拳后，形意拳得到不断的发展。山西地区风格，拳势紧凑、劲力精巧；河南地区风格，拳势勇猛、气势雄厚；河北地区风格，拳势舒展、稳健扎实。当年形意拳宗师郭云深曾创下"半步崩拳打天下"的武林佳话。清末时，有的形意高手常常是一拳即将强敌打飞，乃至一拳将强敌击毙。所以形意拳门规甚严，不准轻易与人交手。

从形意拳的风格来讲，有舒展大方，伸缩自如，刚柔相济，动静相兼，静若书生，动如雷鸣，迅如猛虎的特点；从其意义上来讲，有"远取诸物，近取诸身"，"人以身形物之形，物之意以人意悟之"，象形取意、内外兼修的特点；从劲力上讲，强调重意不重力，求其气催血动，贯通全体，以意运气，意到气到，气至劲达，阳出阴收，阴伸阳缩，阴阳相伴，动静相兼，内外合一，全体合一；从技击方面讲，它有阴阳互易之妙，柔克刚进之法，横裹其力，纵放其势，顾中有打，打中有顾，七拳七进，相连并用，上攻下随，下攻上领，上下若和，中节乃攻，勾挂撩劈，踩踏蹬踢，斩截裹挎，挑顶云领，引进落空，展放似电，急发暴力，整齐合一，滚出滚入，起钻落翻，右转左旋，动静相兼，有莫测之变化，有无穷之妙用。其中十二形拳是龙、虎、猴、马、龟、鸡、燕、蛇、鸢、鹰、熊、鹤等十二种鸟兽的形态。

由于历代传人不断研究实践，形意拳发展很快，历代名人辈出，功夫精绝，且经过研究实践的心得体会，多年的体用验证，著文立说，逐渐形成了较完整的理论体系。到清末，形意拳发展至鼎盛时期，成为一大名拳，流传至今。

延伸阅读

内家拳概述

内家拳是相较于外家拳技而言的一种拳法理论。外家拳源于古代战场硬柄武器使用方法，而内家拳则是源于古代战场韧柄武器使用方法，主要是大枪术。宋时为我国冷兵器的巅峰。硬柄武器使用方法已然成熟。于是有百家武艺汇于少林，始成少林一派。说少林为外家，就是源于此。而宋时韧柄武器也已经开始大量出现，于是也有了内家拳源于岳飞之说。而说内家拳源于宋末张三丰，则是指的内家拳的另一大来源——道家理论、功法。道、枪二者是内家拳的两大来源，所以内家拳有内功有外功，有刚有柔。

醉拳——以无形攻有形

> 醉拳是模仿醉汉动作的一种拳术。由于这种拳法演示起来，很像是醉汉酒后跌跌撞撞、摇摇摆摆的样子，故而名曰"醉拳"。实际上醉拳是形醉意不醉，以无形攻有形，由严格的武术手法、步法、身法等套路组成。根据其不同名称而组成不同形象、不同内容的套路，但都离不开醉形醉态的特点。

据记载，唐初年间，社会治安很差。一个名叫慧方的和尚饮酒过量，大醉而眠。有盗贼探得其底细，便在黑夜结伙越墙进寺，妄图盗走寺内金佛塑像。其弟子等众发现后力敌不支，数次报急，可慧方仍在梦乡。后来厮杀声把他从梦中惊醒，他方才摇摇晃晃地站起来，酒态婆娑、醉眼迷糊、摇摇晃晃地向前应战。只见他东一拳、西一腿，脚步踉跄，形态散洒，乍看虽不成章法，但却三下五除二就把盗贼打瘫在地。待其他众僧闻讯后应声赶来，看到慧方带醉拼搏，战胜强盗，保住了佛宝，大为赞赏。从此，就把慧方的一些醉中招势，加以揣磨，逐渐编成一套别具风格的拳术，取名"少林醉拳"。少林醉拳的起源传说多种多样，众说纷云，真伪始末已无可考证。

醉拳分南北两派，北方是"鲁智深醉拳谱"，南方是"醉八仙"。相传黄飞鸿曾得真传。小说《水浒传》里鲁智深醉拳是流传于民间的"醉拳"类之一，它与其他醉拳相比有其独特的风格，一般的醉拳大多以"翻滚跌扑"的技巧动作为主，而此醉拳虽也注重跌扑但却不落俗套；其风格讲求实用，取醉之形以惑敌，其每招每式皆重技击，其套路短小精悍，无虚势花架，刚柔相济，攻放合一，避实就虚；逢空既打，且拳出迅猛，起落轻灵，可为醉拳中的精品。

"醉八仙"出自民间，是模仿传说中的八仙，如汉钟离解衣，朦朦胧胧；吕洞宾

◆ 鲁智深倒拔垂杨柳雕塑

◆ 醉拳中源自"醉八仙"的吕洞宾式

饮酒，似醉非醉；铁拐离独步下云梯，如灵猿出洞等等，表现醉形、醉态。

作为中华武术的一朵奇葩，醉八仙有着较为悠久的历史，汉代魏伯阳著的《周易参同契》里便讲了其前身内丹的练法及其理论。"醉八仙"在民间也广为流传，宋明时期的一些小说、故事、曲艺节目中经常提及，例如铁拐李三教"醉八仙"等等。尤其是明代著名的将领戚继光所著的《拳经拳法备要》中重点提及了"醉八仙"，"醉八仙"与修道同源，乃内丹术即修道过程中的副产品，自始至终披着一层神秘的面纱，其深奥难懂的理论常使人误入歧途。因此，汉钟离讲："三千六百旁门法，不识随形昼夜人。有缘遭遇明师指，顷刻之间造化生。"此武术必须有明师指点，绝不能无师自通。

其醉打技法取之于柔化巧打拳种，成形于明清。醉拳将地趟拳法、醉形相融而独树一帜。讲究眼捷手快，形醉意清，随机就势，避实击虚。闪摆进身，跌撞发招。身法矫健，刚柔相兼。醉而不乱，以醉态攻其不备，以醉步攻其无形。

明朝"醉八仙"的一代宗师武玄将其理解的醉八仙整理成文，传至后代，读之让人耳目一新，文字优美流畅、准确到位；诗词对仗工整，表现了作者极高的驾驭文字的能力和对"醉八仙"的深刻认识。

近年来"醉八仙"逐渐演变成了醉拳，但"醉八仙"的一些实用技击散手在民间流传甚广。练习这些散手既可锻炼身体，培养意志，又可陶冶人们的性情，所以千百年来一直深受广大人民群众的喜爱。

延伸阅读

《水浒传》中武松醉打蒋门神

武松一路豪饮，一副醉态来到快活林酒店，叫道："打两角酒。"酒保应声送来。武松喝了一口吐在地下，说："不好，换好酒来。"酒保忍气吞声又换了一壶。

武松喝了一口，问道："店主人姓什么？"酒保道："姓蒋。"武松瞪着眼说："怎么姓蒋，为什么不姓李？"坐在柜台里的蒋门神的小妾道："这小子喝醉了，来这里撒野！"武松一把抓住那女人，提起来把她摔进酒缸里。

这时从后边跑出几个人来，武松一连把跑在前边的两个丢进另外两口酒缸里，又将后面跟来的一顿拳脚打倒在地。蒋门神闻声赶来，以为武松吃醉了酒，一拳打来。武松转身便走，蒋门神追了过去。武松回身一脚，踢中蒋门神小腹，接着又是一脚，踢在蒋门神的额头上，蒋门神往后便倒，武松上去一顿痛打。蒋门神吃打不起，大叫饶命。就这样，武松帮施恩夺回了快活林。

棍术——武术器械之祖

中华武术文化博大精深，棍是最早的"兵器"，在对棍的使用实践中，人们学会了棍术，随着武艺的发展，棍术也成了十八般武艺中一个重要的项目。

原始社会，人类生活的大自然里危机四伏，自卫的意识在人们的头脑中渐渐萌生，手中有了像棍一样的东西，会对安全和生活产生很大帮助。庆典、祭祀场合，拿着棍子舞弄一番，久而久之，人们通过实践，对棍的使用方法和认识不断提高，逐渐形成了棍术。

到了秦汉，适应"近战决胜负"之需要，棍术得到了进一步的发展，有单人训练，也有双人训练。三国时期，这项活动更为盛行，三国东吴朱然墓中曾经出土了一个漆盘，上面绘有两个小童进行对棍表演的画面，这就是当时棍术的器械演练形式。

中国棍术最著名的当数天水棍术。由于陇南一带土地贫瘠，民间多以赶车或人力肩挑背篓经商为生，常以鞭杆（短棍）或长棍作为助步歇脚的工具，同时还可以作为一种防身器械，实践中逐渐形成棍术。

在天水武术中，棍术起源很早，自秦汉以来，天水连年兵戈，纷争不息，为防御边乱，秦设重镇于陇南一带，以加强军旅，民间习武的风气随之兴起。自汉代开始，尚武崇勇，勤于锻炼已成为民间的优良传统。

由于丝绸之路经过天水，中原和西域各国的舞蹈、角力，都给天水武术的发展注入了活力，奠定了基础。

天水的棍术主要有长棍、短棍（鞭杆）和排子、条子。这些棍术内容十分丰富，各有特色。甘谷渭阳豹子坪的换手鞭杆，沙石坡的铁门扭丝栓鞭杆；武山一带的滚龙鞭杆、

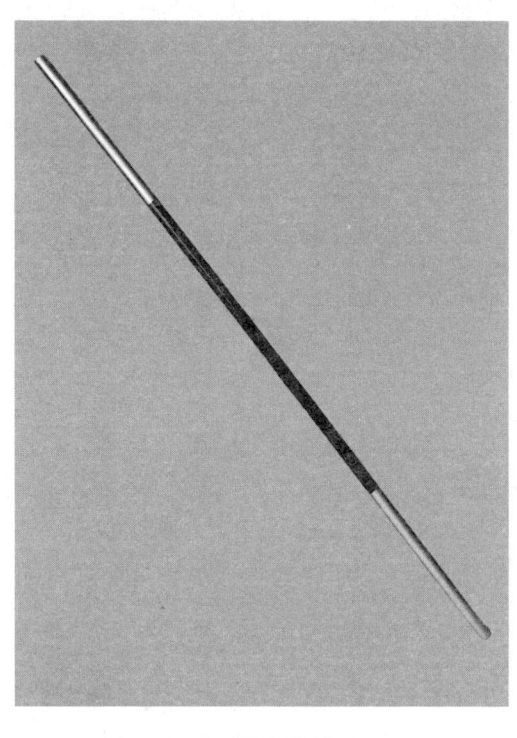

◆ 棍术器械

◆ 俞大猷雕像

棍,而且技艺精湛。

元代末期的烧火僧许那罗(又名紧那罗)和尚善用棍,武艺超群,有万夫不当之勇。曾击败起义的红巾军,因此众僧把他视为棍王菩萨,并将他平日演练的棍技编成套路,结构紧严、招势殊奇、击法卓绝。原有四十八势,历代传授,继至清代,一些俗家弟子在此基础上再次升华,增编至三段共六十二势。为提高该棍套路的声威,便借祖师达摩之名而定为达摩棍。

棍的种类很多,粗细、长短、形状、质地不同各有不同,不同的棍,其练法、使用特点也不相同。

走棍、天歧棍;麦积三阳川一带的一梢棍(单头棍)、鹞子搜林棍;秦安高家坬的壳子棍;秦州的白眉棍、飞显条子、少林排子、四门棍,还有农村风格十分浓厚的大小连枷等套路,都是由民间演练而成。

明代是中国武术大发展的历史时期,抗倭名将俞大猷就是使棍的名家。少林棍术更是闻名天下,而且少林棍是少林武术主要器械之一。传说唐初李世民与王世充交战时,曾躲入少林寺,获十三棍僧相救,打败王仁则,后来李世民统一了华夏,对十三棍僧都有封赏,并且允许少林寺可以备僧兵。从此少林棍术传遍天下,这段时期也是少林棍术最风行的时期。

相传宋太祖赵匡胤也曾在少林寺练习过武艺,称帝前曾说过:"全凭一条水龙棍,打遍天下不平事。"由此可见他善于使

延伸阅读

东枪西棍之西棍

武林自古有"南拳北腿,东枪西棍"之说,西棍广泛流传于秦、陇、宁、晋、青等地,它是榼子、母子、天启、壳子、阴手等棍棒、条子、鞭杆的总称。目前西棍主要有八大流派,即固原单头榼子、咸阳二十四母双头五花棍、临夏天启(齐)棍、天水卦台一梢棍、秦安壳子棍、高陵阴手棍、天水鞭杆等。西棍是中国西部广大地区特有的武术门类,有搏击价值、健身价值、观赏价值和文化价值等。

枪术——武术器械之帅

> 枪恐怕和人类的历史一样久远,在石器时代我们人类的祖先,最早发明的工具就当属武器,枪的雏形就开始与人相伴。

远古时代的人们在捕猎中发明了枪,最早的枪是把磨成尖锐器的石头绑在木棍上。当人类掌握冶铁技术,枪才发生了第一次质的飞跃,用铁打造成尖头套在木棍上,也称之矛。这就是我们的祖先在创造文字时的枪用的是"木"字旁而不是其他的字,比较形象地表示枪大部分是用木头所制。冷兵器时代,枪是军队的主战装备,一是造价比刀、剑低得多,适合大量装备军队;二是重量轻,尺寸比剑和刀长,在搏击中比刀剑更具优势,即便是到了热兵器时代的步枪还保留刺刀,保留了旧时代的影子。

枪在隋、唐、五代已成为战阵主要兵器。无论步兵、骑兵都以用枪为主。如:唐代

◆ 赵云雕像。《三国演义》中赵云以擅使枪著称,以一杆枪纵横天下。

的枪分为漆枪、木枪、白头枪和朴头枪。白头枪、朴头枪为皇朝禁卫军所用，木枪比漆枪长，多用于步战，骑兵多使用漆枪。古代作战兵器以轻利为上乘，武器笨重不利于武艺发挥，所以矛为枪逐渐取代有一定道理。

赵云的枪在《三国》评话中被称为"百鸟朝凤枪"，其变化复杂，虚实并济，属于技巧型。赵云之所以成为三国故事中的常胜将军，很大程度上仰仗于高超的枪法和随机应变的能力。没有真本事哪来一身的胆量？赵云的枪可以击败张绣、张颌、张任这三大名枪，可见其非凡的功力。凡是听过评话三国的，无不对赵云的"七探蛇盘枪"这一自创的绝招印象深刻。

明代战事用枪极普及，使枪技得以发展，各家枪法相竞争艳，理论更为完善。何良臣《阵纪》说："马家枪、沙家竿子、李家短枪，各有其妙，长短能兼用，虚实尽其锐，进不可挡，速不能及，而天下称无敌者，惟杨氏梨花枪法也。"梨花枪是长矛和火器的结合型兵器，是在原枪缨部位绑一喷火筒，同时点燃，用火药烧灼而杀伤敌人，药筒中喷出之药，如梨花飘落而得名。宋代李全之妻杨妙贞所创此枪套路，世称她"二十年梨花枪，天下无敌手"。民族英雄戚继光也很重视杨氏梨花枪。明崇祯八年，兵部侍郎毕懋康《军器图说》，载有一幅喷火烧灼的梨花枪，并说明道："梨花枪以梨花一筒，系缚於长枪之首，发射数丈，敌著药昏眩倒地，火尽则用枪刺敌。"

明末著名女将秦良玉统率的白杆兵，一律使用白蜡树（即小叶栎）作柄的长枪，因此她也是中国战史上的第一位女将军。崇祯三年（1630），召集勤王，秦良玉的部队与清兵在京师外围相遇，还没来得及安营扎寨，就开始了全面进攻。年已55岁的秦良玉，手舞白杆枪，好似瑞雪飞舞、梨花纷飘，锋刃所过之处，清兵不是头落地就是手脚分家；所有白杆兵将士，无不以一当十，威猛如虎，打得清兵落荒而逃。很快，秦良玉接连收复了涿州、永平，解救了京城之围。

清代军中普遍使用的枪、战船上使用的钉枪，还有铁枪、线枪、虎牙枪、三眼枪、火焰枪、雁翎枪、大枪、双头枪、双头钩镰枪等等，这些枪主要是清朝八旗军和绿营军的常规武器。清代研究枪法者很多，《手臂录》《万宝书》《阴符枪谱》《苌氏武技书》等书都记载了枪术理论。

延伸阅读

杨家枪简介

杨家枪，全名为"杨家梨花枪"，传为南宋末年红袄军首领李全的妻子杨妙真所创的枪法。《宋史》卷四七七《李全传》载："二十年梨花枪，天下无敌手。"在明代，杨家枪名声很大，被誉为最上乘的枪法，相传此枪法是由清末少林拳正宗第二十八代宗师，有"铁掌震东海"之称的杨秀山先生所传。

杨家枪手执枪根，出枪甚长，且有虚实，有奇正。进其锐，退其速，其势险，其节短，不动如山，动如雷震。最绝妙之招是在一得手后便一戳，敌方一失势便无再复之隙。杨家枪被武林界公认为第一名枪，因舞时如梨花摇摆，又名梨花枪。明朝戚继光在《纪效新书》中指出："杨家枪变化莫测，神化无穷，天下咸尚之。"

刀术——武术器械之霸

> 刀，是武术短器械的一种，有"百刃之首"的美誉。短柄刀的运用方法和运动形式统称"刀术"，其势雄浑、豪迈，挥如猛虎，在十八般兵器中排名第一。

原始社会就有了石刀，殷商出现了青铜兵器刀，春秋主要是车战，战国时步兵、骑兵崛起，因此车战的主战武器戈逐渐被矛淘汰，刀取代了剑在战场上的地位。战国后两汉的刀有了厚的刀背，增加了劈砍的重量和刀身的坚韧，刀柄首端也做成了扁圆的环状，称环柄刀或环首刀。长沙出土的东汉刀长达三尺。

唐朝时又发展出新的刀型，刀首无环，柄部以木夹裹铁茎，外缠丝绳，刀首包裹金属饰件，刀柄与鞘均镶金嵌玉、裹以鲛革，

◆ 清代皇帝御用刀

装饰非常华丽。日本称之为"唐样大刀"，至今正仓院中仍有同一型式的传世品可供参考，日本人在精心模仿之后，以此为基础而发展出后来的武士刀。除了短柄长刀之外，唐代还有一种长柄的大刀，长一丈（约三米），称为"陌刀"，威力极强，步兵持之以横向密集队形列于阵前，"如墙而进"，但唐以后就未见使用的记载了。

北宋，刀从狭直的长条方形刀头改成前锐后斜的形状，增加了护手，去掉了环首。

明清刀相对较窄，明清之后刀的形制再少改变。清代的制式军刀包括了：顺刀、窝刀、札刀、朴刀、斩马刀等。顺刀为直刃，有些类似蒙古或西藏的解手刀；窝刀方头方尾、髹绿漆，是最常见的清刀式样；朴刀又称大刀或砍刀，民间亦常见到，斩马刀似朴刀而柄长，杀伤力强。这几种刀一般尚称精良，佳者刃身可见细密的摺叠纹路。乾隆曾四次命内务府造办处成批地制作御用刀剑，装具非常华丽，除了金银玉石之外，鞘为红、绿二色之鲛鱼皮，或以金桃树皮拼成"人"字图案，并标有名称、编号、年款，展现了当时工艺的极致，经常出现在大阅兵

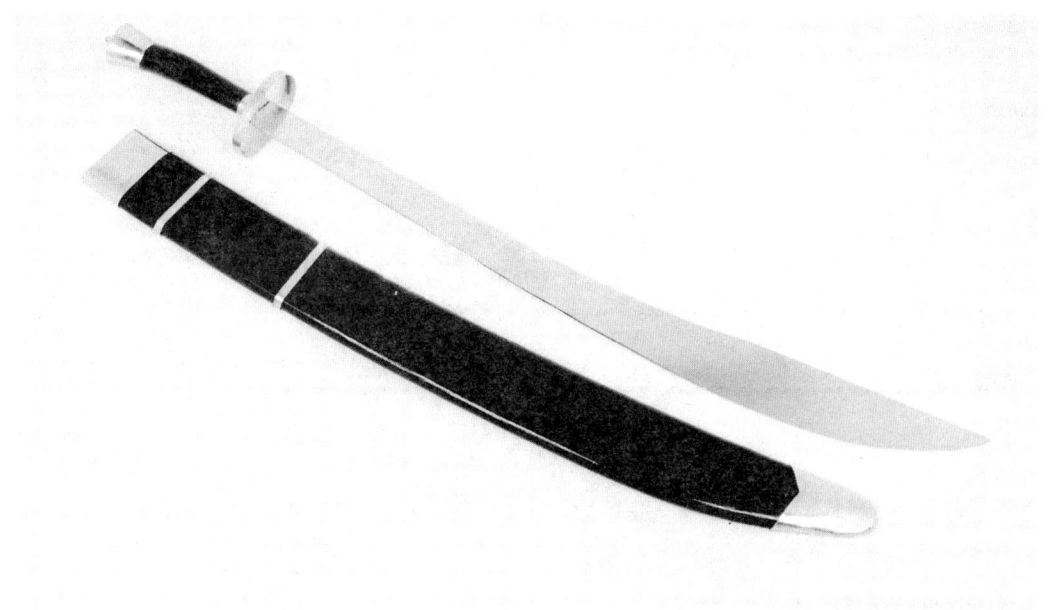

◆ 刀术器械

等重大的典礼中，堪称清代兵器中的瑰宝。另外，帮会使用的兵器，式样更是无奇不有，难以一一叙述，有些在刃身上还有代表帮会的隐晦图文。

现代体育武术用刀更短更宽更薄更轻，血槽虚设，杀伤功能降低。刀的一个显著的特点是它的朴实无华和简练流畅。相对于已经严重趋向虚华的多数表演性套路来说，刀的单势和套势，都显得要简单一些，凡一刀一势，莫不脚踏实地，严守规矩与法度。动作之大小，进退之尺度，全在一定的规定下进行，不允许随意变化和玩弄所谓身法。这种近乎刻板的要求，是现代一般武术中不多见的。然而，这一刀一势一进一退，都非常讲究，需要从大功夫、大辛劳入手，在千万次的练习中求得成功。在正确指导下，练之既久，功夫到了，"刀味"便慢慢渗透出来，长刀特有的"杀气"也会放射出来。这时，随着"脚法"日见提高，流畅感油然而生，练之者自能领略到"流畅"所带来的愉悦，游刃自如，神气淋漓，欲罢不能。

延伸阅读

武侠中的刀

俗语说："剑是君子所佩，刀乃侠盗所使。"这多少有些抬剑抑刀。刀虽然也登得大雅之堂，刀、剑之别未必便是侠盗与君子之别。有研究者发现，古龙笔下的侠客们每使刀而较少使剑，除了著名的小李飞刀外，萧十一郎、傅红雪、丁喜、姜断弦、花错、朱猛等英雄豪杰用的都是刀。古龙认为："剑是优雅的，是属于贵族的，刀却是普遍化的，平民化的。""剑有时候是一种华丽的装饰，有时候是一种身份和地位的象征。在某一种时候，便甚至是权力和威严的象征。刀不是。"在诸家武侠小说作家中，古龙确实很注重兵器的意义，我们读了古龙作品，也许能够加深对刀的性格的理解。

第四讲　古代武术竞技

剑术——武术器械之尊

> 剑，常常被当作一种高贵的装饰品。从皇帝到文人都喜欢佩剑以显示身份。剑，也被当作一种仪式道具，常常被作为一种降伏妖魔的法器。剑是尊贵无比的武器，因而被奉为百兵之尊。

剑产生在商代。当时的剑一般较短，约为20—40厘米，呈柳叶形或锐三角形。商代制剑初时为铜制，汉代以后铜剑逐渐被钢铁剑所替代。

我国的剑术在春秋后期开始出现，史籍中也开始出现关于剑术家的记载。中国历史上有名的卧薪尝胆、报仇复国的越王勾践，曾请了一个埋名隐姓、生活在山林中的剑术家越女给他的士兵传授剑术。这个越女不仅剑术精通，而且还有一套理论。她说，剑术看起来似乎浅显而容易，但是其中的道理却深邃而精妙，有门户的开合，阴阳的变化。用剑进行搏斗时，精神要充足，外表要沉稳，看上去安祥平和，像一个文静的少女，一经交手才知道凶狠如同恶虎。这样的剑术家可以以一当百，以百当万。

手持剑器的舞蹈在秦末汉初有了新的发展，成为军队中的一种娱乐。公元前206年，项羽的谋士范增为了除掉与项羽争天下的刘邦，在酒宴上示意手下战将项庄刺杀刘邦。于是，项庄就以舞剑助兴为名，持剑舞向刘邦，准备在舞剑中找机会行刺。这时，同情刘邦的另一楚军将领项伯见势不妙，借口一个人独舞不如双人对舞好看，也急忙拔出剑，跳入场中与项庄对舞起来，暗中用身体保护刘邦（《史记·项羽本纪》）。这就是"项庄舞剑，意在沛公"的典故。这说明在秦朝末年已经有了用兵器舞练的一些套路动作，这种套路不仅可以单人演练，也可以双人表演。项庄和项伯都是行伍中的战将，因此，他们的舞剑很可能是把自己所熟悉的战斗动作串在一起表演的。

为了对付匈奴的骑兵，汉朝也发展起了以骑兵为主力的军队。骑兵交战中以砍斫为主，很少有刺的动作。于是，环柄刀代替

◆ 青铜剑

◆ 公孙大娘舞剑器雕塑

了剑，使得剑在战场上的使用价值大大下降。到了东汉末年，环柄刀几乎完全取代了剑，成为军中主要的短兵器。

虽然从汉代起，重文轻武的社会风气已经形成，但是，剑在战场上地位的下降反而使击剑的风气在社会上风行开来，人人喜欢击剑，喜欢佩带宝剑，剑术有了很大的提高。上至皇帝，下至文武百官，每人都在腰间挂一口宝剑。

东汉末年，剑术有了进一步的发展。出现了不少技艺高超的击剑家，这些人游走四方，传授剑术。如在汉桓帝和汉灵帝年间，在首都洛阳城，一个叫王越的剑师就十分有名，教过不少徒弟。

唐朝是中国历史上一个盛大的朝代，整个社会充满了蒸蒸日上、朝气勃勃的阳刚之气。唐玄宗时期的剑术大师公孙氏尤其出名，大诗人杜甫还为她写下了《剑器行》诗。

唐代的剑舞已经达到极高的水平，持剑舞蹈成为一种社会风气，友人宴饮时也舞剑助兴。唐代以前已经有了娱乐化的种种表现，如在战国时已有叫兰子的宋国人可以同时玩弄七支剑，其间总有五支在空中飞舞，有些像今天的杂技表演。

延伸阅读

舞剑第一人

公孙大娘是开元盛世时的唐宫第一舞人，善舞剑器，舞姿惊动天下，以舞剑器而闻名于世。她在民间献艺，观者如云，应邀到宫廷表演，无人能比。她在继承传统剑舞的基础上，创造了多种"剑器"舞，如"西河剑器""剑器浑脱"等。

据说当年草圣张旭，就是因为观看了公孙的剑器之舞，因而茅塞顿开，成就了落笔走龙蛇的绝世书法。诗圣杜甫，在少年时代，也曾观看过公孙之舞，曾有诗，题为《剑器行》，写尽当年公孙剑器之盛："昔有佳人公孙氏，一舞剑器动四方。观者如山色沮丧，天地为之久低昂。㸌如羿射九日落，矫如群帝骖龙翔。来如雷霆收震怒，罢如江海凝晴光……"

第五讲
古代民间体育

风筝——开阔胸臆的运动

> 风筝，又名纸鸢、纸鹞。据传在我国大约有两千多年的历史，放风筝妙在既能在近处观赏，又能在远处赏玩，而且全身运动，宜于养性强身。

风筝是我国早期科学技术在体育上的成功应用。真正的起源，现在已无法证明。最初风筝常被利用为军事工具，用于传播讯息、天空风向测查。春秋时期，鲁班"制木鸢以窥宋城"。垓下之战，项羽的军队被刘邦的军队围困，韩信派人用牛皮作风筝，上敷竹笛，迎风作响（一说张良用风筝系人吹箫），汉军配合笛声，唱起楚歌，涣散了楚军士气，这就是成语"四面楚歌"的故事。

到了唐代，用于军事上的风筝已渐转化为娱乐用途，并于宫廷中放风筝，在民间也更为流行。由于唐朝广泛的对外交往，风筝还被传入朝鲜、日本等周边国家。宋代时，人们把放风筝作为锻炼身体的方式，百姓在清明节时，将风筝放得高而远，然后将线割断，让风筝带走一年所积之霉气。南宋时风筝制作工艺相当发达，放风筝在杭州成为盛行的娱乐游戏。当时已有放风筝比赛活动，比赛常在春游时进行，地点在西湖断桥一带。比赛方法据《武林旧事》卷三"西湖游幸"载："竞纵纸鸢，以相勾引，相牵剪截，以绝线者为负。"即两根或数根风筝线绞在一起，以先绞断者为输。

明代以风筝载炸药，依"风筝碰"的原理，引爆风筝上的引火线，以达成杀伤敌人之目的。明清时北京人制作的风筝更为娴熟、精巧，并形成了曹氏、哈氏、金氏和马氏四大流派风筝。清乾隆有双纸控制风筝详图尺寸与解说。

古语说："随风送病，百病皆去。"这是对放风筝的健身功效最好的描述。放风筝时需要全神贯注，需要手、脑、眼三者协调并用。风筝起飞后，需要人奔跑相顾，不断拽线以保持其平稳，有时还需要做出各种花样运动，人体要配合风向前仰后合、调动

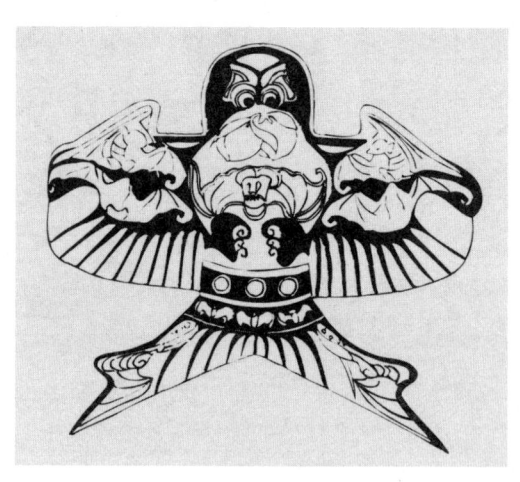

◆ 风筝

◆ 放风筝

步伐，更改肘臂与手腕的力量，人体的各部位都在做着不同的动作，就这样在收线、拉线的过程中，时跑时停，时缓时急，有动有静，各部分肌肉都会得到充分的锻炼和舒展，对健身大有好处。与其他常规竞技运动不同，放风筝更具娱乐性，在游玩中达到锻炼的目的。

中医学主张"人与天相应"，意思是说人的气血与外部季节时令有关。特别是春季锻炼身体对防治疾病、保持健康有着特殊的效果。在春天的旷野放风筝，频繁跑动，呼吸着新鲜空气，有助于心肺功能的提高，使呼吸系统和循环系统更加活跃，同时也增强了人体对一些多发疾病的抵抗力。

此外，由于放风筝这项活动都在室外进行，使人们能与自然更亲密地接触，极目远眺，摒除杂念，心胸也会随之开阔，从而内心豁然开朗，意气风发。所以放风筝在陶冶情操、调节情绪的功效上，有着其他体育项目无法比拟的独特优势。

延伸阅读

风筝四艺

传统中国风筝的技艺概括起来只有四个字：扎、糊、绘、放。简称"四艺"。简单地理解这"四艺"，即扎架子，糊纸面，绘花彩，放风筝。但实际上这四字的内涵要广泛得多，几乎包含了全部传统中国风筝的技艺内容。如"扎"包括：选、劈、弯、削、接。"糊"包括：选、裁、糊、边、校。"绘"包括：色、底、描、染、修。"放"包括：风、线、放、调、收。而这"四艺"的综合运用必须达到风筝的设计与施放统一。

我们国家非常重视非物质文化遗产的保护，2006年5月20日，风筝制作技艺经国务院批准列入第一批国家级非物质文化遗产名录。

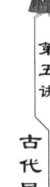

第五讲 古代民间体育

荡秋千——凌空飞跃的运动

> 秋千是中国古代北方少数民族创造的一种运动,春秋时期传入中原,是女子和儿童们最爱的游戏。

荡秋千有几千年的历史,至今仍保持着旺盛的生命力。它活跃了人们的生活,也为民俗工作者提供了蕴含丰富的标本。秋千是中国古代北方少数民族创造的一种运动,春秋时期传入中原地区,因其设备简单,容易学习,故而深受人们的喜爱,很快在各地流行起来。汉代以后,秋千逐渐成为清明、端午等节日进行的民间体育活动并流传至今。

古时的秋千多用树桠枝为架,再拴上彩带做成,后来逐步发展为用两根绳索加上踏板的秋千。它的历史很古老,最早叫千秋,后为了避忌讳,改为秋千。主要是在春

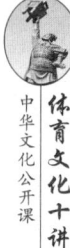

◆ 《汉宫春晓图》荡秋千

◆ 荡秋千（剪纸）

天进行。

山东地区的秋千游戏，多是重视妇女身心健康，因为古时候的女孩子是待在房中，不许随便出门的。人们认为，在春天让女孩子荡秋千，可以使她们释放闺房中的烦闷，从而达到消除各种疾病的目的。

汉武帝时宫中盛行荡秋千。大概在唐宋以后，随着城市经济的发达，市民阶层的大量涌现，荡秋千才演变成节日中广场的狂欢节目。杜甫有诗云："十年蹴鞠将雏远，万里秋千习俗同。"刘禹锡亦有："秋千争次第，牵掩彩绳斜。"可见荡秋千习俗流传之广之盛。

唐代荡秋千游戏，还有了一个很好听的名字叫"半仙之戏"。是说明，秋千飞起在半空中的云里，然后再飞下来，好像飞仙一样，十分美丽。唐代的少女玩起这种游戏来，很有勇气，没有一点脂粉气，她们一直把秋千荡到与高树齐平，即使头上的发钗掉了也不在乎。

明清两代的妇女仍然很喜欢荡秋千，就算是在兵荒马乱的年月里，也不会荒废，

才使得这个习俗一直延续到今天，成了中国古代一项重要的女子体育活动。

除了荡秋千以外，战国时还出现过一种"磨秋千"，就是在地了立起一根大柱子，柱顶上装着轮子，从轮子上绑四根竿子或绳子，做游戏的人随着轮子的旋转，边跑边悬垂在竿或绳上。

不同的民族地区还流行着不同种类的秋千游戏，如云南阿昌族的"纺车秋千"或"风车秋千"。纳西族每年正月初一到初四还要举行大规模的秋千大会。柯尔克孜族是用支帐篷的木柱搭起约三米高的支架，垂下六根U形的牛毛绳，中间的两根比较长。这种秋千是双人合作的游戏，需要两人密切配合。柯尔克孜族青年，还有边打秋千边唱歌的习惯。佤老族在丰收后或春节前后，用"打磨秋"来庆祝，这种活动与跷跷板十分相似，既可升可降，又能水平转动。

延伸阅读

云南的秋千会

云南纳西族的荡秋千习俗俗称"秋千会"。纳西族东部的秋千会多在每年夏历正月初一至初四举行，西部则于正月初六开始，历时4—5天不等。丽江白沙村一带，当年结婚的新娘常以红绳系秋千扶手，用点心、瓜子等招待荡秋千者，以此讨得平安吉利。永宁等地"秋千会"的最后一天由女青年备办酒席款待前来赛秋千的男青年。席间男子用锅烟抹女子脸，互相追逐嬉戏，以抹黑为吉。传说古时"秋千会"期间有魔鬼来捉拿美女，后因以此法遮颜，防遭鬼害，成为会中的又一习俗。

踢毽子——老少皆宜的活动

> 踢毽子,富有浓郁的民族风味,是我国流行很广的一项民间传统体育活动。它起源于汉代,盛行于唐宋,并一直流传至今。

1500年前的北魏,少林寺的第一代住持,印度来的高僧跋陀在洛阳游历时,看见一个12岁的小孩站在高高的井栏上十分灵巧地踢着一个东西,一口气踢了500下。跋陀十分惊讶,就收了小孩做他的徒弟,这就是后来有名的少林高僧慧光。不过,慧光踢的毽子跟现在的不一样,大约是从宋朝开始才出现了鸡毛做的毽子。城市里还出现了专门

◆ 踢毽子(剪纸)

制造毽子的手工作坊。

踢毽子，运动量由自己掌握，可大可小，所以男女老少均可参加。宋代的踢毽子活动得到更进一步的发展，街边常见三五成群的小孩子在踢毽子，十分普遍。随着技术的提高，毽子的踢法也越来越复杂，花样越来越多，不只是用脚踢，还用膝、胸、甚至头顶，人们还给许多动作起了不同的名字，如"外廉、拖枪、耸膝、突肚、佛顶珠"等。这些踢法与足球的踢法也很相似，宋朝人高承就指出踢毽子与踢足球有很密切的关系。

到了明清时，作为妇女闺中消闲的体育活动，踢毽子确实比踢球、下弹棋更为合适。皇宫中的宫女们也极好踢毽子，光绪帝的瑾妃就是一个踢毽子的能手。清代，这项运动十分流行，有踢毽"绝技"者，在大庭广众面前献艺，围观的人无不击掌叫绝。表演不仅有单人的，还有双人的合作表演。清代无名氏《燕台口号一百首》记："琉璃厂有踢毽子者，两人互接不坠。"其表演的动作是"内外拖枪佛顶珠，一身环绕两人俱"。

普及和提高是体育开展的两条腿。北京有个杂技名角叫谭俊川，踢得一脚好毽子，被人誉为"毽儿谭"。他79岁，还能一口气踢7000多下，一只普普通通的毽子，在他的脚下能踢出几套动作。我国河北省的承德市，素有"毽子之乡"的美称。在承德，几乎家家有毽子，人人会踢毽。春节期间，是踢毽子的节日，男女老少，结伴出门，街头巷尾，毽羽飞舞。有的学校和工厂还要举行踢毽运动会。

我国广西的侗族姑娘们还有一种用手拍毽子的游戏，已经有1000多年的历史。传说是由插秧动作发展起来的。侗族的毽子有青草毽、稻草毽、芦苇毽和鸡毛毽等多种，比赛时，以打得高远、接得稳、落地少为胜，方法多种多样，有男单、女单及一二十人的集体打。

我国许多民间体育活动，都具有季节性的特点，踢毽子一般是在冬季进行的。明代刘侗《帝京景物略》记，北京儿童季节性活动的民谣有："杨柳儿活，抽陀螺；杨柳儿青，放空钟；杨柳儿死，踢毽子。"说明在杨柳树落尽叶子的时候，气温最适宜于踢毽子活动。这在我国南北地区都是相同的。

我国最早记载有踢毽子活动的书是唐代释道宣所写的《高僧传》。

延伸阅读

毽球

毽子流传到今天，已经发展成十分正规的体育比赛项目——毽球。运动员隔着网将毽子踢来踢去，常常可以表演出难度很大的技术动作，对练习者的协调性和灵活性有良好的锻炼作用。由于需要的场地不大，器具简单，这项体育活动在我国许多中小学十分普及。

抽陀螺——儿童们的运动

> 抽陀螺俗称"抽贱骨头",是一种民间传统游戏。它历史悠久,是孩子们喜爱的冬季和早春的体育游戏。

陀螺的起源因年代久远并无详细记录可供查考,山西夏县西阴村仰韶文化遗址(距今约五六千年)中曾出土陶制小陀螺。

陀螺有陶制、木制、竹制、石制多种,以木制居多。木制陀螺为圆锥形,上大下小,锥端常加铁钉或钢珠。玩时,以绳绕陀螺使其旋于地,再以绳抽打,使之旋转不停。抽打得越狠旋得越快,故称"抽贱骨头"。

文史记载则多以宋朝时出现的一种类似陀螺的玩具为开端,称做"千千"(或称千千车);那是一个中心轴(铁制)长约一寸的圆盘形(直径约四寸)物体,用手捻在盘中旋转,比赛谁转得久,这是当时身处深宫后院的嫔妃宫女用以打发寂寥时光的游戏之一。在台湾故宫博物院收藏的宋代苏汉臣(开封人,曾在北宋徽宗宣和画院当过招待)《婴戏图》中,画面的前方有两个孩童,正打着陀螺玩耍,也证实当时确有倒钟体的陀螺出现。由画面考察,当时的陀螺应是木制的,像个圆锥体,用绳子缠好了,往地上前抛后扯,陀螺便在地上旋转起来。当它速度慢下来时,再用绳子不断抽打它的侧面,如此便可转个不停。

"陀螺"这个名词,最早是出现在明朝,刘侗、于奕正合撰的《帝京景物略》有:"杨柳儿青,放空钟;杨柳儿活,抽陀螺;杨柳儿死,踢毽子"的记载。至于陀螺究竟是不是由"千千"演变而来,已不可考了。

◆ 清代抽陀螺图

◆ 陀螺和鞭子

但明朝时陀螺已成为儿童的玩具，而不是宫女角胜之戏了。根据记载，当时陀螺是木制的，实心而无柄，用绳子绕好了，一抛一抽，陀螺便在地上无声地旋转。当它缓慢下来时，再用绳子鞭它，给它加油，便可转个不停。这种玩法传了两三百年，一直到民国初年，还有这样的玩法。

由于时代进步，制作材料不同，大家玩的陀螺各式各样，且玩法也有不同。崇祯年间，陀螺出现了各种各样的类型，还有一种可以发出声音的，叫"鸣声陀螺"。这种陀螺在931年以前就传到了日本、朝鲜。

一般孩子抽陀螺的方法有两种。第一种是水平抽法，而第二种则是垂直抽法。一般孩子们玩陀螺有两种比赛方式。第一叫做分边法，是将参加的人分成两组，然后大家一起抽陀螺，看看那一组的陀螺先倒在地。倒在地上的陀螺，就称为"死陀螺"，只有任由对方劈击宰割了。赢的这一方，用自己的陀螺，高举过头，对准目标，向下猛击。

第二种是画圈法，在地上画一个圆圈，圆圈的中央，再画一个小圆圈，各人轮流将自己的陀螺往圈子里打，使陀螺能旋转出来。如陀螺已固定在一点上旋转，这时，可用绳子将它圈出来，只要到达圈外还在旋转，都不算它"死"。如果陀螺停止在圈内，或一抽下去就不动了，都算死了，要放在当中小圆圈内，任别人处罚。若处罚别人的陀螺也停在圈内，照样要放在小圆圈内，任人处罚。如果很幸运没有被击到，或是被击到而没有被分解，可以拿出一个陀螺，用水平抽法，将自己那个小圆圈内待死的陀螺击出圈外。

延伸阅读

竹蜻蜓

在1700多年前的晋代，我国还出现了另一种有趣的玩具——竹蜻蜓。这种玩具18世纪传到欧洲后，被西方人称为"中国陀螺"，可见，真正的陀螺比这更早传到了国外。

为什么把竹蜻蜓叫做"中国陀螺"呢？原来正式提出"陀螺"这个术语的，是19世纪中叶的法国物理学家博科。在英语中，陀螺就是"回转体"的意思。陀螺是在地上转的回转体，竹蜻蜓是在空中转的回转体，所以竹蜻蜓也可以说是一种陀螺。

抖空竹——艺术型的运动

> 空竹，古称"胡敲"，也叫"舞铃""空钟""风葫芦"，济南俗称"老牛"。抖空竹亦称"抖嗡""抖地铃""扯铃"。空竹一般为竹制或者木制，用线绳抖动使其高速旋转，流行于全国各地，尤其在天津、北京、辽宁、吉林以及黑龙江等地盛行。

空竹，也叫舞铃，即用一根长绳舞耍一个哑铃形状的滚轴；它以竹木为材料制成，中空，因而得名；清代曾与空钟混称，俗称响葫芦，在北京、天津等地最为著名。

空竹分为单轮（木轴一端为圆盘）和双轮（木轴两端各有一圆盘）。双轮空竹比单轮空竹容易操作。圆盘四周的哨口以一个大哨口为低音孔，若干小哨口为高音孔，以各圆盘哨口的数量而分为双响、四响、六响，直至三十六响。拽拉抖动时，各哨同时发音，高亢雄浑，声入云表。空竹的操作技巧有扔高、呲竿、换手、一线二、一线三等多种形式。

据考证，空竹最早是由陀螺演变而来的一种民间儿童玩具。在不同的时间和地域，空竹有不同的名字。明清以前，人们叫它"空钟"，在南方有人叫"嗡子"，天津人叫它"风葫芦"或者"闷葫芦"，四川人叫它"响簧"，上海人叫它"哑铃"，山西人叫它"胡敲"，长沙人叫它"天雷公"，台湾人叫它"扯铃"，北方人大多叫它"空竹"。

相传，三国时期曹植就曾作过一首《空竹赋》，如果这算是有关空竹最早的记录，那么它的历史至少已有1700年了。在《水浒传》一百一十回中，宋江在受命征讨方腊的路上看到有人玩"胡敲"，有感于宿太尉保举之恩而做诗云："一声低来一声高，嘹亮声音透碧霄。空有许多雄气力，无人提携漫徒劳。"当然，小说是明代人所写，但也表明，写书人的时代，抖空竹已经

◆ 抖空竹（剪纸）

◆ 抖空竹（泥塑）

很常见了。

据明末刘侗、于奕正《帝京景物略·春场》里边描写："空钟者，刳木中空，旁口，汤以沥青，卓地如仰钟，而柄其上之平。别一绳绕其柄，别一竹尺有孔，度其绳而抵格空钟，绳勒右却，竹勒左却。一勒，空钟轰而疾转，大者声钟，小者蜣飞声，一钟声歇时乃已。制径寸至八九寸。其放之，一人至三人。"这里是说，把空钟"刳木中空(实则截竹成小段)，旁口(竹段开小孔)"，口内装半圆竹成"哨"，竹段上下的截面以薄木板封严，成为风匣；板之圆心穿竹棍，上长下短，用粗线绳绕在长柄上，"别一竹尺有孔"，将绳儿穿过竹尺的孔，用力勒紧，然后急放，空钟就在地面上不停旋转并发出哨声(气流入孔因压强大又排出)。空钟就是空竹早期的称呼，与现在不同，玩它的时候动作不是抖，它的转动也不是在空中，而是在地面。

另据秦孝仪所编《海外遗珍·漆器》中，收有一件"剔红婴戏纹圆盒"，盒盖上刻有婴戏图。图中，一个孩子正在抖空竹，旁边还有个孩子捂着耳朵观看。空竹为圆盘状，中有木轴，以竹棍系线绳缠绕木轴拽拉抖动。这幅画里抖空竹的方法与现在的方法完全相同。据了解，这件剔红漆盒为明代永乐年制作。如果场景属实的话，那么可以说早在明初，空竹造型特点与玩法均已相当成熟。

到了清代，抖空竹已发展成为受人欢迎的杂技节目。杂技艺人们在原有花样的基础上，又创作出许多新的花样和高难技巧。表演时与优美的舞姿和动听的伴奏音乐融为一体，更提高了人们的审美情趣。

延伸阅读

抖空竹的健身作用

当双手握杆抖动空竹做各种动作技巧时，人的上肢的肩关节、肘关节、腕关节，下肢的胯关节、膝关节、踝关节，加之颈椎、腰椎都在同时运动，以带动身躯的前后、左右的移动、转动，两臂的舒张、收缩，脚步的跟随。经过反复的锻炼，从而能促进全身的血液循环，提高四肢的协调能力，促进人脑的发育，提高灵敏性，还可以延缓衰老。

耍杂技——高难度的运动

> 杂技艺术在中国已经有2000多年的历史。杂技在汉代称为"百戏",隋唐时叫"散乐",唐宋以后为了区别于其他歌舞、杂剧,才称为杂技。

大约在新石器时代,中国的杂技就已经萌芽。原始人在狩猎中形成的劳动技能和自卫攻防中创造的武技与超常体能,在休息和娱乐时,在表现其猎获和胜利的欢快时,被再现为一种自娱游戏的技艺表演,这就形成了最早的杂技艺术。

春秋战国时代很多杂技艺术的创造者是诸侯的门客和武士,他们以一技之长,投身公卿大夫,并不完全为了表演,但关键时候,却往往以其技辅助主人,创造出一些轰轰烈烈的事业,诸士善技是春秋战国时代的特点。

齐国公子孟尝君田文被秦王请到秦国软禁起来,他托人向秦王宠妃求情,那妃子要田文送她名贵的白狐皮袄。田文只有一件,已经送给了秦王,因此很为难。幸好他带的门客有位善缩身之术者,从狗洞爬进王宫偷出了那件皮袄。这位门客之技可谓后世杂技"钻圈钻筒"之始。妃子得了白狐袭,说动了秦王,放了孟尝君,但田文刚走,秦王又后悔了,派兵追杀。孟尝君率众到了秦国边关,该关规定鸡鸣才开门,时值半夜,鸡自然不会叫,追兵立刻即至,可谓危在旦夕。幸好门客中有位口技家,他的几声惟妙惟肖的鸡叫,引得四郭荒鸡齐鸣,守关人迷朦中以为到了开关时刻,开关放人,孟尝君得以逃离秦国。此事发生在公元前298年,《战国策》上有记载。正由于有此一段因缘,像京剧界奉唐明皇为祖师一样,中国的口技艺人所供奉的祖师爷是孟尝君。

◆ 百戏杂技表演

汉代是中国杂技的形成和成长期，汉代角抵戏迅速充实内容，增加品种，提高技艺，终于在东汉时代形成了一种以杂技艺术为中心汇集各种表演艺术于一堂的新品种——"百戏"体系。汉代第五位皇帝汉武帝刘彻特别喜欢杂技艺术，他为了夸扬国家的富庶广大，在元封三年（前108）的春天，召集了许多外国来客，布置了宴席，赏赐典礼。在宴会进行中，演出了空前盛大的杂技乐舞节目。节目中有各式角抵戏的表演、七盘和鱼龙曼衍，还有戏狮搏兽的驯兽节目。值得提及的是在那次盛会上还有外国杂技艺术家的献技，安息（古波斯）国王的使者带来了骊靬（古罗马）的幻术表演家，表演了吞刀、吐火、屠人、截马的魔术节目。

汉代是中土与西域甚至西方国家进行魔术交流的时代。当时中国本土的魔术有两大类别，一是由皇家和贵戚支持的大型魔术表演，多以巨大的道具装置和众多演职员共同的表演，如汉武帝的角抵大会中的"鱼龙曼衍"，实际是两个相连接而演出的大型魔术。

唐朝是中国封建社会经济较发达的时期，乐舞杂技艺术空前繁盛，唐代文人墨客不少人吟咏过杂技艺术。白居易有"舞双剑、跳七丸、袅巨索、掉长竿"（《新乐府·五部伎》）之句，元稹亦有"前头百戏竞撩乱，丸剑跳掷霜雪浮"的诗句。

北宋首都汴梁（今河南开封市）、南宋的首都临安（今浙江杭州市）都有各种街坊、市场的演出场所，当时称瓦子乐棚。杂技、舞蹈、武艺、说唱各种形体表演艺术，同场献艺、互相观摩，无疑对中国独特的戏曲艺术的形成起了促进作用。

元代历史虽然不足百年，但对中国各民族的艺术交流却产生了有力影响。中华艺术史上的奇葩——元杂剧，就是在元代鼎盛成熟起来。

明清两代杂技与舞蹈等传统表演艺术很少在宫廷演出。特别是杂技更被视为不入流的玩艺，宫廷中基本没有杂技演出的记载，只有明宪宗《行乐图》中有杂技表演的形象。清代杂技艺人进一步沦落江湖。

延伸阅读

单杠运动灵感来自杂技

单杠运动的起源可以追溯到人类的祖先在丛林中进行的各种攀登、爬越等练习。在当时，这项运动只是一种生活实用技能，进入封建社会以后，它与祭祀等活动逐步结合。

对于近代单杠运动来说，则出现在德国。德国体操学派的创始人F.L扬和J.C.F.古茨穆茨受到当时西欧盛行的杂技表演的启发，他们用一根木棍作梁设置一副单杠，放在他自己创建的位于柏林城外的体操场里用作健身训练。

拔河——民间喜闻乐见的运动

> 拔河是一项古老的体育竞技活动，起源于春秋后期楚国和吴国舟战。后来成为元宵节和清明节的节日娱乐活动，人们用拔河来祈祷丰年。

拔河是一项古老的体育竞技活动。春秋后期楚国和吴国舟战时，名匠公输般为楚国设计的一种名为"钩强"的器具，可以使敌船在前时不能靠近自己的船，而在敌船想逃跑时，又可以钩住敌船。这样两船就在水上你拉我扯，互相纠缠在一起，将士就可以大显身手，一决胜负。

后来，这样的战术操练又从水上转移到陆上，变成一种集体角力竞技项目，操作之具也由篾绳取代了战器，篾绳长度竟达"绵亘数里，鸣鼓牵之"，可见场面恢弘热烈。拔河就是由此演变而来，成为元宵节和清明节的娱乐活动，用来祈祷丰收。古代参加拔河的人数比现在的多得多。大绳正中插一根大旗，旗的两边划两条竖线，称为河界线。比赛时，以河界线为胜负标志，所以改称"钩拒之戏"为"拔河"。一声令下，河界两边选手紧挽绳索，"使相牵引"，围观者"震鼓叫噪，为之鼓劲"。

到了唐代，拔河空前繁荣，民间拔河多是男子参加。唐中宗和唐玄宗尤其喜爱这项活动，唐中宗李显在皇宫中组织的拔河比赛，都让宫女参加。《资治通鉴》载：景龙三年（709），李显让几百名宫女在玄武门外拔河。赛完之后，又让她们去游宫市，结果几百名宫女都乘机逃跑了。

唐中宗李显是一个喜欢看体育表演的皇帝，《封氏闻见记》上记载：唐中宗在宫

◆《封氏闻见记》书影

◆ 拔河（剪纸）

内梨园亭子球场看宫女们拔河，朝中的大臣进宫来贺节。唐中宗看拔河正在兴头上，便说："你们来得正好，也来比赛一场，预祝今岁丰收。"大臣们不好推辞，只好参加。韦皇后当场指定：中书、门下省的三位大臣和五位将军是一队，尚书省七位大臣和两位驸马为一队。中书令萧元忠见自己这一队不但是少了一人，而且老头子也多。便跪下启奏道："小臣这一队，力量差得很呢！"安乐公主是唐中宗的爱女，她的驸马武延秀也参加了比赛。她当然是护着丈夫这一边，便插嘴说："你们这边有五个将军，都是练过武的，力气大着哩！"唐中宗连忙点头说："人虽少一个，力量并不弱。"萧元忠无奈，只好遵旨比赛。

大臣们都脱去了长衣，系紧腰带，来到场子中间。宫监们早摆好了绳子、旗鼓，宫女和太监分成两队呐喊助威。一声鼓响，两边齐力拉绳。开始时双方还坚持了一会，怎奈武延秀这一队多了一个人，又都年轻，一声吆喝，一下子把绳子拉过去三四尺，几个将军随着绳子向前跟跄了几步。唐休璟、韦巨源都是六十开外的人了，手脚很不灵活，随着绳子向前一下子仆倒在地，好一会爬不起来。唐中宗、韦皇后和宫女们看了都哈哈大笑，安乐公主笑得眼泪都流出来了。

唐以后，拔河活动在民间广泛开展，但像唐朝这样大规模的并有朝臣参加的比赛，却很少见于史料记载了。

延伸阅读

拔腰

拔腰是与拔河相似的一种体育活动，盛行于哈尼、拉祜、撒拉等少数民族中。比赛时，两个竞争对手相向而立，弯腰张臂，交叉抱住对方腰部，裁判下令后，各自拼命用力，一面努力使自己立稳脚跟，一面使劲将对方拔起。

第五讲 古代民间体育

跳绳——从儿童游戏演化出的运动

> 跳绳作为一种儿童体育活动，在我国已有1000多年的历史。在古代称为"荡绳"或"跳白索"，起初是一种儿童游戏，直到近代才变为一种成人的运动。

绳子与我们的生活很密切，远古时代，我们的祖宗不但拿它来记事，也用它来捆扎收获的农作物、搬运东西，或是驱使牛马等家畜，在人类生活史上是重要的工具之一；它也是中国的童玩之一。简单地说，用绳子来玩的游戏，我们就把它叫做跳绳；更仔细定义的话，凡是由单、双人或多人使用一条、二条或数跳绳子做回旋跳跃的动作就叫做跳绳。跳绳可做技巧运动的项目，也可以化为游戏，当然更有轻快、活泼、律动等之美感动作。

跳绳在中国有一千多年的历史，当时的人们以跳索、跳白（百）索来称呼它。今天的跳绳大概可分为单人跳绳与多人跳绳两种。追溯它的历史，单人跳绳早在南北朝时就出现，而多人跳绳最早见到的是明朝的记述。今日的单人跳绳，唐代称之为"透索"。明清时代，跳绳称为"跳百

◆ 汉代画像石上的跳绳图

索""绳飞"。百索之名是因绳索摆动后似百条绳在动之故;而称跳绳为"绳飞",大概是由于绳子转动,像是在空中飞动,所以得名。

宣化辽墓中的《幼儿跳绳图》发现于 I 区的张匡正墓中,绘在后室木门之上半圆形堵墙正面。长1.17米、高0.46米,墙面白灰抹平,外缘用朱色涂成框边,框内绘画。由于木质门额已糟朽,半圆形堵墙已落地破碎,但基本可以复原。画面内容表现的是幼儿跳绳游戏,左右两个小童弓腿曲身,用力摇荡一根长绳,中间一个赤膊小童屈膝张臂,轻快跳跃,充满了天真和童趣。画面简练明快,构图精巧。从三个小童头顶的发式和身着服饰可以看出,他们都是契丹族,头上髡发和上衣左衽是契丹人的习俗,在契丹族无论男女老幼皆行髡发,只是样式不同而已。

跳绳活动显然在北齐已有,到了唐、宋时期民间更为流行。辽国境内的契丹儿童跳绳,是从中原传入并且得到流行,况且宣化所在的幽、云十六州地区,原本就属中原。元、明、清时期,跳绳成为幽、云地区的重要时令活动。

明清两朝,跳百索游戏多在正月十五日左右举行,多是孩子们的游戏。两个孩子对着扯一丈多长的长绳,来回摇摆,一群孩子排好队,乘着绳子的摆动,轮流跳进去,能跳过去的为优胜,跳不过去的或是让绳子绊住了的,就得让牵绳的人打一下,表示惩罚。孩子们常常是一边唱着歌,一边跳出各种不同的花样。清代儿童跳百索,经常用有节奏的歌谣加以伴唱,娱乐习惯很强。《北齐书·后主纪》记载:"游童戏者,好以两手持绳,拂地而却上,跳且唱高末。"就是说儿童在跳绳时,随着跳动的节拍,且跳且唱,好像现在的儿童"跳皮筋"一样。

清代《乐陵细志》载:"元宵期间,女子以跳绳为戏,名曰跳百索。"清代出版的《有益游戏图说》一书中,称跳绳"绳飞",大谣加以伴唱,音乐性就很强。现在人们不会只在元宵节玩跳绳,大家也都把称呼从"跳百索"改口称为"跳绳"了。

清代文人刘侗在《帝京景物略·灯市》记载:"(元夕)二童子引索略地,如白光轮;一童子跳光中,曰白百索。"清代诗人彭蕴奉《幽州风土吟·太平鼓》中以"太平鼓,声咚咚,白光如轮舞索童,一童舞索一童唱,一童跳入光轮中"的诗句,来描写当时燕京元夕灯市上儿童玩耍的场景。这种跳绳游戏活动在北方流传了1000多年,辽代《幼儿跳绳图》是至今国内发现的唯一一幅幼儿跳绳绘画,是十分珍贵的图像资料。

延伸阅读

跳竹竿

跳竹竿是我国海南黎族男女青年十分喜爱的传统体育项目。逢年过节,农闲时候,就在村寨的场上摆上竹竿阵,即在两根平行放置的粗长的竹子上,再横放八根竹竿,竿子之间保持一定的距离。游戏的人分为摆竿和跳竿两组,摆竿的有八人,两两相对,跪在地上,左右手各持一竿,在锣鼓和乐器的节奏中,摆动手中的竹竿,有开有合,跳竿的人则轻盈灵活地在这开开合合的竹竿阵中跳来跳去,旋转跳舞。

春游——民间运动的渊薮

> 春季是外出郊游的好季节，春游的习俗最早可以追溯到西周时期。这一回归大自然、娱乐身心的古老习俗一直延续到今天。

由于中国疆域广阔，气候多样，各地季节不同，外出春游的时间也有不同。南方在农历正月就开始了，北方则要到农历三月。春暖花开的清明时分，在这个时节里，人们结队出游，在凭吊先人的同时，感受春天气息。在郊野中荡秋千、放风筝、拔河、斗鸡、戴柳、斗草、打球等，心情被放飞得不想回转，快乐也渐渐从脸上溢满内心。

春游也是小孩子们喜欢的活动，每当春末夏初，乡村的孩童们就三三五五，聚于庭院场坪，或约会在田畴原野，每人采来一大把、一满兜名叫"打官司草"的植物，就地而坐，各自拿出一根，互相勾搭，使劲牵拉比斗，断者为输，不断者为赢。这样不断互相斗草，直到满兜的"打官司草"扯光为止。

早在西周时，春游活动就开始了。立春这一天，天子要率领百官去郊外举行迎春仪式，祈祷老天保佑国泰民安。随着社会的发展，这种祈祷仪式变成了一种娱乐活动。孔子就非常喜欢春游。有一次孔子的学生曾点说，他最喜欢的一项活动是在风和日丽的晚春，穿着新做的衣服，与几个朋友去沂水游泳，让温暖的春风吹拂身体，然后唱着歌回来。孔子非常赞同他的说法。

汉代的春游是与消灾除邪联系在一起的，那时候阴历三月有一个叫"上巳"的节日，每天这天，人们用浸泡过香草的河水，将全身洗个干干净净，寓意避疾病和灾祸。自魏晋以后，春游变成了一年中十分重要的娱乐，人们纷纷带着酒去城外野餐，文人墨客还会在水边吟诗作赋、放声歌唱。

春游到了唐代就已经是非常流行了，唐朝诗人白居易在《春游》一诗中说："逢春不游乐，但恐是痴人。"冬天过后，万象

◆《春游晚归图》

◆《八达游春图》。描绘的是东晋时期，江左的八位名士胡毋辅之、谢鲲、阮放、毕卓、羊曼、桓彝、阮孚、光逸等人在春天纵马、饮酒的春游场景。

更新，这时到野外郊游踏青，是极富情趣和养生意义的雅事。每到清明节前后，天还没亮，人们就成群结队地向郊外出发了。长安的贵家子弟，到了春天去郊外游玩野餐，风雨无阻。唐代的妇女，也走出闺房加入了郊游的队伍，尽情地在田野间玩耍。另外，在唐代春游的时候赏花也成了一种风尚，京城长安仕女逢春即联袂郊游踏青，遇上好花，就在花前设野宴。而这种郊外花野宴很有特色，花前铺席藉草，围坐一圈，并插杆结索，解下身上的红裙递相垂挂，权当作野宴的帷幄，被人们称为"裙幄"。

宋代繁华的城市发展起来，春游的内容也丰富多彩起来，表演杂技的艺人，他们把春游看成是自己大显身手的好机会，因此吸引了更多的人们加入春游的行列，宋代的学校甚至给学生们放春游假。

清代时，相传书画家、扬州八怪之一的郑板桥，有一年到乡村踏青，见阳光明媚，蜂飞蝶舞，鸟鸣莺啼，不禁随口吟《春词》一首道："春风，春暖，春日，春长，春山苍苍，春水漾漾。春荫荫，春浓浓，满园春花开放。门庭春柳碧翠，阶前春草芬芳。春鱼游遍春水，春鸟啼遍春堂。春色好，春光旺，几枝春杏点春光。春风吹落枝头露，春雨湿透春海棠。"又只见几个农人笑开口："春短，春长，趁此春日迟迟，开上几亩春荒，种上几亩春苗，真乃大家春忙。"

延伸阅读

人面桃花

踏青还流传有不少动人的故事，最有名的恐怕要算"人面桃花"了。据唐孟棨《本事诗·情感》记载：唐代的崔护，为参加科举考试而寄宿长安。一年清明时节，他到长安郊外的城南社踏青，途中口渴，向一户四周开满桃花的农家求水喝。院内有位与他素昧平生的美丽少女递给他一杯水，含情脉脉地依在小桃树旁。崔护心中为之一动，大有相见恨晚之感，但终因萍水相逢，未表衷肠，便怅然离去。次年清明，又逢桃花盛开，他心有所属，故地重游，只见风景依旧美丽，不见了那位清纯靓丽的少女，只有那棵棵桃树仍在舒展英姿，迎风绽放。崔护抑制不住内心的激动，在这户人家的大门上题下了一首流传甚广的《题都城南庄》诗："去年今日此门中，人面桃花相映红。人面不知何处去，桃花依旧笑春风。"读罢此诗，谁不为诗人只见桃花未谋"人面"而感到惋惜呢！

钓鱼——有益于身心的运动

> 几十万年之前，中华民族的先人曾以捕鱼为生活手段之一。随着历史的推移和人们生活水平的提高，钓鱼逐渐发展成有益于身心健康的娱乐活动。

我国是一个幅员辽阔、资源丰富、历史悠久的文明古国。高雅古朴的垂钓活动作为我们古老文明的一个小小侧面伴随着祖国的历史延续下来，历数千年而不衰，日益为广大人民所喜爱。

大约五万年前，我们祖先的形体已经进化到和我们现代人一样，他们学人会了用骨针缝制兽皮衣服，氏族社会逐渐形成。又经过了漫长的岁月，进入了新石器时代，这就是相传的神农、黄帝、尧、舜等时期。在这个阶段，我国产生了辉煌的仰韶文化和龙山文化。近几十年考古发掘发现大量的石器和用兽骨磨制的刀、齿、镞之外，还发现了很多鱼叉和鱼钩，这对了解我国的垂钓历史有非常重要的意义。陕西省西安半坡村仰韶文化遗址发现的骨制鱼钩和黑龙江小兴凯湖岗上出土的骨制鱼钩，距今大约有六千年的历史，是我国发现得最早的钓鱼文物。

在全国各地的新石器时代中，如黑龙江的宁安遗址，河北唐山市的大城山遗址，内蒙古自治区包头市的阿拉善遗址等，都发现了许多骨制鱼钩。这些鱼钩的造型多样，其中有的在钩尖下面磨出了倒刺，多数鱼钩还磨有拴钩线的槽，由此可证明当时的垂钓活动已具有较高水平。这些遗址都位于内陆地区，淡水水域钓鱼已是十分普遍的了。

到了奴隶社会和封建社会，在史书上已有文字记载和民间传说。相传，商纣暴虐，太公姜子牙富有才华，但未遇到成就大业的良主，因此在一河边，用没有鱼饵的直钩钓鱼，以静观时变。大家知道，鱼钩是弯的，但是姜子牙却用直钩（那其实也不能叫钩了）、不用鱼饵，钓到了很多鱼。外出访贤的周文王见到了，觉得这是奇人，于是主动跟他交谈，发现这真是个大才，招入帐下。后来姜子牙帮助文王和他的儿子推翻商纣统治，建立了周朝。至今陕西省宝鸡县的伐鱼河畔，有一块大青石，相传是当年姜太公的钓鱼处，这块被称为钓鱼石的大青石，连同不远处的姜太公庙和古柏，都是闻名遐迩的古迹。

战国时期《庄子》里讲了一个这样的故事：庄子在濮河钓鱼，楚国国王派两位大夫前去请他（做官），（他们对庄子）说："想将国内的事务劳累您啊！"庄子拿着鱼

◆ 《秋江垂钓图》（明 沈周）

摇尾巴。"庄子说："请回吧！我要在烂泥里摇尾巴。"

　　钓鱼起源于古代先民的生产活动，随着生活环境的安定和生活水平的提高，逐渐从生产活动中分离出来。古往今来，人们都把钓鱼作为一项有益身心健康的娱乐活动。古代很多名人学者都喜欢钓鱼，虽然他们的目的不同，姜尚直钩钓鱼，"钓翁之意不在鱼"，目的是等候文王出猎，访贤相遇，是入世；庄子却是与鱼鸟共乐，甘于清静闲居的生活，是出世、遁世，但在培养高雅趣味、智慧活力的方面，他们是一致的。

竿没有回头看（他们），说："我听说楚国有（一只）神龟，死了已有三千年了，国王用锦缎包好放在竹匣中珍藏在宗庙的堂上。这只（神）龟，（它是）宁愿死去留下骨头让人们珍藏呢，还是情愿活着在烂泥里摇尾巴呢？"两个大夫说："情愿活着在烂泥里

延伸阅读

赫哲族的鱼皮衣

　　赫哲族是中国北方唯一以捕鱼为生的民族，世世代代靠捕鱼和狩猎为生。赫哲族人喜爱吃鱼，尤其喜爱吃生鱼。赫哲族人一向以杀生鱼为敬。这一习俗沿袭至今，显示了这个民族与其他民族不同的特点。不仅以鱼肉、兽肉为食，赫哲族人穿的衣服也多半是用鱼皮、狍皮和鹿皮制成。男子大多穿大襟式狍皮大衣，衣襟上缀两排用鲶鱼骨做的纽扣，女子多穿鱼皮或鹿皮长衣，式样很像旗袍。男女都穿鱼皮套裤以及狍皮、鹿皮和鱼皮制的鞋子。用鱼皮做衣服也是赫哲族妇女的一大特长。故历史上赫哲人又被称为"鱼皮部"。在文化村的展馆里，有两套用熟好的大马哈鱼皮缝制的男女鱼皮套装，做工考究，款式古朴大方。

走犬——拥有深厚政治内涵的运动

中国古代走犬活动有两种方式，一种是打猎活动，指有猎狗参与，用以追捕猎物；另一种是用猎狗行猎的方式来进行的类似赌球或赌彩的活动。

"走犬"与"走狗"最早见于《战国策》《史记》《淮南子》《前汉纪》《后汉书》等典籍，有两种意思：一指猎狗，是一种动物，即用于打猎的狗；二指带着猎狗行猎，是一种打猎活动。显然无论是哪种意思，这个词都与打猎有关，由此我们可以认定，这个词的出现和使用与中国古代的一种打猎活动有着渊源，而且在这种打猎活动中猎狗是必不可少的。同时，我们可以进一步发现，当农业文明发展到一定程度时，打猎不再只是为了谋生和获取食物的手段，走犬就变成了一种娱乐活动，作为一种体育活动，使人们的身心得到锻炼。

在中国传统社会生活中，由于各种文化的发展和演变，"走犬"这种活动也不断被赋予了各种文化内涵，从而也产生了不同的形式和内容。于是在历史文献中，又出现了"走狗""打围""行猎""围猎""出猎""田猎"等词汇，内容非常丰富。除此之外，走犬还被赋予了国家意义，从而带有强烈的政治色彩。对于王公贵族尤其是皇帝来说，提倡"走犬"还有意在保存狩猎骑射的传统，以防止对安定的生活产生过分依赖的心理。西汉武帝尤好田猎，常在上林苑进行，并设专官管理，狩猎时还命大文学家司马相如作赋。

帝王射猎游乐场面很壮观，魏文帝、

◆ 猎犬图（清 郎世宁）

◆ 狩猎壁画

明帝、唐太宗、后唐庄宗等也都热衷于这种娱乐活动。在中国历史上，游牧民族在中原建立的王朝包括辽金元以及清朝等，尽管已接受了农业文明，但统治者仍自觉采取很多措施以保持他们民族原有的生活习惯和文化传统，以防止对定居生活的依赖，其中定期或不定期的田猎活动即是其中的一种。辽圣宗、金元诸帝、清圣祖（康熙）、清高宗（乾隆）等，皆好田猎。清代皇室的木兰围场即是行猎的专门场所，康熙皇帝常常带着皇子和大臣行猎，直到晚年仍乐此不疲，并向皇子及诸大臣提倡这种活动，意在防止原有的进取精神减退。

同时，狩猎对于古代帝王来说，还是一种炫耀武力和政治威信的行为，甚至带有某种仪式的性质。天子"田猎"是中国古代军礼的一种，亦称"搜狩"。天子、诸侯遇农隙无事，行围射猎，既是娱乐体育活动，也借此演习军事，因而受到历代重视。商代田猎频繁，卜辞中多有记载。西周时形成制度，天子六军，诸侯国三军、二军或一军，每年进行田猎。春称搜，夏称苗，秋称狝，冬称狩。

《诗经》中有很多以田猎生活为题材的作品，从中我们可以窥见周代的田猎文化内涵。《礼记·月令》中说："天子乃教于田猎，以习五戎，班马政。"可见天子田猎正是为了阅军习武，带有军事和政治的目的。天子冬季出外巡视即被称为"巡狩"，东汉班固的《白虎通义》中说："王者所以巡狩者何？巡者，循也；狩，牧也。为天下循行守牧，民也。道德、太平，恐远近不同，化幽隐自不得所。考礼义，正法度，同律历，计时月，皆为民也。"狩即狩猎或打猎，本意为天子以"狩猎"为名出外视察，从而"巡狩"一词便成为天子外出视察的代称。

延伸阅读

飞鹰走犬的故事

在古代，飞鹰走犬常被看成是一种不学无术、不务正业的表现。曹操在少年的时候喜欢飞鹰走犬，常常独自去城外狩猎。但是叔叔却十分看不惯这种行动，不仅责怪他，还使曹操的父亲曹嵩也经常不给他好脸色。而曹操却因在夏秋季读书，春冬季狩猎，保持了比较强健的身体。但他中年之后长期患有头风病，世人皆知是疑心病所至，其实大概是城外郊区，风大导致中风引起的。曹操最后死在了这个病上。他的孙子曹爽也是因为飞鹰走犬被司马懿乘机发动政变，丢了性命。

第五讲 古代民间体育

第六讲
古代节日体育

登高——岁岁重阳节

> 我国自古就有重阳节登高的传统，登高在古代也是一项非常普及的体育活动，为社会各阶层人们所喜爱。

每年的农历九月初九，是我国的传统节日——重阳节。"九"在我国古代被定为阳数，两九相重，都是阳数，因此称为"重阳"。

在古代，重阳节这天，人们都要戴茱萸、饮菊花酒，以求长寿。重阳节也称"登高节"，就是爬山，当时人们认为在重阳这天登高，除了可以避祸消灾之外，还有步步高升的含意。

九九重阳，早在春秋战国时期屈原的《楚辞》中就已经提到了。"集重阳入帝宫兮，造旬始而观清都。"这里的"重阳"还不是指节日，而是指天。但是在三国时魏文帝曹丕的《九日与钟繇书》一书中，我们可以看出重阳节已经有了饮宴的节俗了。"岁往月来，忽复九月九日。九为阳数，而日月并应，俗嘉其名，以为宜于长久，故以享宴高会。"

晋代文人陶渊明在《九日闲居》诗序文中说："余闲居，爱重九之名。秋菊盈园，而持醪靡由，空服九华，寄怀于言。"诗中提到了菊花和酒。也就是说大概在魏晋时期，重阳节已有了饮酒、赏菊的做法。到了唐朝，重阳节被定为民间传统节日。再到明代时期，每到九月重阳，皇宫上下都会一起吃花糕以示庆贺，而且皇帝还要亲自到万岁山登高，以畅秋志，这样的风俗一直延续到清代。

现在，在我国的某些地方依然有重阳节登高的习俗。关于重阳节登高，有这样一个传说故事：

相传东汉时，汝河里住有一个瘟魔，每年都要出来到人间走走。它走到哪里就把瘟疫带到哪里。汝南县有一个叫桓景的小伙子，拜剑客费长房为师学剑术，决心杀死瘟

◆ 陶渊明

◆ 河南省修武县茱萸峰铭石。此处之茱萸峰即为古人登高处。

魔，为民除害。

有一天，费长房对桓景说："今年九月初九，汝河瘟魔还会出来祸害百姓。你赶紧回乡为民除害。我给你茱萸叶子一包，菊花酒一瓶，你分给家乡父老让他们登高避祸。"

九月初九那天，桓景领着乡亲父老登上了附近的一座山。把茱萸叶子每人分了一片，又把菊花酒倒出来，每人尝了一口，说这样可以预防瘟疫。他把乡亲们安排好后，就带着他的降妖青龙剑下山去找瘟魔。

瘟魔来到山下觉得酒气刺鼻，茱萸冲肺，不敢近前登山，就回身向村里走去，正好遇到桓景。桓景"嗖"的一声拔出降妖青龙剑向瘟魔刺去，被穿心透肺的瘟魔栽倒在地，吐血而亡。

从此以后，汝河两岸的百姓，再也不用害怕会遭到瘟魔的侵害了。人们把九月初九登高避祸、桓景剑刺瘟魔的事，父传子，子传孙，一直传到现在。从那时起，就留下了重九登高的风俗。

登高这项运动简便易行，流传很广，为社会各个阶层的人们喜爱。而且，重九之日，秋高气爽，万里无云，正是人们结伴而行，登高远眺，舒展心襟的最佳时节。东晋大诗人谢灵运还自己设计出一种前后装有齿的木屐，专门用来登山。后来这种木屐被人们称为"谢公屐"。很多诗人也喜欢以重阳为题抒发情怀，比如唐代诗人李白、王维、杜甫等，都曾留下过在重阳节登高的诗篇。王维的《九月九日忆山东兄弟》："遥知兄弟登高处，遍插茱萸少一人。"写出了对兄弟的思念；杜甫的《望岳》："会当凌绝顶，一览众山小。"就是写他在登上泰山之后的壮心。

延伸阅读

重阳糕的传说

传说明朝时期，陕西武功有一个叫康海的人，参加八月中旬的科举考试，八月下旬放榜的时候他高中了状元，报喜的人日夜兼程把喜报送到康海的家中，可是康海却还没有到家呢。原来，他在参加完考试之后就在长安得了重病，不得不留下养病，所以耽误了行程。因为没人给赏钱，报子不愿离开，就一定要等他回来。就一直等到康海病好后回到家里，这时已经是重阳节了。康海给了报子赏钱之后，蒸了一锅糕饼，送给他在回去的路上当干粮吃，也分给了街坊四邻一些。因为这糕是用来庆祝康海高中状元的，而古时科举放榜也是在重阳节前后，所以以后来有金榜题名或是远走上学之人家都在重阳节这天蒸糕，并互相赠送，为的是讨个好彩头。于是重阳节吃糕的习俗就这样流传下来了。

踏青——三月野外行

春天万物苏醒满目葱茏，正是一年中最美丽的季节。古人每遇春天，总要结伴而行，到郊外游赏春景，感受春意。

时逢阳春三月，春光明媚，桃红柳绿，草木萌动，莺飞草长，生机勃勃，一片清明景象，正是踏青的好时光。踏青不仅可以锻炼身体，还可以在青山绿水间陶冶自己的心情。所以，历代的文人雅士在赏游春景时，或寄情于山水，或引吭高歌，留下了许多脍炙人口的好诗妙词、名篇佳句。

踏青虽在一年之春，但具体时日常有出入。明朝冯应京、元朝费著、唐朝李淖，分别在文中指明踏青时节为正月初八、二月二日、三月初三。日照市莒县男女老少于正月十六到野外踏青，称之"走老貌"，据说每年走一次可永葆青春年少。甘肃省景泰县中泉一带在早春二月也流行踏青，称之为"出新"。出新的日子全家都要出动，各家人带着面点、酒食、鞭炮、黄纸，开着车，拉着马匹牲畜行走在山野里。或穿林度柳、或漫步田野，到了一处开阔处，所有人聚在一起点燃大堆篝火，燃放各家的鞭炮，洒酒对天地祭祀，祈祷全年无病无灾，出行平安。祭祀结束后，踏青正式开始，禁忌原路返回，而是绕一个巨大的弯子，踏青的路上小青年们品饮酒食，追逐嬉闹。车声隆隆，人欢马嘶，不少人还骑在牲口的背上在田野间奔驰。所有的人都要在山野里捡拾光洁的石头和柴禾草茎带回，他们认为石头是"宝"，而"柴"和"财"谐音，带回家能够使当年财源旺盛。

放风筝也是踏青期间人们所喜爱的活动。每逢踏青时节，人们不仅白天放，夜间也放。夜里在风筝下或风筝拉线上挂上一串串彩色的小灯笼，像闪烁的明星，被称为"神灯"。过去，有的人把风筝放上蓝天

◆ 明代景泰青花罐上的"仕女踏青图"

后，便剪断牵线，任凭清风把它们送往天涯海角，据说这样能除病消灾，给自己带来好运。

《红楼梦》中有这样一段描写：林黛玉不想将制作精巧的风筝放掉。李纨劝她："放风筝图的就是这一乐，所以叫放晦气，你该多放些，把病根儿带去就好了。"而当紫鹃要去拾断了线的无主风筝时，探春又劝阻："拾人走了的，也不嫌个忌讳？"可见古时放风筝是人们消灾祛难的手段，不能去拾别人的风筝，以免沾上别人的晦气。也有人在放风筝时，把所有的烦恼写在纸上，让它随风筝飞上蓝天，认为一切烦恼都会随风而去。

古代踏青时还盛行斗鸡游戏，斗鸡由清明开始，斗到夏至为止。中国最早的斗鸡记录，见于《左传》。到了唐代，斗鸡成风，不仅是民间斗鸡，连皇上也参加斗鸡，如唐玄宗最喜斗鸡。

清明前后，春阳照临，春雨飞洒，种植树苗成活率高，成长快。因此，自古以来，我国就有清明植树的习惯。有人还把清明节叫作"植树节"。植树风俗一直流传至今。

据说，插柳的风俗是为了纪念"教民稼穑"的农事祖师神农氏。有的地方，人们把柳枝插在屋檐下，以预报天气，古清明节谚有"柳条青，雨蒙蒙；柳条干，晴了天"的说法。黄巢起义时规定，以"清明为期，戴柳为号"。起义失败后，戴柳的习俗渐被淘汰，只有插柳盛行不衰。杨柳有强大的生命力，俗话说："有心栽花花不发，无心插柳柳成荫。"柳条插土就活，插到哪里，活到哪里，年年插柳，处处成荫。

◆ 春季踏青（杨柳青年画）

延伸阅读

春龙节

农历二月初二，传说是天上主管云雨的龙王抬头的日子。民谚说："二月二，龙抬头，大仓满，小仓流。"二月二以后，雨水逐渐增多起来，因此，二月二这天又叫"春龙节"，也叫"踏青节""龙头节"等。

关于春龙节的来历，在民间还流传着一个传说：唐朝武则天当上皇帝时，惹恼了玉皇大帝，传谕四海龙王，三年内不得向人间下雨。不久，苍茫大地一片枯黄，人们生活痛苦不堪。司掌天河的龙王为救黎民百姓，竟不顾玉皇之命，为人间降了一场透雨。玉帝勃然大怒，将龙王压在一座山头下，说要金豆开花，才能恢复仙身。为救龙王，百姓们到处去找"金豆开花"，后来有个聪明人出个主意，用玉米爆花替代"金豆开花"。这法子真灵，玉皇一看人间千门万户金豆开花，只好传谕，将龙王召回天庭，刚好这天是二月初二，从此民间留下"二月二龙登天"的传说和爆玉米花的习俗。

舞狮子——锣鼓喧天壮声威

> 舞狮是我国优秀的民间艺术,每逢元宵佳节或集会庆典,民间都以舞狮前来助兴。这一习俗起源于三国时期,南北朝时开始流行,至今已有1000多年的历史。

据传说,舞狮最早是从西域传入的,狮子是文殊菩萨的坐骑,随着佛教传入中国,舞狮子的活动也输入中国。狮子是汉武帝派张骞出使西域后,和孔雀等一同带回的贡品。而狮舞的技艺却是引自西凉的"假面戏",也有人认为狮舞是5世纪时产生于军队,后来传入民间的。

舞狮有着悠久的历史,随着时代的发展,各地域舞狮文化融入了不同民族的元素,也产生了不同的差异。最初北狮在长江以北较为流行;而南狮则流行华南,南洋及海外。近年亦有将二者融合的舞法,用南狮的狮子,北狮的步法,称为"南狮北舞"。

广西田阳有着"舞狮之乡"的美称,逢年过节、五谷丰登、盛大活动等都以舞狮作乐。田阳舞狮历史悠久,据史料记载,明嘉靖三十四年(1555),壮族英雄瓦氏夫人率田州兵东征抗倭凯旋归来,田州民众纷纷组织盛大舞狮欢迎瓦氏以及士兵荣归故里。从此舞狮成为壮族文艺特有的表演节目,代代相传,久盛不衰。

田阳舞狮,堪称一绝,表演时,舞狮者攀上由20多张高

◆ 舞狮子

◆ 南派狮子

结合。场合气氛不同，锣鼓节奏、舞姿动作也不一样。喜庆时，锣声悠扬，鼓声热烈，舞姿跳跃奔放；悲哀时，锣声忧郁，鼓声节奏稍缓，舞姿动作恭而哀伤。送丧时角上系白布条在前面开路。

每逢节日，舞狮队更是热烈。过春节正月初一，狮队舞狮逐户拜年，家家预备鞭炮迎接。门外"红包"（内包香烟等）高悬，让狮队搭人梯摘取。春节期间，狮队和狮队还常下帖互访，切磋技艺和武术，舞狮者必习武术，狮队到哪里，有武术队跟随。舞狮场上，也有武术队表演。这种有益的活动已成为这一带布依族人民的习俗。

凳叠起的"金山"施展雄姿，时而在半空高悬的钢索绳上跳跃翻腾，时而在刀山顶上表演"世界一绝"的刀尖顶肚旋转……一个个高难度动作令人赞叹不已。"天坛圣水""三狮戏楼台""女子楼台献艺""高桩、天桥荟萃""瑞狮争艳"等几个精彩的节目，吸引着众多游客的注意。

住在独山县麻尾镇的布依族尤其喜爱舞狮。村村寨寨都有舞狮队。婚丧嫁娶、喜庆寿诞、节日庆典等，都要舞狮。喜庆时舞，悲哀时舞，舞狮成了麻尾布依族人民的风俗。

狮子头是形象化了的狮子脸谱，有角，角上系有红绸；尾部由红黄绿蓝等颜色布料做成的鱼鳞状，长约两丈。舞狮时，一人舞，一人持尾，锣鼓伴奏。舞姿优美，刚柔

耍龙灯——盛会狂欢节目

"耍龙灯"也叫"舞龙",又称"龙灯舞",是流行于我国各地的一种民间舞蹈。每逢新春、元宵佳节或盛大典礼,中国人都要"耍龙灯"表示庆祝。

龙在历史文籍的记载中出现的时间极早,古人认为龙是海洋的主宰,威力无穷,而海洋主水,龙也就很自然地做了农作物的司雨神。

很久以前,在杭州湾北岸的乍浦青龙山(九峰)南,青龙江里的龙王腰痛难忍,龙宫中的所有药都吃了,仍不见效。只好变成一老翁来到人间求医。郎中把脉后甚觉奇异,问道:"老爷爷,你不是人吧!"龙王看瞒不过去,只好说出实情。于是郎中让他显现原形,在他腰间的鳞片中发现一条蜈蚣,原来就是它在捣乱。郎中将它除掉后,再经过拔毒、敷药,龙王的腰痛就好了。为了答谢治疗之恩,龙王对郎中说:"你们只要按照我的模样扎成一条青龙舞耍,就能保一年四季风调雨顺,百里平川五谷丰登。"于是,青龙江一带,在新春和秋收后"舞龙"的习俗便传承下来。

农村耍龙灯还有个习惯,就是不仅在本村耍,还到外村表演,到镇上或城市宽阔的街头、广场去"赛演"。每当新春至元宵节期间,在此起彼落的锣鼓声、鞭炮声中,各个民间"舞龙"队大显身手,引动万人空巷。

灯节虽始于汉初,盛于唐宋,但"舞龙"的习俗却是承继殷周"祭天"的遗风。我国古代人民为寄托美好愿望而创造了龙的形象,把龙、凤、麒麟、龟称为四灵,造型优美,绚丽多彩,线条刚柔相济,在历史长河中闪耀着独特的艺术光彩。早在商殷时代,铜器和骨刻上就有龙形图案;周代铜器的龙纹已渐趋完整。"耍龙灯"在汉代民间已相当普遍了。唐、宋时期的"社火""舞队"表演中"耍龙灯"已是常见的表演形式。宋代吴自牧著的《梦粱录》中记载:南宋行都临安(今杭州)"元宵之夜……草缚

◆ 舞龙灯

◆ 龙头

成龙,用青幕遮草上,密置灯烛万盏,望之蜿蜒如双龙之状。"

"耍龙灯"的表演,有"单龙戏珠"与"双龙戏珠"两种。龙身由许多节组成,每节间距约五尺左右,第一节称一档。组成龙身的"节",一般都是单数(如九节、十一节和十三节等)。龙头部分也分轻重不同,一般重量约三十多斤。龙珠内点蜡烛的称"龙灯",不点的称"布龙"。

在耍法上,各地风格不一,各具特色。耍九节的主要侧重于花样技巧,较常见的动作有蛟龙漫游、龙头钻裆子(穿花)、头尾齐钻、龙摆尾和蛇蜕皮等。耍龙灯,不论表演哪种花样动作,表演者都得用碎步起跑。耍十一、十三节龙的,主要表演蛟龙的动作,就是巨龙追捕着红色的宝珠飞腾跳跃,忽而高耸,似飞冲云端;忽而低下,像入海破浪,蜿蜒腾挪,煞是好看。

在古代,人们把"龙"作为吉祥的化身,代表着风调雨顺的愿望,因此,用舞龙祈祷神龙的保佑,以求得风调雨顺,四季丰收。人们舞起用竹、铁结扎,外用绸缎或布匹制作的彩龙取乐,表现欢快的心情。经过民间艺人不断加工制造,到现在"耍龙灯"已发展成为一种形式完美、具有相当表演技巧和带有浪漫主义色彩的民间舞蹈艺术,深为广大群众喜闻乐见。

◆ 瓷器上的"百子舞龙灯"

延伸阅读

苏庄舞草龙

浙江省衢州市开化县苏庄镇的舞草龙又称草龙、稻草龙或香龙。草龙捆扎以稻草搓成粗大绳索,再扎成龙首龙尾,形同长龙,绳索上插上点燃的香枝。相传唐代便有迎草龙送龙神活动,一直延传至今。每年中秋之夜,苏庄镇各村农民高擎香火草龙,或穿梭于村中大道,或起舞于晒场田野。

传说朱元璋在苏庄镇毛坦坞口村休整时,当地百姓为他献了宝马,并在中秋佳节舞草龙。朱元璋非常高兴,认为这是做天子的预兆。登基后,御赐当年舞草龙的毛坦坞口村为"富楼村",并赐联"百世安居金溪富楼胜地,千年远脉越国传裔名家"。

踩高跷——轻歌曼舞走空中

> 高跷，也称拐子，常见于传统节日的民俗文化活动。由于表演者脚踩木跷表演，高出一截，观众需要仰起头来或是站在高处观看，所以也有人把高跷称为"高瞧戏"。

高跷，就是脚上绑着长木跷的一种表演形式，是民间盛行的一种群众性技艺表演，常见于传统的民俗节日。因为踩跷的演员比一般人高，便于远近观赏，而且高跷的技艺性要求很强，形式活泼多样，所以深受人们的喜爱。

踩高跷的表演者，都要浓妆艳抹，身穿戏装，载歌载舞。不同的扮相有不同的造型和服饰，当然动作也不尽相同。

据说，春秋战国时期因滑稽而闻名的晏婴，有一次出使邻国，邻国的百姓都笑他身材矮小。于是，他朝见邻国君王的时候就给自己装了一双木腿，顿时高大起来，邻国的君臣被晏婴弄得啼笑皆非。晏婴还借题发挥，将邻国的君臣狠狠地挖苦了一番，使得他们狼狈不堪。从此以后，踩高跷在民间流传开来。

还有一种说法把踩高跷同贪官污吏作斗争联系在了一起。据说，从前有一个叫做两金城的县城，城里和城外的人民都非常和睦友好，每年春节都会联合起来一起办社火，互祝生意兴隆，五谷丰登。

不料，有一天城里来个贪官，他下令凡是要进出城办社火的人，每人都要交三钱银。如果不交，就关城门，挂吊桥。百姓们联合起来想了一个好办法，他们踩着高跷，翻越城墙、过护城河，继续欢度春节，乐在其中。

传说未必可信。关于高跷的起源，据说跟古人采集果实有关，古人为了采食树上的野果，就给自己的腿上绑两根长棍，由此

◆ 踩高跷（剪纸）

而发展成为一种跷技活动。历史学家孙作云在他的《说丹朱——中国古代鹤氏族之研究——说高跷戏出于图腾跳舞》一文中，首次提出高跷源于鹤图腾崇拜的论点。孙作云认为："高跷源于原始图腾信仰、用于宗教祭祀仪式，又从杂技表演演变为扮演戏曲人物的舞蹈形式。尧舜时的丹朱是以鹤为图腾的氏族，高跷戏直接出于古代的鹤图腾氏族的跳舞。"近有学者认为，甲骨文中有一字可以解释为"像一个人双脚蹈矩棍而舞"。如果成立，就可以说明踩高跷这种舞蹈形式在商代后期就已经问世了。

对于高跷的起源，还有一种劳动说，据说与沿海渔民的捕鱼生活有关。在《山海经》中，有一段关于"长股国"的记述。"长脚人常负长臂人入海中捕鱼也"，脚上绑扎着长木跷，手持长木制成的原始捕鱼工具在浅海中捕鱼。由此我们可以看出"长股国"与踩跷有关。更令人感兴趣的是，今日居住在广西防城沿海的京族渔民，仍有踩着长木跷在浅海撒网捕鱼的风俗。

大约在春秋时期，百戏之一的高跷就已经十分流行。高跷在不同时代的名称，说明了它从杂技表演向扮演戏曲人物的演变过程。

中国东北的高跷，以"辽南高跷"最负盛名，形式完整，表演规范。开始时先要"搭象"（叠起两层的造型）唱秧歌，寓意是"太平有象"，然后是跑大场变队形、换图案，然后分组表演双人对舞。

山东高跷常常是叠成三层表演，最下层的表演者踩跷，用肩扛起两根长木棍，中层的表演者不踩跷而是直接站在木棍上，他们肩上或是站着扮演《白蛇传》的演员，或是站着舞弄花伞的儿童，最重要的是，最下层的演员还能缓步向前移动。可想而知，山东的高跷动作之惊险。

河南嵩县的高跷叫做"托装"，表演难度非常大。脚踩木跷的表演者把一种铁制的特殊道具绑在身上，然后再把一二名儿童稳扎在道具的上端，就像用手托起来一样。难度之大，可想而知。

我国少数民族的高跷也独具一格。例如：布依族的高跷表演既有双跷、又有单跷（亦称独木跷），其独木跷尤为儿童所喜爱；白族的"高跷耍马"，表演者踩着木跷，身着马形道具；维吾尔族的"双人高跷"，则是把民间的对舞和高跷相融合，令人耳目一新。

延伸阅读

高跷树

科考人员在贝加尔湖畔发现一种奇怪的自然现象，树的根从地表拱生着，成年人可以自由地从根下穿来穿去。原来，贝加尔湖区风大浪急，常会出现大风和巨浪的恶劣天气，最大风速可以达到每秒60米。狂风和它掀起的巨浪不断冲击着湖岸，逐渐破坏了湖畔的植被，并使得土壤沙化。根部短小的草和灌木大多消失，只有根系发达的大树保存了下来。大风从树根下刮走了土壤，树根为了使树生存下来，便越来越深地扎入贫瘠的土壤中。尽管很多树根裸露在地表上一两米，但是树木依然茂盛，远远望去就好像树木生长的高跷上一样。人们给这些外形奇特的树起了一个贴切的名字——高跷树。

耍中幡 —— 天桥盛会传绝艺

"酒旗戏鼓天桥市,多少游人不忆家。"这句诗描绘的就是老北京天桥地区的繁荣景象。天桥是北京很多民间艺术的发祥地,是一个历史悠久的平民艺术市场。清朝康熙年间,天桥就出现了市场的雏形。在众多的艺术表演中,耍中幡、撂地摔跤等表演最受游客欢迎。

幡是旗的一种,尺寸有大小之分。中幡是一种把体育与娱乐、力量与技巧结合起来的传统体育项目。中幡起源于皇室仪仗队的旗杆,后演变成民间庙会中的表演节目。耍中幡、舞中幡是我国民间传统杂技项目,其中,北京天桥的中幡表演最为有名。

中幡是我国民间艺术的珍贵遗产,至今已有一千多年的历史。据史料记载,中幡起源于唐、宋年间,本是唐代贵族、皇室出行的仪仗,因此中幡被认为是皇家出行队伍的"眼睛"。这是由于当时皇帝出行时,长达十几里的队伍很难联络,中幡的幡竿高大,很远也能望见,由它作为瞻前顾后、照应招呼各道的标志。崇尚武技的唐代,一些仪仗兵在锻炼臂力中耍弄中幡,后来民间在迎佛走会时,也把中幡做开路仪仗。

耍中幡,是一项难度和技巧最高、最强的民间游艺,非一般人所能为之。表演者需要用头、肩、臂、肘、手、背、腰、膝、额、鼻、颔、牙、唇等部位依序托幡,在等待幡竿下来的短暂时间里,还要表演各种滑稽、舞蹈动作,并将幡竿稳稳地接住。通常一人耍幡需数人围护协助,然后你传我、我传你轮番表演,表现拿手好戏。中幡上下翻飞,翩翩起舞,预示着人们一帆风顺,健康幸福。

◆ 耍中幡雕塑(北京天桥)

早期的耍中幡有"幢幡""担幡"的叫法，在清朝中期北海公园到了冬天还有"担幡滑冰"的表演。清朝末年，天桥老艺人王小辫从宫中耍执事的哥哥处学得此艺，并将大执事改名"中幡"，变成卖艺性质的表演传入民间。王小辫之后将此技艺传给了宝三。宝三共收过4个徒弟，其中只有付顺禄一人完整继承了宝三的中幡绝技和中国式摔跤，他传给了两个儿子付文友和付文刚，才有了如今的"宝三真传天桥中幡"。

中幡的竿长一般7—9米，总长10米以上，由幡杆、伞、旗子、幡面和铃铛等组成。中幡的表演有10个套路，50多个动作，其中有传统动作如"霸王举鼎""牙箭""苏秦背剑""十字披红""封侯挂印"等；也有创新动作，如"双踢毽""萨式旋风""过牌楼"等。过去的中幡表演是一个人，现在发展为群体表演，有一定的套路，由低潮到高潮，编排有序，场面颇为宏伟、壮观。艺人们将竿子竖起托在手中，舞出许多花样，按表演动作的不同艺人们给每一个动作起了一个名称，比如将竿子抛起用脑门接住被称为霸王举顶、单腿支撑地面用单手拖住竹竿被称为金鸡独立，此外还有封侯挂印、老虎撅尾、苏秦背剑、太公钓鱼等80多个动作。

随着杂技艺人进一步提高中幡的技艺，美化幡帽的装饰，就成了一项极富民族文化特色的杂技艺术，至今在舞台上表演。相较100年前仅有的10几个动作，如今的天桥中幡经过付氏父子的改进，已经扩展到了100多个动作，包括虎口拔牙、擎天一柱、金鸡独立、燕子啄泥等。

◆ 顶碗雕塑（天桥八大怪之一——程傻子）

延伸阅读

天桥八大怪

天桥是许多民间艺术的发祥地，在北京一直是艺人的代名词。相继在这里学艺、卖艺、传艺和生活的民间艺人可分为杂耍艺人和说唱艺人两大类。最著名的就是"天桥八大怪"，他们因个个身怀绝技且言行怪异而得名。"八大怪"在不同时期各有所指，出现于清末咸丰、同治、光绪年间的第一拨"八大怪"，一般是指穷不怕、醋溺膏、韩麻子、盆秃子、田瘸子、丑孙子、鼻嗡子、常傻子等8位艺人。民国初年出现了第二拨"八大怪"，主要指的是耍蛤蟆的老头、老云里飞、花狗熊、耍金钟、傻王、百鸟张、志真和尚、程傻子8人。20世纪30—40年代，出现了第三拨"八大怪"，指的是小云里飞、大金牙、焦德海、大兵黄、沈三、蹭油的崔巴儿、曹麻子、赛活驴8人。

跑旱船——陆地依然泛轻舟

> 跑旱船,亦称旱龙船、船灯、采莲船等,为中国汉族民间舞蹈,广泛流传于中国各地,多在年节喜庆日子里表演。

关于"跑旱船",最早的文字记载见于唐代中晚期文献,距今已有1000多年的历史。南方旱船动作柔软,北方旱船动作粗犷,有时几十条旱船相互竞技,场面非常壮观。民间类似跑旱船的还有跑驴、跑竹马,是将船形改成驴形、马形。跑旱船是汉族民间舞蹈,称旱龙船、船灯等,广泛流传于中国各地,多在年节喜庆的日子里表演。

一般用竹扎成船形,糊上纸,饰以彩绸、纸花,船形下面用布围住,遮住表演者的腿脚。各地船形花样繁多,晚上表演时还要燃起灯烛。旱船一般长5—7尺,大的丈余,船中间留有表演者站立活动的空间,用布带系在表演者的肩上或腰间。

跑旱船起源很早,且说法不一,与祭祀有关。一般认为跑旱船的原形是划龙船,也就是众所周知的为了纪念屈原大夫的赛龙舟。在江水浅不能赛舟的时候,便用竹和纸扎成龙舟,鸣锣击鼓,游行于市。这种活动流传下来,形成跑旱船。

唐代已有山东旱船节目,后来发展成为用竹、木、秫秸扎成的船,套在表演者的腰间像坐船的样子,另有人拿木桨,两人一对表演,像船行水上。宋代诗人范成大有诗:"旱船遥似泛,水儡近如生。"他自注说:"夹道陆行,为竞渡之乐,谓之《划旱船》"。

宋代龙舟竞渡的风气很盛,划旱船是在陆地上表演竞渡。相传是古代沭河商埠——郯城县红花乡红花埠村渔民节庆时,把各种水上行船的生活拿到地面进行夸张处理,形成的一种虚实结合、情景交融的表演艺术。表演以两船组合,互动游戏为主,每船各有两名女子"乘舟"对歌唱舞,一名男

◆ 跑旱船(皮影)

◆ 清末跑旱船

子执篙"撑船"表演，每逢节庆日子，旱船、高跷、狮子、锣鼓等混编成队，同时演出，营造出浓浓节日气氛。这也就是"双旱船"。义县大榆树堡镇北3公里处有个叫双井子的村屯是旱船舞的主要发源地，"双井子旱船舞"也由此得名，据一些老艺人口传，旱船舞产生于辽代，舞蹈内容反映的是辽宋和亲的故事。

双人旱船舞由单人旱船发展而来，起源于清朝末年，民间跑旱船，多扮成一对渔家夫妇或父女，女在船中，男在船外撑篙或划桨，表演水中行船或捕鱼的劳动生活。撑船或划桨时则做一些技巧性动作，如"虎跳""旋子""扫荡腿"等，以示与风浪搏斗。女的手握船舷，与脚下步法配合，表现船在旋涡和波浪中起伏。湖北的采莲船，别具一格，以歌伴舞，即兴编唱，歌词内容多以吉庆为主，一人领唱，众人合唱，气氛热烈。北京延庆还有旱船会，几十条旱船同时表演，气势很宏大。

1805年，祖冲之的故乡，将原来民间跑旱船的表演形式，结合田汉先生创作的《白蛇传》和地方民间故事《金山寺》等许多情节改编而成了寺皇甫村旱船会。白娘子与许仙的爱情故事贯穿整个剧情，以当地独创的中丝调为主，蹦板腔及河北梆子为辅，形成独特的演唱腔调，表演形式有文唱、武耍、加搞笑。为了使白蛇与许仙的爱情故事更加感人肺腑，特以80岁的张老背20岁张婆的婚姻悲剧为衬托，根据当地传说的情节加入船夫的角色，船夫是东海龙王派遣的一员水将，为使白蛇与许仙早日团聚，乘风破浪，前去迎接。

随着时代的发展和表演者将更多的具有时代特征的新元素融入其中，形成各种各样的套路，使这项具有浓郁地方风情和民族色彩的民间艺术越来越被广大群众所欢迎。

延伸阅读

洛阳桥与跑旱船

关于旱船的起源，民间还有一个传说。八仙之一吕洞宾曾送给一个名叫蔡襄的读书人一幅法书，使他高中状元，作了泉州太守。这一年，泉州潮水泛滥，交通受阻，蔡襄便决定在洛阳江上修建一座桥，为泉州人民造福。可是修一座桥，要花很多钱，这些钱要从哪里来呢？这可难坏了蔡襄，终日愁眉不展，十分忧虑。南海观音菩萨知到这件事后，想要帮助蔡襄，于是变成了一个十分美貌的少女，驾着船来到泉州。泉州人们听说水中来了一位美女，都赶来凑热闹，一时间岸上人山人海。这时，少女对岸上的人说："如果谁能用银子打中我，我就嫁给谁。"纨绔子弟、公子王孙被美色所吸引，纷纷拿着银子向水中投去。一会儿工夫，银子就堆了满满一船，可是却没有一个人打中少女。后来，观音菩萨显形，把这些银子送给蔡襄，解决了经费的困难。人们为了纪念蔡襄修桥，便有了跑旱船的活动。

扭秧歌——劳动的颂歌

> 扭秧歌,又称秧歌舞,是我国最具代表性的一种民间舞蹈形式,也是民间节日中一种独具一格的集体歌舞艺术,深受农民欢迎,而且热闹非凡。

秧歌来源于插秧耕田的劳动生活,跟古代祭祀农神祈求丰收、祈福禳灾时所唱的颂歌、禳歌有一定的关系。秧歌在发展过程中不断吸收农歌、菱歌(民歌的一种形式)、杂技、民间武术、戏曲等的技艺与形式,由最初的一般演唱秧歌发展成为民间歌舞。到了清代,"秧歌"已在全国各地广泛流传。

秧歌舞具有自己的风格特色,一般由舞队十多人至百人组成,扮成历史故事、神话传说和现实生活中的人物边舞边走,随着鼓声节奏,善于变换各种队形,再加上舞姿丰富多彩,深受广大观众的欢迎,多用于传统的节日庆典,如正月十五闹元宵。

由于我国各地区风俗不同,秧歌也演变出了不同地域风情的各种形式。为了区别,人们常在前面加上地名和特征,如"鼓子秧歌"(山东)、"陕北秧歌"、"地秧歌"(河北、北京、辽宁)、"满族秧歌"、"高跷秧歌"等,南方的"花鼓""花灯""采茶",以及广东与香港流行的"英歌"。其名称虽异,但都属于"秧歌"这一类型,是从"秧歌"中派生出来的形式。

陕北秧歌,相传在北宋时期就已经有了,《延安府志》记有"春闹社,俗名秧歌"。由此可知,秧歌源于社日祭祀土地爷的活动。陕北人闹秧歌,就是图个红火。绥德、米脂、吴堡等地,每年春节各村都要组织秧歌队,演出前先到庙里拜神敬献歌舞,然后开始在村内逐日到各家表演,这就是拜年的"排门子"秧歌,彩门秧歌;正月十五有酒曲秧歌、花灯秧歌。每年正月初二三开始,几乎要闹腾一个正月天,一直到二月初二才压了锣鼓五音,去忙各家庄稼活。陕北

◆ 扭秧歌(剪纸)

◆ 扭秧歌

人秧歌的舞蹈动作丰富，豪迈粗犷，潇洒大方，充分体现了陕北人民纯朴憨厚、开朗乐观的性格。闹秧歌不仅是青年男女的事，甚至许多老汉、老太太也乐于参加，锣鼓一敲响，喉咙眼直痒痒，就想亮开嗓子唱几声，甩开胳膊扭秧歌，踢场子，自得其乐。不参加秧歌队的人就跟上秧歌队看红火，不仅在本村看，甚至跑上十里八里的山路到邻村看歌。而正月十五闹元宵，转九曲，也许就是陕北闹秧歌的最高潮。

东北的大秧歌起源于插秧耕田的劳动生活，并在发展过程中不断吸收农歌、菱歌、民间武术、杂技以及戏曲的技艺与形式，风格诙谐独特。广袤的黑土地赋予它纯朴而豪放的灵性和风情，融泼辣、幽默、文静、稳重于一体，将东北人民热情质朴、刚柔并济的性格特征挥洒得淋漓尽致。稳中浪、浪中梗、梗中翘，踩在板上，扭在腰上，是东北秧歌的最大特点。同时，花样繁多的"手中花"，节奏明快富有弹性的鼓点，哏、俏、幽、稳、美的韵律，都是东北秧歌的特色。

到了过年时不管老少都出来扭一扭，感受一下新年的氛围，而最正宗的秧歌就得是踩高跷了。高跷越高，就越有面子，而且这也是一个功夫活，一般的人踩不好，所以踩高跷的人一出来，就会引来阵阵掌声，尤其是小孩，看到那么高的人，都会大声惊叫，场面无比欢快。

满族秧歌非常有特色，其男女皆着满族传统服饰，步法有吉祥步、鹰步、马步等三种，男子动作粗犷豪放，女子动作温柔典雅，看上去更加热闹。再冷的天儿，看他们都不觉得冷。采莲船走村串户，见到什么人在家就唱什么词，例如"老者添寿、少者安宁、家事如意、四季太平、五谷丰登、七星转斗、久久富贵"等祝福的吉祥话。人家高兴了，还会给些赏钱呢。

延伸阅读

踏歌

阴山岩画中有"踏歌"的图案，大概和秧歌有一定关系，只不过那只是踏歌的雏形，它的真正兴起是在汉代。《西京杂记》中记载说，刘邦和他的夫人曾一起观赏过这种节目。"春江月出大堤平，堤上女郎连袂行。唱尽新词看不见，红霞影树鹧鸪鸣……新词宛转递相传，振袖倾鬟风露前。月落乌啼云雨散，游童陌上拾花钿。"

唐代，踏歌发展到极盛，唐玄宗曾在元宵节的晚上，在京城安福门立起了一个巨大的灯轮树，组织了上千名女子，在灯轮下踏歌三天三夜。

也许是受到踏歌的影响，我国古代劳动人民在下田插秧时，在田垄上放一面大鼓，敲得震天响。于是，田里插秧的人们就一边插秧，一边按照鼓的节奏在田里行走，还一边唱起歌来，一片快乐盎然的景象，因此发展成为了秧歌。

庙会活动——民间体育聚会

> 汉族传统庙会是由古代的宗庙社祭制度演化而来的,曾活跃于中国的广大地区,是真正活着的民俗,很多学者将其称为"中国人自己的狂欢节"。

提起中国古代的庙会,人们会联想到"庙",认为庙就是道观寺庙。顾名思义,庙会就是在寺庙附近聚会,进行祭神、娱乐和购物活动,后来人们还会在庙会上进行杂技表演,开展各项体育运动。它的渊源,可以一直上溯到古老的社祭。

在漫长的远古社会,庙会和崇神是一体的。一直到商周时期,庙会都是一种不自觉的活动。周代,王为群姓立社,称为太社,自为立社,称为王社。诸侯为百姓立社,称为国社,自为立社,称为侯社。百姓二十五家为里,里各立社,称为民社或里社。而社神是土地神,为民社的精神支柱,民众向社神祈求风调雨顺,就要进行社祭。

社祭时要有舞乐,就总少不了舞蹈、音乐。这对后世庙会上祭神、娱神以至娱人的活动无疑是有深刻的影响。所以社祭是中国庙会产生的主源。

汉代以后,佛教教义在中原大地上广泛传播,与此同时,中国本土道教也逐渐形成,它们之间展开了激烈的竞争,促使庙会向多元化转变。在佛、道二教举行各种节日庆典时,民间的各种社会组织也主动前往集会助兴,后来便开展起了如摔跤、拔河等各种竞赛式的体育活动。所以,寺庙、道观逐渐成了以宗教活动为依托的群众集会场所。

北魏孝文帝迁都洛阳后,每年释迦牟尼诞日都要举行佛像出行大会。佛像出行前一日,洛阳城各寺都将佛像送至

◆ 上海城隍庙庙会

◆ 节日体育

景明寺。多时，佛像有千余尊。出行时的队伍中以避邪的狮子为前导，宝盖幡幢等随后，音乐百戏，诸般杂耍，热闹非凡。

唐宋以后庙会的迎神、出巡大都是这一时期活动的沿袭和发展，并渐次推广到四川、湖广、西夏各地。唐宋时代中原地区居于全国的领先地位，随着经济的高速发展，舞蹈、戏剧、出巡等各种活动也越来越成为庙会上的重要项目。这些活动的趣味性和热闹程度，使原本的宗教活动越来越世俗化，群众参与性和娱乐性得到了大大加强。

元、明以后，行像之风衰落，很少见于记载。但是明代庙会又有了一个新的特点，就是"行会"或者称为"会馆""公所"的大量兴起，使庙会更加秩序化。中原地区出现"山陕会馆"，他们敬祀关羽，立祠建庙，特别是建造戏楼等祭祀场所，使庙会的影响和作用进一步扩大化。

清朝鼎盛时期圆明园曾是春节前后的热闹非常之地，宴赏各王公大臣及外国使节的活动必不可少。在长500米的买卖街上，宫廷斗鸡、皇家皮影戏等传统活动都会一一上演。

庙会大多以神话传说为主要内容，反映天地起源、人类诞生、文化发展和图腾崇拜等，跟中原地区氏族社会的生活有密切关系。比如西华女娲城庙会、淮阳太昊陵庙会、商丘阏伯台庙会、桐柏盘古庙会等，几乎可以构成人类早期社会的发展史。

与其他庙会相比，太昊陵庙会十分独特。太昊伏羲氏是中国神话传说中的人类始祖，庙会期间，"经挑班子"在太昊陵前表演一种比较原始的祭祖娱神的舞蹈，就是"担花篮"，舞到高潮处，往往吸引许多前来进香的善男信女们驻足观看。

延伸阅读

地坛庙会

北京地坛庙会始办于1985年，到2010年为止共举办了25届，以较高的艺术品位和鲜明的民族特色享誉中外。地坛庙会作为京城恢复最早的庙会，拥有地道的民俗，其中的仿清代祭地表演，是北京庙会独有的传统节目，其场面宏大，再现了清代皇帝祭地，祈求地神保佑、国泰民安、风调雨顺、五谷丰登的景象，表演从年三十到初七，每天上午10时准时上演。

另外，地坛庙会上还有京味叫卖剧、弦歌与绝活。同时，火爆热烈的民间花会也在欢歌劲舞和喧锣闹鼓中"登场"。沧州舞狮表演、山西汾西威风锣鼓、陕北安塞的腰鼓、白族八角鼓也都一一登场。另外，地坛庙会还集中了美食、年货、特色商品等。

第七讲

古代民族体育

那达慕——蒙古族体育盛会

> "那达慕"有久远的历史,前身是蒙古族"祭敖包",是草原上一年一度的竞技、游艺和体育项目的盛会。

蒙古民族在长期的游牧生活中,创造和流传下来的非常多且具有独特民族色彩的竞技和体育项目,那达慕正是这些项目展示的舞台。

历史上的那达慕,起初只举行射箭、赛马或摔跤的某一项比赛。1225年铭刻的《成吉思汗石文》说,成吉思汗征服了花剌子模,为庆祝胜利,在布哈苏齐海地方举行了一次盛大的那达慕大会,会上举行了射箭比赛。

1260年,忽必烈做了蒙古大汗,建都开平,1267年把统治中心迁至燕京(今北京市),1271年改蒙古国号为"元"。1279年灭南宋,统一了全国,那达慕活动也就更为广泛地开展起来。

清代,那达慕逐步变成了由官方定期

◆ 那达慕大会

召集的，有组织有目的的游艺活动。活动的规模、形式和内容都有了更大的变化。清代的蒙古族王公以苏木、旗、盟为单位，半年、一年或三年举行一次那达慕大会。现在的那达慕，从内容上比过去更为丰富了。在比赛项目方面，除了传统比赛项目，还增加了马术、步枪射击、柔道、摩托车表演、蒙古象棋等内容。所有的男子在这一天都要参加射箭、赛马、摔跤这三项比赛，在蒙古，这被称为男子"三艺"。

自成吉思汗以来，蒙古族男子一到成年便自然成为义务兵，其主要武器之一就是弓箭。成吉思汗统一蒙古后，虽然狩猎经济的部落逐渐转向了游牧经济，但狩猎时期长年积累下来的拉弓射箭的本领却保留下来，以防外敌侵略和野兽袭击畜群。

赛马，是现代草原上最激动人心的传统娱乐活动。赛马，是衡量草原上蒙古族男子有无本领的重要标志。赛马时，周围百里以至几百里以外的牧民，都驱车乘马赶来聚会。赛马人数，多少不等，少则二三十，多则上百人。这时，观众那成千上万的祝愿的目光，都盯在那百十匹威风凛凛的骏马身上。赛马开始时，骑手们一字摆开，个个扎着彩色腰带，头缠彩巾，英俊而又潇洒。起点和终点插满了各种鲜艳的彩旗。只听号角长鸣，骑手们便飞身上马、扬鞭竞驰、争先恐后如箭矢齐发。一时红巾飞舞，观众欢腾，声震原野。

蒙古式摔跤在蒙古草原有悠久的历史。西安客省庄出土的两件匈奴铜牌，图案中间是两个力士在摔跤。铜牌的造型和艺

◆ 成吉思汗

术，属于汉初匈奴遗物，而从摔跤图像所呈现的架势上看，大致与今天的蒙古式跤摔法同源。元代之前的蒙古族摔跤活动，具有很大的军事、体育性质，用以锻炼力量、技巧，并用摔跤来选拔擢升力士。

延伸阅读

蒙古族怎样过"白节"

"白节"，蒙语称"查干萨日"，又称"席尼吉勒"，意为新年、春节。蒙古人以白色为纯洁、吉祥之色，故称春节为白节，称农历正月为"白月"。白节首日即农历正月初一，过白节是从古代沿袭下来的习俗。元世祖忽必烈在位时，就非常重视过白节。

现在蒙古族亦把白节作为最隆重的节日。腊月三十的晚上，全家穿上节日盛装，欢聚一堂，迎贺新年，彻夜不眠。通常全家老少先烧香拜佛，然后晚辈向家长献哈达、敬酒、礼拜。初一清晨，家族亲友开始互相拜年，直到正月十五或月底才结束。

赛马节——藏北的盛大节日

> 赛马奔放着草原牧人的激情,升腾着昂扬、奋发的精神,贯通着草原熠熠生辉的文化。草原汉子的阳刚之气因此而体现,他们的生命在博大与永恒之中升华。

同世界众多游牧民族一样,藏族和马的关系非常密切。传说中马是天上的神鸟与地上的猴子(一说为湖中大鱼)结合而生。纵马扬鞭之时,确有御风飞行之妙。藏族大学者萨迦班智达也说:装扮坐骑岂不美于主人。在藏北,牧人们深知拥有一匹好马的具体意味。和人一样,马需要荣耀。所以,赛马节也可以说成是马的节日。

八月赛马节时的那曲最为喜庆热闹,也最美丽。无疑,赛马节也是一个恋爱的季节。赛马节之前,方圆几百公里各乡各地的牧民们便带着帐篷,身着艳丽的民族服装,佩戴齐各自最值得炫耀的珠宝饰物,于花海似的草原中一路踏歌而来。一座座帐篷一夜之间便挤满了那曲赛马会场四周,直至连成一片蔚为壮观的"城市"。物资交流,文艺汇演,各种民间体育如拔河、跳远、抱石头等活动的举行令这座城市实有其名。

正式比赛之时,虔诚的骑手们都要先绕着巨大的焚香台转圈以示敬意,接受德高望重的喇嘛的祝福。这可以看作是英姿勃发的骑手和披红挂彩装扮一新的参赛马

◆ 辽阔的藏北地区

◆ 美丽的那曲草原

匹的亮相。赛马道两侧观众的呐喊与喝彩声，在催马疾驰之中轰天彻地似的响成一片，不绝于耳。

赛马节赛程长短不一，多在十公里左右。按选手年龄还分有儿童、成人等种类，按比赛内容则分为马上射箭、打靶、竞技、短道冲刺、马上拾哈达、献青稞酒等，有时还包括有类似于盛装舞步的走马赛。那曲乃至整个藏区的赛马并无严格划一的裁判制度，形式较为自由，带有浓厚的表演意味。但夺冠马的名字却会迅速传遍草原，名声甚至远远超出其主人。这些以"世界之星""黑色闪电""草原雄鹰"等命名的宝贝一样的骏马因夺得好的名次而进入故事与传奇，供人传颂。身负夺冠重望的赛马早在冬季来临之前便进入调养，赛手们奉以最精的饲料，不惜天天给马沐身打理，百般呵护之至。往往一匹好马可以牵动一家甚至一个乡村的人们为之幸福地忙碌。

古老而又享有盛誉的那曲赛马节是藏北无以替代的旅游观光项目。选择夏季游西藏的游客切不可错过。那曲、安多一带是最能体验藏北牧民生活的地区。

延伸阅读

汗血宝马

中国对"汗血马"的最早记录是在2100年前的西汉。汉初白登之战时，汉高祖刘邦率30万大军被匈奴骑兵所困，凶悍勇猛的匈奴骑兵给汉高祖留下了极深的印象，而当时，汗血宝马正是匈奴骑兵的重要坐骑。

汉武帝元景四年（前112）秋，有个名叫"暴利长"的敦煌囚徒，在当地捕得一匹汗血宝马献给汉武帝。汉武帝得到此马后，欣喜若狂，称其为"天马"。并作歌咏之,歌曰："太一贡兮天马下，沾赤汗兮沫流赭。骋容与兮万里，今安匹兮龙为友。"

仅有一匹千里马不能改变国内马的品质，为夺取大量"汗血马"，西汉政权与当时西域的大宛国发生过两次血腥战争。

第七讲 古代民族体育

斗牛节——苗侗族的体育盛会

> 云南的苗、侗等民族长期以来用牛耕作，与牛结下了深厚的感情，形成了对牛的崇拜心理。至今保留着一种古老而有趣的节日——斗牛节。

斗牛，传说中是一种虬龙，据《宸垣识略》载："西内海子中有斗牛……遇阴雨作云雾，常蜿蜒道路旁及金鳌玉栋坊之上。"传说斗牛是一种兴云作雨，镇火防灾的吉祥物。金秋之后，村民为了感谢牛为农家犁田、耙田，使村里五谷丰登，便以斗牛的方式表达自己爱牛、敬牛、崇拜牛的特性，以加强各民族之间的交流、了解、团结，增进友谊，丰富业余文化生活。

云南省很多苗家山寨都有一个盛大的斗牛节日，它是苗族最大的喜庆节日。斗牛会场一般设在四周有茂密森林的平坦草地上。届时，苗家山寨人民穿上节日盛装，唱着山歌，牵着条条斗牛蜂拥而来。

斗牛开始，人们把参加比武的牛一齐放进斗牛场，顿时，几十条斗牛狂怒互相挑战，寻找对手，互相顶斗，斗败者拔腿就跑，胜者紧紧猛追，直到败者逃出战场，逃入人群，胜者又才返回斗场内再次寻找对手。第一回合的失败者都逃走了，胜者间又一次展开恶战，失败者又逃走。第三轮胜利者之间又展开格斗，直到最后剩下一对。这是斗牛中最精彩的决斗，此时两牛实力相当，一个回合比一个回合更凶猛，恶战一次比一次更激烈，有的一直斗数小时不分胜负。这不仅是比力气的决斗，也是比斗技的决斗，它们互相寻找对方薄弱处和致命处，勇猛冲杀，两对牛角互相碰击，震耳欲聋。有时它们头顶头，相持数十分钟，肌肉崩得几乎要爆裂；有时格斗直到日

◆ 苗族斗牛节

落，直至其中一条牛败下阵来逃走方休。得胜者昂首在场中，主持人给它戴上大红花，由它的主人牵着绕场一圈，观众纷纷喂给它染红的鸡蛋和节日的饭菜，向它身上撒去无数的鲜花。

晚上，人们就在斗牛场上燃起篝火，青年男子吹起芦笙，姑娘们翩翩起舞，老年人讲说着古老的传说故事，人们通宵达旦地欢庆着。

侗族"斗牛"盛行于黎平、榕江、从江、锦屏等地。每个村寨都饲养有专供比赛用的"打牛"（均为水牯牛，称"水牛王"）。"牛王"的圈多建在鼓楼附近，干净通风，号称"牛宫"。

牛王不事生产，有专人割草送水拌料伺候，还要时常供给猪油、蜂蜜、米酒等食物。牛王膘肥体壮，犄角粗大尖利。每头牛王还都冠有响亮的名字，如"猛虎王""霹雳王""春雷王"等。

每年农历二月与八月的亥日是侗族的斗牛节。节前年青人吹着芦笙到其他村寨去"送约"，邀请对手。"送约"之后，便来到"牛宫"前吹奏芦笙，敬祭三日，谓之替牛"养心"。斗牛场地多选在四面环山，可容纳万人以上的山谷或坪坝中，也有的在专用"打牛塘"（水塘）中进行。到了节期，斗牛场周围，人山人海，彩旗招展，锣鼓喧天，热闹非凡。

正式比赛前，参赛的"牛王"在欢声笑语和芦笙乐曲的伴奏下，开始"踩场"。一青年手举写有"牛王"名字的"马牌"（60余厘米见方的木牌）走在前面，昂首挺胸，"牛"气十足。"马牌"后紧跟举着木制"兵器"的卫队和鼓乐队。"牛王"犄角上镶佩铮亮的铁套，头披红缎，背"双龙抢宝"牛王塔，塔上插有4面令旗和两根长长的野鸡翎，像古代的将军一样威风凛凛。牛脖上还挂着一串铜铃，叮当作响。"踩场"结束后，牛王退场。三声铁炮骤响，笙鼓齐鸣，斗牛正式开始，牛倌将燃着的火扔到"牛王"前边，放开手中缰绳，两牛便打斗到一起，观众齐声呐喊，为之加油助威。到了预定时间，两牛仍打得难解难分时，双方即用绳索套住牛后腿拉开，是为"平局"。此活动不为输赢，只为庆贺风调雨顺，人畜兴旺。

延伸阅读

中国斗牛

黔东南的许多村寨，每年择期或在重要节日举行斗牛比赛（当地俗称"牛打架"）。斗牛之牛，都是专门精心饲养的，不从事耕地、拉车、推磨等劳作，均为雄性水牛，分为宽角、窄角两个级别。斗牛赛制，先为淘汰赛，决斗时改为单循环赛，最后胜出者为年度牛王。斗牛场面十分惨烈，动人心魄，观众少则数百，多则数万。侗族人民还在斗牛比赛的基础上，创造了一种名为古式斗牛的舞蹈。

我国回族也有斗牛的传统项目。表演开始，斗牛者着紫红色披风，上身着单肩坎肩，右侧胸、臂裸露，下身穿黑色灯笼裤。一头壮黄牛被牵进场来，斗牛者脱去披风，开始挑逗黄牛，用鞭抽打，使它发怒。黄牛红眼冲来，斗牛者挺身迎上，顺势抓住牛角，和它来往格斗，使牛体力消耗，然后使出绝招，用力将牛摔倒在地。

刁羊——哈萨克族体育项目

> 刁羊是哈萨克族的一项传统体育运动，多在节日或是喜庆日子里举行。它既是力量的较量，又是智慧的竞赛；既比勇敢，又赛骑术，深受哈萨克族人民的喜爱。

刁羊是我国西北部牧区少数民族——哈萨克族特的一项传统体育运动，参加者既需要有强健的体魄、娴熟的马术，还需要有勇敢的精神。剽悍的哈萨克、蒙古、柯尔克孜、塔吉克等民族常年放牧在大草原上，尤其是转场的时候，为了保护畜群，经常要同恶劣的天气、凶猛的禽兽顽强搏斗，在暴风雪中寻找失散的牲畜。他们一边应付紧急情况，一边把百十斤重的羊俯身提上马背，驮回畜群。久而久之，这种别具一格的技艺演变为精彩激烈的刁羊大赛。

刁羊活动对抗性强，争夺激烈，又集勇猛、顽强、机智于一体。比赛场面盛大，扣人心弦。刁羊比赛一般分为三种方式：

第一种是分组刁。被刁的羊要预先割掉头，扒掉内脏，放在场地中间。参赛者10人左右为一组。主持者一声令下，两队骑手急驰而去，马快且马术好的就把羊抄起来提着夹在镫带下或驮着不住地奔跑，其他人追赶抢夺。经过反复的争夺，当某队最后把羊放到指定地点时，就算获胜。每队都有冲群刁羊、掩护驮遁和追赶阻挡等分工，而且讲究战略战术。队友一旦夺得羊，其他同伴有的前拽缰绳，有的后抽马背，前拉后推，左右护卫才能冲出重围。它既需个人娴熟的技巧，又要集体的密切配合。

第二种是两人单刁。每对派出两个代表将羊抄起开始抢夺，或者由另一个人拿起羊，让这两个代表去抢，听到号令后开始刁羊。两个

◆ 哈萨克族刁羊活动

◆ 哈萨克族毡房

人在马上奋力拉扯争夺，谁最后夺到羊，谁就为胜。

第三种是群刁，就是骑手们不分队，多人策马争夺，谁最后夺到羊，并放到指定地点谁就为胜。

哈萨克族刁羊，用的是山羊，两岁左右。在刁羊比赛开始前，他们把山羊宰杀后，割去头部，扎紧食道，取出内脏，有的还放在水中浸泡或往羊肚里灌水。这样比较坚韧，不易扯烂。

最早是各部落推出选手参赛，以选手胜负，卜算部落吉凶，后来，此项活动成为挑选兵丁测试和训练的项目，进而演化为群众性的体育竞技活动。现在则成了盛大的庆祝活动，每逢这样的时候，哈萨克族同胞都要在牧区、草原举行激烈的马背竞技活动。

当马跑到最后一圈胜负已定时，一位德高望重的老人骑马跑向获胜者，牵住他的马缰，高呼获胜选手的部落名称。"有了好骑手，骏马生双翼。"优胜的马匹总是受到赞扬，被誉为"拜盖阿特"，意思是最好的马；优秀的刁羊手是受尊敬的，会得到十分丰厚的奖赏，被誉为"草原上的雄鹰"。为了鼓励跑完全程的小选手，最后一名也会获得纪念奖。

刁羊活动一般在夏季举行，为哈萨克族、塔吉克族、柯尔克孜、锡伯、维吾尔族等民族所喜爱，近几年来，逐渐有妇女参加。总之，刁羊是一项非常有价值的传统体育项目。

延伸阅读

哈萨克族

哈萨克族是中国的少数民族之一，人口约1600万，主要分布于新疆维吾尔自治区伊犁哈萨克自治州、木垒哈萨克自治县、巴里坤哈萨克自治县、甘肃省阿克塞哈萨克族自治县，使用哈萨克语。

哈萨克族拥有丰富灿烂的游牧文化，哈萨克族人民在生产生活中创造了丰富多彩的文化艺术。文学包括书面文学和口头文学，后者的地位十分重要。牧民们在相互交流与联系中，将不同部落的杰出口头民间文学加以传承和发展，使之日益丰富。据统计，哈萨克族约有200多部长诗，代表作如《英雄塔尔根》《阿勒帕米斯》等。史诗有《萨里海与萨曼》《阿尔卡勒克英雄》等。哈萨克族工艺美术丰富多彩。妇女会制作毡房、毛制品和服饰。金银、玉石制作的各种装饰造型艺术也非常发达。哈萨克族是爱好音乐，能歌善舞的民族，音乐与舞蹈文化也非常兴盛。

第七讲　古代民族体育

抛绣球——壮族体育运动

一只绣球记录了壮乡千百年历史，引出了无数诗画般美好的传说。千百年后的今天，抛绣球仍然被壮乡人完整地传承下来，成为壮族人民的传统体育活动。

抛绣球是壮族人喜闻乐见的一项传统体育项目。它的历史悠久，最早记载于2000年前绘制的花山壁画上，但当时用的是在狩猎中的兵器青铜铸制"飞砣"，后来，人们把飞砣改成绣花布囊，互相抛接娱乐。随着历史的发展，抛绣球逐渐演变成为壮族青年男女表达爱情的方式。

绣球为圆形，布面，绣有花鸟，内装木棉花或豆、米等，四角缀以彩色布带，供手握抛掷。每年春节、三月三、中秋节等传统佳节，壮族人民都要举行歌圩。男女青年相邀聚集在田间、河畔，他们分成男女两方，拉开适当距离，互相引吭高歌，用歌声来表达问候、增进了解，歌词内容广泛，涉及理想、情操、农事等。对歌有问有答，丝丝入扣，如果姑娘对哪位小伙子中意就把绣球向意中人抛去；如果小伙子看上了这位姑娘，就在绣球上系上自己的小礼物，回赠女方，馈赠愈重说明小伙子对姑娘的情意愈深。姑娘接住小伙子的礼物时，若收下，就说明她接受了小伙子的追求。

还有一种方式是在比赛场上竖一根3丈高的木杆，上有一块方板，中间开10厘米大小的洞口作为投掷目标。参赛者手持飘带将绣球抡起旋转，看准目标后掷出，投中过孔者为胜。

现在，抛绣球作为正式的少数民族传统体育比赛项目，它要求有专门的比赛用球和比赛场地。抛绣球比赛要求有两名参赛队，每个参赛队分别由五名男女队员组成，比赛分上下半场，每半场20分钟。比赛时，

◆ 绣球

◆ 精美绝伦的壮族织锦

将绣球抛过杆上直径为1米的彩环就可得分,得分最多的球队即胜出。

比赛时由裁判长带领比赛的运动员与裁判员认识,由裁判员发给运动员绣球,队员分别站在两边的投球区内,待裁判员、运动员做好准备,裁判长鸣笛开始比赛。运动员投圈后飞快捡起自己专用的球反向投圈。中圈一次得1分,如果投球时运动员踩到控制线、越出投球区或拿别人的球投,一次扣1分。

抛绣球比赛是在无防守、无进攻的情况下进行的,因此要抛过规定的高度,运动员除了具有很好的个人技术之外,必须具备良好的心理素质和准确的判断力。抛绣球时通过手握提绳转腕,使球获得一定的初速,速度由慢到快,当达到最快的匀速状态时,手臂大绕环一周,顺着球的惯性,根据自身与木杆间的距离、位置,选择合适的出手角度,伸臂,抖腕,送球出手,绣球只有获得合适的速度及角度才能以抛物线的轨迹,顺利准确地穿过所设置的彩环。

抛绣球作为壮族人民的传统体育活动,有着广泛的群众基础,实用性和趣味性,无形中增强了此项目的吸引力。抛绣球技术动作简单,易于掌握,它能促进人们的友谊,起到以球传情、以球传神的作用,其中的奥秘不可言喻,只有加入这项活动才能体会到它的魅力。

抛绣球不但具有社交娱乐的作用,而且能锻炼人的体力、意志,提高人的灵敏性和身体素质,还能培养果断、坚毅、自信和积极向上的高尚品质和情操。

延伸阅读

绣球之乡——旧州

旧州,古名那签,位于广西壮族自治区靖西县城南9公里处。这里历史悠久,山水如画,具有浓郁的壮族风情,人们把旧州称为绣球街,这是因旧州自古以来以制作绣球闻名于世,素有"壮族活的博物馆"之称。旧州街有500多户人家,家家户户都会制作绣球,其绣球以结构独特,选料讲究,且全部手工制作,小巧玲珑,色彩鲜艳,堪称广西绣球之上品。过去绣球是壮族男女青年相爱传承的信物,改革开放以来,旧州街群众把绣球作为旅游工艺品推向市场,使绣球随着游客飘洋过海,产品远销欧美各国。

跳板——朝鲜族体育运动

> 跳板作为一种体育竞技游戏，是朝鲜族妇女普遍喜爱的游戏之一，历史悠久，一般在元宵节、端午节和中秋节等节庆时举行。

传说古代朝鲜妇女受封建伦理道德束缚，整天闷在自己家的院子里，不准出大门。为了看看院外的世界，她们只好在院内墙根处支起跳板腾空跃身，偷看院外的风光。还有一种说法是，古时有两个男子无辜被囚，他们的妻子为了能看到高墙内牢狱中的丈夫，便想出利用跳板将人抛向空中的办法。这种传说表现了人们反封建、争自由的美好愿望。

朝鲜族妇女特别喜爱以蹬跳为特征的全身性运动游戏，流传于吉林、黑龙江、辽宁等省朝鲜族聚居地区的跳板运动，多在元宵、端午和中秋等节日举行。伴随着有节奏的踏跳，身着彩裙的朝鲜族少女，优美地在空中表演旋转、空翻等各种动作。这个传统娱乐活动后来发展为朝鲜族运动会的一个主要体育比赛项目。

跳板运动的跳板长5.5米、宽35—40厘米、厚5—6厘米，大多用木质坚硬又极具弹性的柳木板制成。跳板中央的下面放一"板垫"，使木板两端可以上下活动。"板垫"多用稻草捆，用草袋装满土亦可，高度以30厘米为宜。跳板中间有一个支点，跳时两人分别站在两端，轮流起跳，利用跳板的反弹力把自己和对方弹向空中。这样反复地一起一伏，奋力向上跃起，不断增加腾空的高度并做出各种花样动作。跳板靠两人协调合作，有时边跳边唱，一人唱，一人和。

跳板的跳法也多种多样，有腾空而起，

◆ 朝鲜族服饰

◆ 朝鲜族跳板

翻滚而下的动作；有跃身曲体，双腿伸开，落地垂直的动作；有挺胸展臂，双腿叉开，落地合拢的姿态。跳板靠两个人的协调合作进行。

跳板比赛有比抽线拉高和比表演技巧两种。抽线是在规定时间内，以腾空者将系在脚脖上的线抽拉出来的长度定胜负。表演有规定动作和自选动作，自选动作可手持扇子、圈、花环等进行，由裁判员按其所做动作的难度、完成的质量及姿势优美的程度来评定分数。而表演，则要看高度，空中的动作、姿态和技巧。能做出空翻跳、跳藤圈、舞花环、挥彩带等惊险、高难度而又优美动作者常能受到众人的赞赏，赢得比赛的胜利。裁判员一般二至四人，删去最高最低分，取其中间平均数。

跳板运动是一种健康的传统体育运动，历来深受朝鲜族人民的喜爱，参加跳板活动不但需要胆量，而且需要智慧和技能。观看跳板活动则会令人赏心悦目，拍案叫绝。

延伸阅读

朝鲜族民族体育

朝鲜族人民热爱体育运动。除了其特色运动跳板外，还有摔跤、荡秋千、踢足球、铁连极、顶瓮竞走等运动。其中铁连极是朝鲜民族的武术运动，有500年以上的历史，武术套路以器械为主，其中"铁连极"为著名器械。在一根齐肩高的棍端，有一圆环，环上套连着三根并列成放射状的短节，长度尺余，舞动起来双手握棍，风格勇猛，控制范围大，有砸、抡、扫、缠、盖、架、格等技法，配合多种身形，异常精彩。顶瓮竞走是朝鲜族传统体育活动，主要流行于吉林省延边朝鲜族自治州，常在劳动之余举行，参加者均为女子。比赛开始前，参加者先头顶一盛有10斤水的瓦瓮，站在出发线上，裁判员发令后，即快步疾走，每次赛程为100米或200米。走时，以瓦瓮不倒、水不溅出和最先到达终点者为胜。

达瓦孜——维吾尔族绝技

> 达瓦孜是维吾尔语,达是悬空的意思,瓦孜是嗜好做某件事的人。达瓦孜这个名字既指"高空走绳"这门艺术,又指从事这门艺术的人。

高空走大绳这项活动在中国由来已久。中国的史籍上和各朝各代的出土文物都有大量走绳的记载和佐证。汉墓中出土的画像砖、唐人的记述、宋人的笔记、明清的文献上都可以看到"走索""高纼""蹬绳""踏索""踩软绳"等。这种记载描述通常分为两类:一种绳上艺人的表演不举平衡杆,绳上的技巧也不复杂,而且大部分是女性表演。另一类则艺人举平衡杆,从绳子在地面上的末段上绳,绳上技巧变化多端。

达瓦孜不同于普通的走大绳,它的历史也颇具传奇色彩。最早的记载出现在《突厥语大词典》,这本书成书于1072—1074年。

这种活动形式之所以流传于世,是来自一个传说。古时候,维吾尔人民居住的一个地方出现了一个妖魔,它从空中来去,残害百姓,黎民叫苦不迭。这时,有一位英武少年,见义勇为,他在平地竖起一根30米高的木杆,用一根长约60米的绳索从木杆顶端连接地面,然后踩升而上,与妖魔搏斗,终于将其杀死,为百姓除了大害。从此,高空走绳就流传并发展起来,成为维吾尔族的娱乐形式。

"达瓦孜"表演多在喜庆节日期间举行,高空走绳表演惊心动魄,兼有体育和杂技的双重特点。它的表演场地独特有趣,多在露天进行,首先选择一个空旷的广场,表演之前,先要在运动场上栽上20余米高的木杆,中间隔开距离,再用一根长约60米、手

◆ 维吾尔族服饰

◆ 达瓦孜

腕粗细的麻绳，一端系在木杆顶，另一端系在埋入地下的木桩上，通过各个木杆的顶端，把大绳绷紧，形成一个由低向高坡度不同的直线。

达瓦孜表演其特点是把多种多样的杂耍技艺搬到数十米高空的绳索或钢丝上演练。男女青年"达瓦孜"个个身手不凡，在新疆民族鼓乐的伴奏下，踏着轻快的步伐，直通高杆的顶端，不系任何保险带，只是手持长约6米的平衡杆用以保持身体平衡。在行进中，还要在绳索上做各种表演，时而侧身、时而倒退、前后走动、盘腿端坐、蒙上眼睛行走、脚下踩着碟子行走、飞身跳跃等一系列惊心动魄的技艺，并可以表演高空坠人、踩碟走绳等惊险动作，整个表演非常惊险。

传统的达瓦孜艺人是赤脚表演，靠脚上常年走出来的茧子和绳子接触的感觉掌握平衡。在绳上，达瓦孜艺人不仅可以表演前进、后退、蹦绳等简单的技巧，还可以表演蒙眼走、盘腿坐绳、骑绳等高级技巧。有的时候，他们还故意假装单脚或者双脚踩空，像是要摔下来，却在下落的瞬间，双腿夹绳，安然无恙。

延伸阅读

传承的难题

达瓦孜历史悠久，技艺独特，在高空杂技节目中独树一帜，深受观众欢迎，在中亚、日本、法国等地也广为人知，影响深远。但是，目前达瓦孜技艺的传承出现困难，高难度、高危险的表演要求从艺者具备极强的身体平衡能力和良好的心理素质，因此即使是有兴趣学习者也往往难以达到项目既定要求，由此造成达瓦孜传人难觅的状况。再加上现代文艺娱乐活动的冲击，达瓦孜的演出市场近于萎缩，这一古老杂技艺术日益陷入濒危局面。

目前新疆吾守尔家族是仅存的一个达瓦孜家族，他们从事达瓦孜表演已经有430多年的历史，作为家族的第六代传人，阿迪力用他的勇气和信念延续了这种艺术文化活动和达瓦孜精神。

第七讲 古代民族体育

珍珠球——满族的篮球

> 满族珍珠球是一项源自满族生产劳动的传统体育娱乐活动,玩法与篮球类似,现已成为第二批黑龙江省非物质文化遗产项目。

满族珍珠球原名采珍珠,满语为尼楚赫,至今已有近400年的历史。远在清太祖时期,满族青年男女在河水中采珍珠,劳作、丰收之际,在陆地上用"绣球"比作大颗珍珠,把满族的渔猎生活演化成至今的珍珠球竞技。这是一项集体项目的竞技,双方各寓意珍珠精和采珠人,以得分多少决定胜负。该项目从一个侧面反映出满族人民从渔猎生活到农牧生活的演进过程。

据史学家考证,牡丹江流域是满族先民肃慎族的发祥地,在古代,满族先民在牡丹江里经常采珍珠。在满族人的心里,珍珠是光明和幸福的象征,是稀世珍宝。据满族老人讲,捞珍珠要由两个人配合完成。一个人站在岸边把一根长杆插向河底,用力顶着;另一个人顺着杆子潜入水中,左手抓着杆子,用右手去捞河蚌。

据《宁古塔纪略》中记载,牡丹江一带出河蚌、珍珠极多。特别是在牡丹江西岸的海浪镇伊兰岗村一带。宁古塔的珍珠个

◆ 牡丹江风光。早期满族人生活在牡丹江流域,在那里捞珍珠,创造了珍珠球这一竞技性的运动。

大，色泽晶莹且有一个月牙图案，多被清朝官员镶嵌在顶戴和衣服上。在不断的生产活动中，满族先民便在劳作之余发明了模仿生产活动的儿童游戏和体育活动——"采珍珠"，即后世的"珍珠球"。

最初的珍珠球是在水中进行的，是满族先民象征性地捕捞河蚌的竞赛，用绣球代表珍珠往筐里投，两名青年各执两片大河蚌壳，阻止对手将珍珠投入篮中，投中多者获胜。后来才从水上转到陆地，在康乾盛世时期，从八旗官兵到寻常百姓，珍珠球活动开展得相当广泛。

珍珠球的比赛场地是一个长方形的坚实平地，场地长28米，宽15米，场地四边用线条标出的界线为白色，线宽5厘米。场地内设水区、限制区、封锁区、隔离区及得分区，各区用颜色显示。

珍珠球的外壳用皮革或橡胶制成，内装球胆，表面为白色。球拍为蛤蚌壳形状，用具有韧性的树脂材料制成，颜色与蛤蚌壳颜色相仿。抄网兜口为圆形，网兜用细绳制成。

珍珠球竞赛分上下两个半场，每半场20分钟，中间休息10分钟。每场比赛由两个队参加，每队上场7名队员，水区内双方各有4名队员负责进攻和防守。进攻者可将球向任何方向传、拍、运、滚，目的是向抄网投球并得分。封锁区内双方各有两名持拍的队员，用封、挡、夹、按等技术动作阻挡进攻队员向抄网投球。每队有1名抄网队员，在得分区内活动，用抄网抄本方队员投来的球。抄中一个球得一分，累计抄球多的队为胜。

珍珠球是一项具有激烈的对抗性、高度的技巧性、严密的组织性和丰富的趣味性的运动。以跑、跳、投、传为主的珍珠球活动，在康乾时期开展得最为广泛，至少比篮球运动早200年。到了晚清，列强入侵，内外交困，民族体育日渐衰败，珍珠球活动也几乎到了失传的境地。

延伸阅读

满族体育舞蹈

满族人能歌善舞，集体性质的体育舞蹈非常发达。比较出名的有隆兴舞、秧歌舞、莽式舞、腰铃舞、庆隆舞、大五魁舞、单鼓腰铃等。满族的舞蹈多由狩猎、战斗的动作演变而来。如隆兴舞，要选一些身体强壮的人，穿豹皮唱满族歌，伴以箫鼓。舞者一半人扮作虎、豹等兽，一半人骑假马追射，称作"隆庆舞"。逢喜庆宴会，主、客男女轮番起舞，举一袖于额，后一袖为背，盘旋进退，一人唱歌，大家呼"空齐"相合。秧歌舞多于上元夜表演，舞者十数人或数十人不等。表演者各持尺把长两圆木，边击边对舞。莽式舞分男莽式和女莽式。跳莽式必有歌唱和，一人领唱，众人以"空齐"之声相和，加强节奏，故也有人称之为莽式空齐舞。腰铃舞由数名腰系铜铃男子表演。表演时打着响板，扭动腰铃，使板声、铃声相和。庆隆舞是在丰收年景和庆祝大典中进行的一种场面性舞蹈，是清朝宫廷舞蹈中最具满族特点的舞蹈，留有民间舞蹈的深刻痕迹。舞蹈规模颇大，包括乐器伴奏多达百人。大五魁舞源于满族早期的狩猎生活，多于丰收、狩猎归来时表演。该舞蹈由五人分别头戴虎、豹、熊、鹿、狍的面具做拟兽的跑跳动作，欢快有趣。单鼓腰铃系艺人们口头的称呼，亦称"打单鼓子"，是一种腰缠许多小铃而舞的祭祀舞蹈。

波依阔——达斡尔族的曲棍球

> 达斡尔族史称"打虎儿""达乌尔"。17世纪以前,达斡尔族已在黑龙江北岸结成村落,聚族而居,是当地经济文化最发达的民族。

17世纪中叶,沙俄入侵黑龙江流域,江北的达斡尔族被迫南迁,初至嫩江流域,后因清政府征调青壮年驻防东北和新疆边境城镇,才形成了现在的分布状况。达斡尔族有自己的语言,但无本民族文字,现在达斡尔族基本上通晓汉语和汉文,与蒙古族杂居的达斡尔族,大部分通晓蒙古族语。达斡尔族民间体育项目很多,曲棍球、颈力比赛、摔跤、射箭、拉棍、放爬犁、棒打兔、滑雪和围鹿棋等都是达斡尔族民间常见的体育项目。其中以曲棍球运动最具代表性和竞争力。

达斡尔人的曲棍球运动有着相当长的历史。早在辽代,达斡尔人的祖先——契丹人中就曾盛行与现代曲棍球十分相似的一种体育运动。在北方各民族中,只有达斡尔人保留发展祖先的曲棍球项目。千百年后的今天,曲棍球运动在达斡尔族中广为流行,而且有了新的发展。每逢节日和婚嫁喜庆之日,青年人都要组成球队进行曲棍球比赛。

达斡尔族语称曲棍球为"波列",称曲棍为"波依阔"。一般用"波依阔"代表曲棍球运动,是达斡尔族最具代表性的传统的体育项目和最受人喜爱的传统体育活动。

曲棍球在达斡尔族民间有着悠久的历史,数百年前便开始流传于达斡尔族民间。据考证,早在辽代契丹人中曾十分盛行。

特别是在近几十年来,曲棍球这项体育活动,已经是达斡尔族日常生活中最常见的群众性体育活动了。所以,莫力达瓦达斡尔族自治旗已被大家公认为我国的"曲棍球

◆ 达斡尔族服饰

之乡"了。

民间现在使用的曲棍球有三种，而三种曲棍球各有各的不同用处。小孩玩的是软球，用牛毛沾上水手工团成，具有重量轻、有弹性的特点，不致使小孩在玩球时受到伤害；成人玩的曲棍球是硬球，用杏树根块削成，有坚硬、耐打的特点，多用于比赛；还有一种曲棍球，是将杏树根块掏空，在上面钻数目不等的小孔，填以油质或将球浸泡在油里，是专门为夜间比赛或表演使用的。

用油浸过的曲棍球，在使用前要先把曲棍球点燃，成为一个火球，在双方争打中，火球在场上飞来飞去，犹如游龙戏珠，景象非常壮观。

曲棍球的比赛场地大小与足球场地相似，球场两边分别竖起两根柱子作为门框；参赛双方各为11人，1人守门，2人后卫，其余队员负责进攻。

比赛时，选手用一根带拐弯的木棍运球、传球和击球，将球射入对方大门得分，以得分多少分胜负。

现代曲棍球与我国达尔族民间波列的比赛规则、参赛双方的阵容都十分相似，所以现在莫力达瓦达斡尔族自治旗，已把曲棍球列为当地民间体育活动的重点项目，1972年便成立了旗曲棍球队，并列为正式竞赛项目。中小学体育课程也将曲棍球运动列为教学内容。

十多年来，达斡尔族曲棍球的技术不断提高，为国家培养出一批又一批的运动员。其间由莫力达瓦运动员组成的内蒙古曲棍球队，曾蝉联三届全国冠军，先后有28人

◆ 现代曲棍球运动

次的达斡尔族运动员，代表我国到日本、新加坡、巴基斯坦等国进行过访问比赛。

延伸阅读

达斡尔人的体育活动

达斡尔人拥有历史悠久的渔猎文化，造就了他们独具特色的民间体育，与民众生产生活息息相关的体育活动，强化了达斡尔人的剽悍性格。在达斡尔民间体育活动中，有适应狩猎生产和抵御外来敌人的武装斗争需要而兴起的射箭运动，有摔跤、扳棍、颈力赛等极为普及的体育活动。

狩猎业曾经是达斡尔族最古老、最重要的生产活动之一。在长期的生产实践中，达斡尔人积累了许多狩猎方面的知识与经验，如下套子、设陷阱、放地箭、打围、鹰猎等等。

20世纪初，在燧发枪和现代步枪等武器传入达斡尔族地区之前，弓箭和扎枪是他们狩猎的最主要工具。这些工具原始、简陋，命中率不高。为了保证人身安全、提高狩猎生产的效率，达斡尔人便逐渐摸索，形成了众人集体围猎，即"打围"的狩猎方式。这种方式多以"哈拉"（氏族）为单位，由一名经验丰富的"阿围达"（围猎长）统一指挥进行。具体方法就是参加围猎的众人按圆形分布，把预定的猎物包围后，慢慢搜索前进，逐渐缩小包围圈，最后将被围困的貂、狍、鹿、野猪等动物射杀。

竹杵舞——高山族的体育运动

> 早在1700多年前，木杵就与木鼓一起被高山族先民用于集会号召。高山族人民舂捣稻谷时，木杵碰击石板发出如钟似磬的铿锵音响，最终演变成一种体育活动。

勤劳质朴的高山族人民，居住在景色秀丽的台湾岛，这里有碧波荡漾的日月潭，有云雾缭绕的阿里山，山川清秀，风光多姿。高山族有着悠久的文化艺术传统，不论男女老少都能歌善舞。

乐杵是由原来的一种舂米劳动工具——木杵发展演变而成的。臼有木臼和石臼两种。用木杵撞击石臼或木臼，其间的稻谷则脱粟成米。

在日月潭南岸的高山族邵部族地区，人们舂捣稻谷时，常在屋内地上挖一个直径一米左右的洞穴，穴底放置一块较厚的硬石盘，石盘上放稻谷（平埔部族放于石臼内），数名姑娘或妇女站立四周，各持约两米长的木杵舂米，一边舂米，一边唱起曲调悠扬的"杵歌"。

台湾宜兰县苏澳镇南澳乡泰雅部族的杵歌，实际上是一首舂米号子。木杵还在高山族祭典中使用，雅美部族的丰年祭中，妇女们以杵击臼作为礼仪，这种击杵只有节奏而无曲调，一边击杵一边唱丰年祭歌，以此来祭祀和庆祝丰收。赛夏部族有迎灵仪式，由祭司带领众人肃立唱迎灵歌，届时将臼倒放滚出屋外，一童女将谷倒入臼中用杵舂谷，歌毕舂也止。

竹杵舞是流行于竹乡文化古镇贡川的一种热情奔放、韵味淳厚的民间舞蹈。关于"竹杵舞"的来历，则与一个流传在当地民间的古老故事有关。相传在远古时代，在这里生活的竹农经常受到邻近部落的侵扰，他们之间经常会发生战斗。有一

◆ 高山族雕像

◆ 高山族竹杵舞

次,他们的族长姜七公战败,被敌人重重围困于茂密的竹林中,难以脱身。在内无粮草、外无救兵的紧急情况下,姜七公与他的部下决定点燃竹林,与敌人同归于尽。大火燃起,竹子爆裂,发出噼噼啪啪的炸响,围困的敌人看到烟雾腾起,响声阵阵,以为姜七公在施展什么妖术,于是慌忙撤退,姜七公和他的部下遂得以生还。在家的妇女们忙舂米做糍粑,祝贺胜利。姜七公认为是祖先神明附体于竹林,才解救了大家,于是就告知族人世世代代勿忘竹子的救命之恩。此后,贡川的村村户户,每逢添丁、婚嫁、寿辰等吉日时,都要打糍粑,互祝吉祥,种上一棵翠竹,以示纪念。

种竹的那一天,人们欢天喜地,载歌载舞,双手持竹杵环臼而立边舂边唱,由慢到快。后来,逐渐发展成具有强烈劳动气息和浓厚民族风格的表演性歌舞。八九人持杵围臼、且歌且舞。在臼边挂上竹筒,不时地用杵去敲击。时而整齐地集体舂击,时而交替舂击;忽而后退,忽而聚拢;或以足踏地,或左右摆动。随着身上佩戴的铜铃、彩贝的铮铮作响,丰富的节奏、音响与婉转的杵歌在竹林飘曳,抑扬顿挫,富有神韵,充满了诗情画意。而在宁静的月夜里,男女青年一边有节奏地杵粟,一边和歌以表达爱慕之情,恋人之间炽热的情感在柔和的月光下,在节奏分明的杵声中融成一片。

延伸阅读

高山族的民族体育

高山族的民族体育非常丰富,除了竹杵舞,还有刺球、背篓球、荡秋千等运动。刺球又称竿球,是高山族最喜爱的体育运动形式之一,盛行台湾屏东和广东潮州一带,五年举行一次,所以又称"五年节"。刺球所用的球是用棕皮所做,其中以刺中棕球为吉庆。刺中的越多,越受到族人的敬重,还可能得到姑娘们的垂青。刺球活动多按村落举行,参加者十多人、几十人不等。比赛时由专门的抛球手把棕球抛向空中,由执竿者双手舞动刺竿,以刺中落下的棕球为胜,抛球的数量没有限制。运动结束前,由抛球者把一个插满羽毛的球抛向空中,只要有人刺中了,就宣告结束。

背篓球又称背篓会,是高山族男女青年互通情意的一种形式,流传于台东、花莲一带,参加者都是未婚青年。活动时女青年背着背篓在前面跑,男青年在身后紧相随,一般相距4—5米左右,不断地把象征常青、长寿、吉祥、幸福的槟榔往女青年的背篓里投,投掷者如姑娘中意,便喜笑颜开,徐步不前;反之女青年则侧肩倒出篓中的槟榔,继续往前跑。现在在台湾高山族的学校里也举行这项活动,但已淡化了恋爱的含意,成为一种纯娱乐性的民间体育活动。

第八讲
古代体育名人

秦武王——为举重贡献生命的帝王

> 秦武王是历史记载的最早因举重而死的君主,他以一国之尊,却喜欢和人角力。史家将他视为不务正业的君主,但是看他治国却也可圈可点,当时秦国正属于上升期。秦武王推崇举重,实际上也是重视军事体育的一个方面。

秦武王(前329—前307),赵氏,嬴姓,名荡,是秦惠文王之子,秦昭王之兄。嬴荡勇武而果断,从小就在秦军中长大。他生得身形高大,健壮魁梧,勇力过人,曾经后秦军将士一起冲锋陷阵,将军们对他的勇略尤其佩服,秦惠文王也对他年少而能赢得将士之心而高兴。前311年,秦惠文王病死,嬴荡即位,史称秦武王,或者秦武烈王、秦悼武王。秦武王喜欢和人比试力气,凡是有勇力者都得到他的提拔和重用。乌获和任鄙是两个闻名于诸侯的大力士,都得到秦武王的重用,被任命为将,随侍左右。

齐国有一个名叫孟贲的人,力大无人可比,曾经赤手空拳打死过一头老虎。有一次,他在山中行走,看到两只抵架的野牛,就进行呵止,但是两头牛并不听他的。一怒之下,孟贲冲上前去,扼住牛角向左右推,居然推得两头牛倒退,从此声名鹊起。他听说秦武王重视有勇力的人,就前去投奔。秦武王验证了他的力气,顿时大喜,当即任命为将,和乌获、任鄙享受一样的待遇。

秦武王即位前,秦惠文王给他留下了一大堆棘手的问题。秦惠文王是一位野心勃勃的君主,生前曾多次发动对外战争。太子荡出生的时候,他正在发动打通称霸中原之路的战争,因此给儿子起名"荡",有称霸天下、荡平四海之意。为了解决秦国地狭人少的问题,秦惠文王还出兵蜀中,迫使蜀侯

◆ 秦国铜车马

称臣。就在秦惠文王病重的时候，秦国的属地蜀就发生了一场叛乱，叛乱的人正是秦国派往蜀中监国的壮，壮自恃蜀地道路艰险，易守难攻，因此杀掉了蜀侯，拥兵自重，并向秦王讨封，期望获得秦国的认可。他为扩大自己的实力，不断攻打蜀中的其他国家，尤其是苴国遭受攻袭最重。就在秦惠文王准备着手解决这一问题的时候，他去世了，把一个棘手的问题留给他的儿子秦武王。

苴国是进入蜀中的门户，秦武王抓住壮攻打苴国、苴国向秦国求援的时机，果断出兵。苴国让开剑阁天险，秦军长驱直入，一举消灭了壮的叛乱。此次战斗，若非苴国让开剑阁，秦国的势力很难渗透到蜀中，壮也完全可能自立。则蜀中脱离秦国管辖的危机就会加剧。而秦武王抓住苴国求援这一外交机会，果断出兵，彻底扫除了蜀中的势力，彻底地占据了肥沃富庶的蜀地，显示出其不凡的一面。

前310年，也就是秦武王元年，韩、魏、齐、楚、越等五国以祝贺新君登基为名派出使者，实际上各国都暗怀鬼胎。秦武王亲自接见了各国使臣，并制定了秦国的战略方针。在这次与各国使臣会见之后，秦国与各国达成了密约。首先，秦国与越国达成了夹击楚国的密约，以此制楚。越王勾践灭吴后成为东南大国，国力日益强盛，此时是南方仅次于楚国的第二大国。楚国和越国接壤，摩擦不断，彼此一直都企图吞并对方。而秦国一直想染指中原，则削弱楚国对秦国大大有利，因此两方一拍即合。齐国和秦国距离较远，没有直接利害冲突，但是三晋（韩、赵、魏）历来和齐国争雄，同时三晋也准备借秦君新立，蠢蠢欲动，准备攻秦。因此，秦齐密约，夹击韩魏。

秦武王登基后真正要解决的问题是稳定和周边国家的关系，防止他们联合攻秦。在秦齐达成密约夹击韩魏的同时，秦武王派遣樗里疾与韩国使臣饮宴，使韩国以为秦国重视他们，以达到麻痹韩国的目的。

不久，秦武王命甘茂出使魏国，和魏国密约伐韩而分其利，魏国从而不干涉秦国出兵。秦国便派遣甘茂为将，后秦武王派遣乌获为将增援甘茂，攻破宜阳，杀敌七万余人。此战韩国元气大伤，派使向秦国求和。

夺取了宜阳，秦国打通了称霸中原之路。秦武王亲自跑到周天子的王宫，看到了象征天下的九鼎。他高兴地举起了象征雍州的"龙文赤鼎"，结果两目出血，右小腿骨被落下的鼎砸断，流血过多，当晚就去世了。秦武王也成为有史可载的第一个因为举重而死的君主。

延伸阅读

力士之死

秦武王在周王室观看九鼎的时候，曾经问大力士任鄙能否举起大鼎，任鄙说自己举不起来。秦武王又问孟贲，孟贲说可以试试。并将大鼎抓起，离地半尺。秦武王也要举鼎，任鄙苦苦劝谏，希望他珍重身体。但秦武王不听，结果折断右腿小骨，流血过多而死。后来樗里疾追究责任，将孟贲五马分尸，并灭族；奖励任鄙劝谏之能，升为汉中太守。

养由基——百步穿杨

养由基是中国古代著名的射箭名手。《吕氏春秋·精通》记载："养由基射兕，中石，矢乃饮羽，诚乎兕。"意思是说，养由基有一天去射犀牛，误把一块石头当成了牛，一箭射中，只没到箭羽，可见其箭术之神。

养由基，生卒年不详。姬姓，养氏，名由基，一作繇基，春秋时期楚国平舆邑（今安徽临泉）人。养由基不仅箭法精奇，射得非常准，而且力道极大，杀伤力非常强。史载"常蹲甲而射之，贯七札，人称神"。也就是说他的箭能射透七层皮甲，可见力道之大。

楚国有个名叫潘党的人擅长射箭。一天和养由基相约比箭。潘党一连三箭都射中靶心，博得一片喝彩声。养由基说："射靶心，目标太大了，还是射百步外的柳叶吧！"说罢，他指着百步外的一棵杨柳树，叫人在树上选一片叶子，涂上红色作为靶子。接着，他拉开弓，"嗖"的一声，箭链正好贯穿杨柳叶的中心。在场的人都惊呆了，潘党难以置信，亲自选择了三片杨柳叶，在上面做好标记。养由基退到百步之外，一连三箭，分别射中三片标上红色的杨柳叶。顿时喝彩声雷动，潘党也口服心服。养由基也获得了"百步穿杨"之号。

楚庄王时令尹（相当于宰相）子越椒造反，满朝文武惊恐万分。庄王出榜招贤："如有能胜子越椒者，即封为令尹。"养由基认为楚国能人不少，皆因奸臣当道，埋没了许多人。既然斗贼作乱，自当应招，为民除害，于是揭下招贤榜。庄王见他年少英俊，是个将才，便当面考他。庄王叫他射一只蜻蜓，要活的，不得射中要害。他刚好射掉一片翅

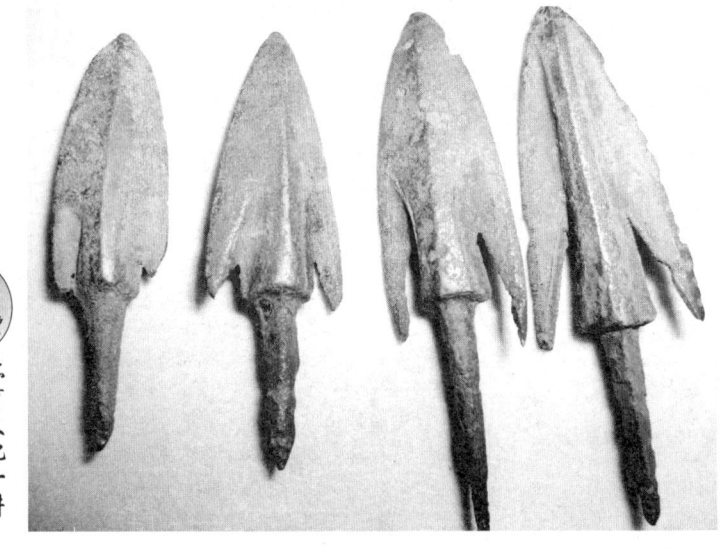

◆ 青铜箭镞

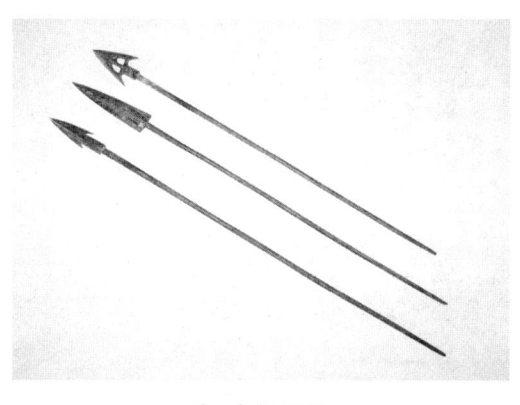

◆ 青铜箭镞

翼。庄王满心欢喜。楚国有只白猿十分机灵,没有一个射箭手射得着。庄王叫养由基试一试。养由基背了弓,握着箭去了。箭搭上弓,还未扳开,那白猿就知道这回躲不过了,抱着树身惊恐、绝望地哀叫。养由基扳开弓,一箭射去,就把白猿射了下来。

庄王十分满意,便派养由基去和子越椒决一死战。养由基来到清河桥头(在荆门城西象山东侧),向对方喊道:"斗贼,你一向自夸箭术高超,咱们来比三箭吧!"子越椒喝道:"你是什么人?老鼠居然想舔猫的鼻子!"养由基笑着说:"我是养由基,你的末日来到了!"越椒哈哈大笑:"你这无名小卒,竟敢与你将爷比箭,真是活得不耐烦了!"养由基说:"你别嘴硬,咱小爷就让你先射三箭!"子越椒喊道:"好小子,有种的不许动,看箭!"嗖的一箭,直朝养由基脑门射来。养由基右手一伸,就把箭接住了。接着飞来第二箭,养由基一伸左手,又接住了。子越椒暗自吃惊,喊道:"有本事的不用手接。"养由基耐着性子答道:"好吧!"说明迟,那时快,子越椒使出平生臂力扳满弓,一箭直向养由基咽喉射来。只见养由基不慌不忙,略一低头,就把这第三支箭衔住了。轮到养由基动手,子越椒脸色刷白,慌慌张张左闪右躲。养由基不觉好笑,"斗贼,我还在试弓哩!看你怕的!"话音未落,一箭正中对方咽喉。从此楚国人称养由基为"养一箭"。

楚共王时期,养由基不断地炫耀射技,并以此为傲。共王很看不惯他的骄傲,就对他说:"射箭不过是小技能,你如此倚恃自己的箭技,终有一天要死在此事上。"养由基就交还了自己的弓箭,不再射箭。楚国和晋国交兵,在鄢陵发生大战,晋国大将魏琦一箭射中了楚共王的眼睛,使楚共王一目失明。楚共王非常生气,对魏琦恨之入骨,拿出两支箭给养由基,说:"你平时自夸箭技,今天我给你两只箭,你给我射中对面敌军的将领。"养由基领命,一箭就将魏琦射死,并将另一支箭归还楚王。从此养由基名震诸侯。

延伸阅读

劝王专注于一事

楚庄王有一次率领诸臣将士们一起去云梦泽打猎,士兵们在山林里敲鼓鸣锣,林间的猎物都被驱赶了出来,山鸡、麂子、鹿、熊四处奔跑。庄王拉弓搭箭,一会儿想射山鸡,一会儿又发现旁边跳出一只麂子,当他对准麂子的时候,又发现草中有一只肥鹿。别人都已经射中了不少,楚王还未开弓。养由基对楚庄王说:"专心射一种动物,则会得到,想射的太多,反而什么也射不到。"庄王认为他说的不仅是打猎,别的也都是此理。于是专心射鹿,结果满载而归!

项羽——力拔山兮气盖世

> 项羽是中国古代的名将,也是著名的大力士,他曾说自己双臂能拔山,单臂能举鼎。其中"霸王扛鼎"是古代最有名的举重典故,他也成为古代最早热衷于举重的名人之一。

项羽(前232—前202),名籍,秦下相(今江苏省宿迁市)人。秦二世元年(前209)七月,项羽和叔叔项梁一起在会稽举兵反秦。不久,便召集了精兵八千人。项梁自任为会稽守,项羽则任裨将。后来,项梁率领八千人渡过长江,其他起义者纷纷归附,兵力增至六七万人,进驻下邳。项梁采纳范增的建议,在民间找到楚怀王的孙子熊心,立他为楚王,仍号怀王,以争取民心。

◆ 项羽

前207年,项羽进兵巨鹿,先遣英布等率二万人渡河出击秦军,项羽随后率其余楚军渡河,命令部下渡河后砸碎锅并凿沉船只,后世称之为"破釜沉舟"。此战,项羽九战九胜,楚军以一敌十,大破秦军30万。其他义军望风归附,项羽在辕门召见各路义军的首领时,全都吓得跪行,无一敢仰视。项羽由此成为各路诸侯军队的统帅。

秦朝政权覆灭后,项羽裂土封王。被秦始皇消灭的六国贵族纷纷起兵,项羽不但分封了六国贵族,还分封了一些自己的将军。其中,和他一起起兵的刘邦被封为汉王。刘邦素有大志,封王后并不甘心蜗居汉中。前205年,刘邦联合五路诸侯军队共56万人攻楚,占领项羽的都城彭城。项羽闻讯自齐地率骑兵回救,在彭城大败汉军,汉军损失数十万人,睢水中的尸体甚至堵住了江流,刘邦侥幸逃脱。彭城之战是古代骑兵史上最经典的骑兵奔袭战。

彭城之战后,楚汉两军都无力吞并对方,暂时处于拉锯局面。然而汉军大将韩信所率汉军在黄河以北地区屡胜,另一部大将彭越也率领部众侵扰楚军后方,形势开始对项羽不利。前203年,楚汉议和,平分天下,以鸿沟为界,西归汉,东归楚。项羽率军东归,刘邦不久背约,出兵攻楚。

前202年初,汉军40万大军在垓下(今安徽灵璧南)包围了粮食不足的项羽军队,项羽力战均不能突破汉军重围。晚上,忽然听到地面都是楚歌声,他惊讶地问道:"难道汉军已占了楚地吗?为何楚人如此之多呢?"他满怀愁绪,在帐中饮酒,一边饮酒一边高声唱道:"力拔山兮气盖世,时不利兮骓不逝。骓不逝兮可奈何,虞兮虞兮奈若何!"他的妃子虞姬为之相和,唱道:"汉兵已略地,四面楚歌声,大王意气尽,贱妾何聊生!"她预知楚军突围,夫君带着自己不便,因此唱完就拔剑自尽了。项羽歌罢,热泪盈眶,将士们无不垂泪。

项羽乘上战马,乘着夜色率领将士突围,天亮后汉军才发现项羽已经突围出去,赶紧追击。项羽军突围后,渡过淮河时身边仅剩下一百余人。前行到阴陵时,他和属下一百余骑迷路了,就向一个老农问路,农人告诉他向左走是大路。结果左边是大沼泽,他们都被陷入泽中,出来的时候已被汉军追上。

项羽引军向东,到达东城的一座山上,只剩下28骑。项羽对追随自己的骑兵说:"我起兵至今已经八年,大小打了七十余仗,杀敌无数,纵横天下。今天我要死了,我为诸君痛快地一战,此战要胜利三次,为诸君冲破包围、斩将、砍旗,让诸位知道是

天要亡我,非我不会打仗。"于是,把剩下的骑兵分为四队,相约在山下会合。此时,汉军重重包围,项羽说:"我为诸位杀一将。"大呼冲杀,杀汉军一都尉。赤泉侯杨喜追项羽,项羽大喝一声,杨喜所部尽退,不敢追赶。项羽与骑兵分为三队,汉军不知项羽在哪队,就也分三队包围。项羽飞驰而出,又斩杀一汉将,夺一旗,同时杀近百人。然后,骑兵们和项羽在小山下会合,仅损失两骑。项羽问:"怎么样?"骑兵们恭声答道:"如大王所言。"

然后,骑兵们力战汉军而死。项羽到乌江畔,自刎身亡。

延伸阅读

无颜见江东父老

项羽在垓下之战战败,突破重围逃到乌江边上,乌江亭长劝他过江,江东还有千里土地,百万人口。但项羽毕竟是一位情深义重的大英雄,而不是老谋深算的政客,他承担了失败的全部责任,选择了死亡。他对乌江亭长说:"当年起兵,我带领八千江东子弟,如今无一人归来,我无颜见江东父老。"在他人生的最后,他流露出的是英雄气短,儿女情长,一个完美的殉情殉道者。甚至在死之前,他看到来追杀他的"叛徒"吕马童,还呼唤道:"若非吾故人乎?""吾闻汉购我头千金,邑万户,吾为若德。"拔剑自刎,成全"故人"拿他的头去向刘邦邀功。

霍去病——足球先生出身的名将

> 霍去病是中国汉代名将，同时也是一个蹴鞠爱好者。他不但自己踢球，还在军队中倡导踢球，把蹴鞠作为训练士兵，磨砺将士拼搏精神的方式。即便是在深入大漠，进入敌方区域，他也仍然不忘让士兵们蹴鞠锻炼身体。

霍去病（前140—前117），河东平阳人（今山西临汾）。他出生在一个传奇性的家庭。母亲是平阳公主府的女奴卫少儿，父亲是平阳县小吏霍仲孺。这位小吏不敢承认自己跟公主的女奴私通，于是，霍去病只能以私生子的身份降世。

霍去病刚满周岁的时候，他的姨母卫子夫进入了汉武帝的后宫，并且很快被封为夫人，这是一个仅次于皇后的位置。随即，霍去病的两个舅舅卫长君、卫青都被晋为侍中。从此，卫氏家族改变了命运。

卫青声震匈奴，建功立业的同时，霍去病也渐渐地长大了，在舅舅的影响下，他自幼精于骑射，虽然年少，却不属于像其他王孙公子那样呆在长安城里放纵声色，享受长辈的荫庇。他一直渴望能有杀敌立功的一天。他虽年少位尊，但并不娇纵，为人少言寡语，胆气内藏，敢作敢为。汉武帝刘彻想教他兵法，他答："顾方略何如耳，不至学古兵法。"为他建造府邸，他回答："匈奴未灭，无以家为。"

霍去病喜欢蹴鞠，常常和长安市中少年儿郎踢球。当时的长安，到处都是踢球的年轻人。霍去病发现蹴鞠有利于锻炼身体，还能够激发人的拼搏精神。元朔六年（前123），未满18岁的霍去病主动请缨对匈奴作战，武帝遂封他为骠姚校尉随军出征。之后，霍去病率领八百骑

◆ 霍去病雕像

◆ 汉军士兵戎服复原图

兵,在茫茫大漠里奔驰数百里寻找敌人踪迹,结果他"长途奔袭"的战术首战告捷,斩敌二千余人,匈奴单于的两个叔父一个毙命一个被活捉。霍去病等人全身而返。随即,汉武帝封他为"冠军侯",赞叹他的勇冠三军。

霍去病前后六次出击匈奴,每战皆胜,深得武帝信任。

元狩二年(前121)的春天,霍去病被任命为骠骑将军,独自率领精兵一万出征匈奴。这就是河西大战。19岁的统帅霍去病不负众望,在千里大漠中闪电奔袭,打了一场漂亮的大迂回战。六天中他转战匈奴五部落,一路猛进,并在皋兰山与匈奴卢侯王、折兰王打了一场硬碰硬的生死战。在此战中,霍去病惨胜,一万精兵仅余3000人。而匈奴更是损失惨重——卢侯王和折兰王都战死,浑邪王子及相国、都尉被俘虏,被杀兵士达8960人,匈奴休屠祭天金人也成了汉军的战利品。在这场血与火的对战之后,汉王朝中再也没有人质疑少年霍去病的统军能力,他成为汉军中军人的楷模、尚武精神的化身。

元狩四年(前119)春,刘彻想彻底消除匈奴的威胁,命大将军卫青和骠骑将军霍去病各率五万骑兵,另有步兵和运输部队共几十万人协同进攻匈奴。汉军原计划全部由定襄出发北进,以霍去病攻单于主力。后从俘虏口供中得知单于在东部的错误消息,即改变原来部署,卫青仍出定襄,霍去病则东出代郡。他率部出塞,翻过祁连山,穿越大漠北进2000余里,与左贤王部遭遇,俘获匈奴头王、韩王等3人,将军、相国、都尉等83人,歼敌7万余人,从此,匈奴无力还击远走漠北。

元狩六年(前117),23岁的霍去病病逝。汉武帝闻讯,悲痛万分,举国凭吊。武帝调铁甲军,列队从长安直到茂陵,给他修坟墓,墓的外形像祁连山。至今,霍去病的墓仍然矗立在茂陵旁边,墓前的"马踏匈奴"石像,象征着他为国家立下的不朽功勋。

延伸阅读

一个真正的球迷

霍去病痴迷足球,史载每次大战结束,他都踢足球为乐。一次战斗非常惨烈,战后辎重几乎无存,史称"重车余弃粱肉,而士有饥者"。有些士兵因饥饿和伤病连手都举不起来了。但他却从容镇静,甚至"穿域蹴鞠",可见他对足球的喜欢。

李白——击剑和旅行家

> 李白是盛唐时期的大诗人,也是一个体育爱好者。他热衷于旅游、登山、狩猎,尤其喜欢击剑。他在《与韩荆州书》中说"十五好剑术,遍干诸侯",由此可见他15岁的时候就已经开始学习击剑。他有诗曰"顾余不及仕,学剑来山东",可知其对击剑的钟爱。

李白(701—762),字太白,汉族,祖籍陇西成纪(今甘肃省秦安一带),生于西域碎叶城(今吉尔吉斯斯坦托克马克)。4岁时随父亲迁回四川绵州昌隆县(今四川江油)。少年时代的李白接受了良好的教育,活泼好动,喜欢各种体育运动。

少年时代的李白喜欢登山,常去戴天山和道士们谈玄论道,热衷于道士们的养生学。当时著名隐士东岩子住在岷山,李白便向他潜心学习。东岩子喜欢喂鸟儿,长期以来天上飞的鸟儿听到他的呼唤都会飞来进食,他便对这些鸟儿进行驯化,能够指挥它们做出各种动作。绵州刺史听说此事后,亲自来看东岩子的"驭鸟术",大为惊奇,认为他和李白不是凡俗之人,因此便推荐他们做官,但被他们谢绝了。这一时期,李白还认识了纵横家赵蕤,赵氏著成《长短经》一书,分析天下形势、讲求兴亡治乱之道,对李白影响很大,这也是李白建功立业、喜谈王霸之道的萌芽。二人都落拓不羁,放浪形骸,常常在一起击剑,饮酒高歌。

开元十三年(725),李白仗剑出蜀中,乘舟沿江出三峡,在江陵的时候遇到了一个对他的人生起到转折性作用的人——司马承祯。此人是天台山的道士,精通于道家经典,一手篆体字写得出神入化,而且擅长写诗,诗风颇为飘逸。正因此,推崇道教的

◆ 李白

唐朝皇帝都对司马承祯礼遇有加。李白器宇轩昂，宛若玉树临风，很受司马承祯的赞赏，称赞他"有仙风道骨，可与神游八极之表"。通过司马承祯，李白认识了唐玄宗的妹妹玉真公主。

离开江陵后，李白游览岳阳，泛舟洞庭湖。这时和他一起出蜀的旅伴吴指南突然病逝，对李白的打击很大。他悲痛万分，将朋友埋在了洞庭之滨，打算南归之后再把好友的灵柩迁葬。离开岳阳后，李白顺江而行到达了六朝古都金陵（今南京），大江滔滔，钟山巍峨，虎踞龙蟠，六朝宫阙直逼云霄。李白兴致很高，诗情大发，在这里结识了不少朋友。当他离去之日，吴姬压酒，锦绣子弟相送，惜别时频频举杯畅饮。离开金陵的李白马不停蹄，到了扬州。当时的扬州是一个国际性的大都市，非常繁华，李白和新认识的朋友们每日击剑、饮酒、斗鸡、纵马。是年秋天，由于气候的原因，不久李白就病倒了。

病好后李白到了姑苏（今苏州），之后他来往于荆门、江夏、岳阳，并在其间把好友吴指南的尸骨移葬到了江夏，并结识了行融禅师、孟浩然。孟浩然和李白性格颇为相似，疏狂豪放，不拘小节。两人终日纵酒放歌，击剑为乐。这时候的李白，已经减弱了出蜀时候的慷慨大志，隐居在了小寿山的道观，并认识了前宰相许圉师。许圉师非常赏识李白，干脆把女儿嫁给了他。李白娶许氏之后，夫妇二人隐居在白兆山下的桃花岩，过起了隐逸于世外的神仙生活。

开元二十三年(735)，唐玄宗进行狩猎，李白西游长安，上《大猎赋》，唐玄宗第一次知道了李白这个人。不久李白得到贺知章的引荐，同时得到玄宗之妹玉真公主的极力推荐，获得了玄宗皇帝的礼遇。这段时间，李白过了一段安稳的生活，但是并无机会实现他的建功大业，因此异常苦闷。不久因为得罪高力士、杨国忠等权臣，遭受谗言，被赐金还山。

天宝三年（744），离开宫廷的李白颇感自由，到东都洛阳游历，在这里遇到了杜甫，盛唐时代的两位大诗人终于相遇了。这时候的杜甫很不得志，异常苦闷，李白的到来让他非常高兴，二人纵酒放歌，赛马狂欢。离别之时二人相约下次一起游梁宋。当年秋天，他们在梁宋会面，同时还认识了另外一个诗人高适，当时高适也不得志。三人畅游甚欢，吟诗论文，纵谈大势，都为盛唐潜在的危机担忧。

梁宋之游结束后，李白的后半生基本上是在游离中度过的。曾短期地进入永王李璘的帷幕，但肃宗皇帝很快登基，李白被当成永王同党流放。后来，遇到赦免还乡。在回归的路上，病逝当涂。

延伸阅读

李白《白马篇》

龙马花雪毛，金鞍五陵豪。秋霜切玉剑，落日明珠袍。斗鸡事万乘，轩盖一何高。弓摧宜山虎，手接泰山猱。酒后竞风彩，三杯弄宝刀。杀人如剪草，剧孟同游遨。发愤去函谷，从军向临洮。叱咤万战场，匈奴尽波涛。归来使酒气，未肯拜萧曹。羞入原宪室，荒径隐蓬蒿。

徐霞客——登山运动的楷模

中国历史上有许多为了完成国家使命而不畏艰险、征程万里的勇者智者。300多年前，有一位登山探险家、杰出的散文作家出现在中华大地上，他就是徐霞客。

徐霞客（1587—1641），名弘祖，字振之，号霞客，明南直隶江阴（今江苏江阴市）人。中国明代时期伟大的地理学家、旅行家和探险家。徐霞客家庭富裕，数代都是读书人，可谓书香门第。他的父亲徐有勉耿直狷介，不喜欢同权势交往，喜欢游山玩水。徐霞客受父亲影响，立志游遍祖国山河。

作为一个探险者，徐霞客一生中大部分时光是在祖国的山野林莽间度过的。那时没有现代舟车之便，除了骑马，主要靠步行，尤其西南地区山险、水急、平地少，一天之内的行程主要是跋山涉水。他几乎是用自己的脚步一寸一寸地丈量着祖国的土地，记下极富文学色彩的科学考察日记，可谓体脑并用，辛苦备尝。他一生到达过的著名山岳，粗略统计有东岳泰山、峄山、天台、雁荡、四明山、落迦山（今普陀山）、黄山、武夷山、庐山、嵩山、华山、武当山、罗浮山、盘山、浮盖山、五台山、恒山等等。中国境内，除了青藏高原，东北、西北边境的山他来不及涉足，东、西、南、北、中的许多名山，他全去了，更不用说那些有名无名的岭脉。可以说，现代的中国人，除了参加过万里长征的革命前辈以及登山队员们，像徐霞客那样征服过这样多山岭的人并不多见。

徐霞客51岁时，开始近四年之久的祖国西南万里行。起初带着一位叫静闻的和

◆ 徐霞客雕像

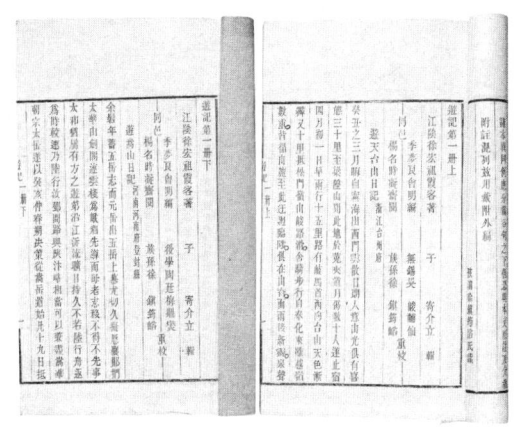

◆ 《徐霞客游记》书影

尚，还有两个仆人。但其中一个仆人出发不久便逃跑了，那位静闻和尚于次年病死在广西南宁。万里征程，他只剩下一个仆人，途中两次遇窃，几乎断了口粮；找不到挑夫时，他就和仆人分挑着行李，且不说日常生活之艰苦。在征服险山恶水时，是九死一生。例如，在广西融县，为寻找一处龙洞，"手足失势"，险些丧生。至于在荒无人烟的山里迷了路更是可怕的事。有一回"怎么也走不出去"，走错了三回，又返回原处找路，往返折腾多次最后才找到路。在云南西部旅行时竟到了断资金、断粮的绝境，只好靠卖自己的衣服来维持一日之餐。即便到了这步田地，还要抓紧时间，"乘晚"去"探剑峰之胜"。最后，连跟了他整整三年形影不离的顾仆，也因忍受不了长期艰苦的生活而逃跑了，这对徐霞客的情绪自然打击甚大，尽管如此，也不能动摇他继续自己事业的决心。

登山是勇敢者的事业，探求者的事业。徐霞客英勇无畏并贯彻着探索的精神。例如，他初次上黄山是在早春二月天，山中积雪未化，没有现代登山队员所用的冰镐，则以杖凿冰开孔，固定自己的位置再前进，起了现代冰镐的作用。他再上黄山，决意征服最险的天都峰。那时上天都峰还没有路，他"从流石蛇行而上，攀草牵棘"，终于登顶。第二天，又征服了黄山最高峰莲花峰。又例如，他在湖南茶陵，打算深入一处溶洞考察，想找一名向导，但当地人没有敢去的，都说这里边有神龙奇鬼，"非符术不能服！"但徐霞客不信神鬼，举起火把，跟自己的仆人一起进洞去，一定要摸清洞里边的真相。村民数十人聚在洞口，没有一个人敢跟着进去。等到徐霞客他们从洞子里出来，村民们无不"额礼称异"。徐霞客感叹地说："此洞但入处多隘；其中美胜，予所见洞，俱莫及，不知世人何畏入乃尔。"他以实际行动，破除了当地人的神鬼迷信。

延伸阅读

《徐霞客游记》

《徐霞客游记》是以日记体为主的中国地理名著。明末徐霞客经34年旅行，写有天台山、雁荡山、黄山、庐山等名山游记17篇和《浙游日记》《江右游日记》《楚游日记》《粤西游日记》《黔游日记》《滇游日记》等著作。除佚散者外，遗有60余万字游记资料，死后由他人整理成《徐霞客游记》，世传本有10卷、12卷、20卷等数种。主要按日记述作者1613—1639年间旅行观察所得，对地理、水文、地质、植物等现象均作详细记录，在地理学和文学上卓有成就。

周懒予——棋坛怪杰的传说

> 周懒予是明末清初最著名的围棋国手之一,他的人生和他的棋局一样充满了谜团。他那无敌于天下的气魄、气定神闲的仪态、恭顺有礼的人品、落拓不羁的个性,就像一个飘渺的神话一样在棋坛上流传,成为永远的传说。

周懒予(约1630—?)名嘉锡,字览予。浙江嘉兴梅里镇人,因其后来名声越来越大,以讹传讹,误将他的名字传为"懒予"。周懒予少年时代非常顽皮,也很聪明。他的祖父周慕松是一个爱好围棋的人,且下得一手好棋。周懒予五六岁的时候,就跟着祖父,看祖父下棋,并已经懂得了攻守应变的方法。

少年时代的周懒予锋芒毕露,多次击败慕名而来的棋手,闻名于郡里。常有达官贵人拿着银子请他与四方来的高手下棋,并以此赌输赢,周懒予每次都获胜,拿所得银两孝敬父母。父母也为有这样一个儿子自豪,从不约束他外出下棋。后来,他又喜欢上看书,文史卜巫诸子百家无所不涉猎,尤其喜欢稗官野史,也就是喜欢看小说。他喜欢看书,但从不误棋。每次和别人下棋,他一手拿着书卷,一手持子对弈,在别人举子思考的时候,他就埋头读书。等对方落子后,他继续下,之后再接着读书。往往一局棋下完,他气定神闲,而对方则汗流浃背。他看小说丝毫不影响下棋,以及对棋局的思考,

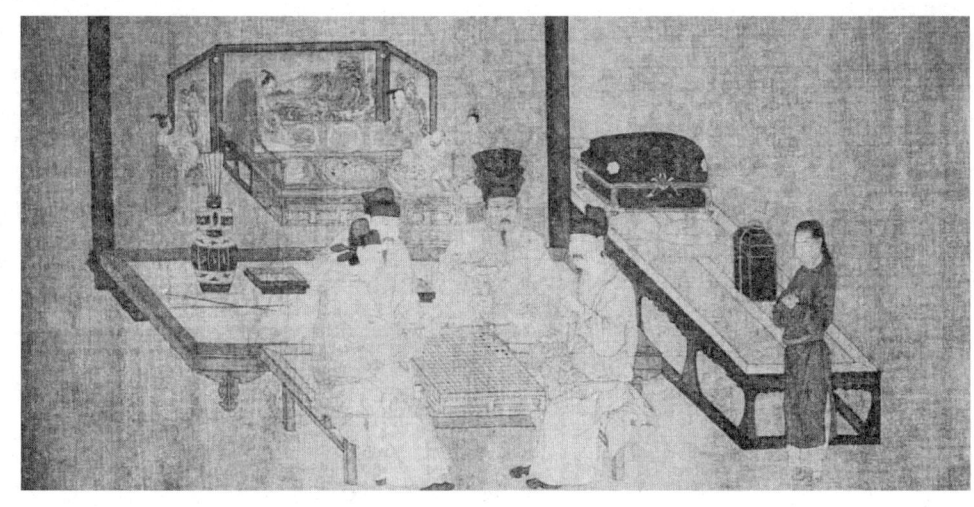

◆ 静室对弈

有时候一局棋过半,他就能告知对方将输几子,待到棋局结束,丝毫不差。

在周懒予之前,过百龄是棋坛霸主,已经未遇敌手大半生,最终遇上了青年才俊周懒予。周懒予出身贫寒,为人十分谦逊,尽管棋艺高超,声名如日中天,但却从不恃才傲物。开始与过百龄这位棋坛的宗师对弈时,他的态度非常恭敬,几次都不肯落子。实际上,晚年的过百龄已非周懒予的对手,周懒予早已看出了彼此的棋力。曾有人不解地问他:"你的棋艺是不是已经到了登峰造极的程度?"他笑着说:"离顶峰还远着呢。尽管每次和高手对弈,我都能获胜。但是棋局结束后,我又能看到自己的一些不当的地方。"

周懒予最终还是和过百龄痛快地"搏杀"了一番。当时过百龄是姜性弥辣,而周懒予则是棋风犀利,他俩下棋的时候来观棋的人围得里三层外三层,仿佛节日盛会,这就是著名的"过周十局"。在这场比赛中,周懒予和过百龄互有胜负,但是过百龄的颓势人们已经看出来了,属于他的时代结束了,一个新的棋坛霸主正在诞生。

周懒予声名日盛,也就挡不住人们来挑战。山阴人唐九经曾经邀请天下名手到两湖挑战他。开始比赛后,十几个棋手轮流上阵,进行车轮大战,轮番与周懒予交流。周懒予仪态从容,游走于各家之前,总共下了十几天,凡是来挑战的都"战败落马"。当时,周东侯、汪汉年两位后来的棋坛霸才已经崭露头角,高视阔步,很少能有人击败他们了,也都来挑战周懒予,结果被周懒予杀败。不过,周懒予也已意识到了对方棋艺的高明,因为他虽然获胜,但是胜的非常艰难,往往只是毫厘之差。

周懒予下棋获得资财颇多,但他并不重视金钱,颇有李白"散尽千金"的风度。每次下棋获得银两后,他都在赌场上输光,常常一掷千金而毫不变色。关于他的后半生,历来重说风云,各家说法不一。一说他打遍天下无敌手,倍感人生寂寥。因此一直向西,西游域外,最后到了西域地区,在那里娶了一个国王的女儿,从此结婚生子,结束了大半生奔波"厮杀"的生活。周懒予究竟结局如何,史无可考。但是在同为棋坛圣手的徐星友《兼山堂弈谱》中却露出了一些蛛丝马迹,说:"(周)东侯言懒予(与姚吁儒)对局后,未旬日而下世。"至于输赢,只字未提,难道一个打遍天下无敌手的棋坛怪杰,真的在和一个棋坛新秀较量之后,力竭而死吗?与这个语焉不详的说法相比,人们更愿意相信他飘然世外,因为这才像他的风格。

延伸阅读

飘然世外的周懒予

约在康熙初年,文献里就再也没有记载周懒予和人下棋的内容了。一个说法是,他打遍天下,罕逢敌手,因此颇为遗憾。听说大海上有一个国家,国中围棋高手甚多,因此驾舟出海,最后到了一个海岛上。岛上民风殊异,人们对他热情款待,他在那里遇到了一个棋术匹敌的女郎,喜结连理,从此定居海岛,再也未回中土。

徐星友——纵横四十年的棋坛霸才

徐星友是清代顺治、康熙时期围棋界的风云人物，他不但擅长围棋，而且兼善书法和绘画。其围棋理论深深影响了后来的施襄夏，是清初棋坛的风云人物。

徐星友（约1644—？），本名远，以字行，浙江钱塘人。他的书法绘画都很好，尤其擅长围棋，他学棋的时间比较晚，最初师从有"棋圣"之称的黄龙士，后来棋艺直追乃师。据说，他曾和乃师下过十局棋，相争非常激烈，简直到了呕心沥血的程度，后来黄龙士将这次下棋的棋局编成书，名曰《血泪篇》，可见当时下棋相争之惨烈。

徐星友出名后，游历全国，寻找高人较量棋艺，后来到了北京，和京中棋手多有较量，未尝败绩。当时北京的达官贵人们有很多人都喜欢下棋，因此徐星友也常常成为他们的座上客。当时京城来了一个高丽人，棋艺非常好，京中不少人都败在他手下，因而非常骄傲，自称棋艺天下无敌手。徐星友听说后，当即要求下棋，结果一连数局，高丽人都落于下风，从此徐星友的声名更高了。

徐星友京城扬名后，常常有从全国各地来的棋手找他对弈，颇有些剑客上门"单挑"的意味。当时，棋坛名宿周东侯尚在世，就曾和徐星友下过棋。《桃花扇》的作者孔尚任目睹过他二人的一番"恶斗"，这盘棋从吃完早饭时下起，每著一子，双方都沉思良久，琢磨再三，直下到中午方下完。计算结果，周东侯输了两子。孔尚任观看了这次比赛，专门写了一首诗："疏帘清簟坐移时，局罢真教变白髭。老手周郎输二子，长安别是一家棋。"

徐星友在棋坛称霸40余年，康熙末年他在北京遇到了一个年轻的棋手——程兰

◆ 水边对弈

◆ 舟中对弈

如，结果败于程氏手中。他明白，自己遇到了一个天分极高的人物，属于自己的时代结束了。程兰如被后世人称为"清代四大国手"，徐星友败于其手中倒也无愧。此次输棋后，徐星友离开北京，从此隐居故乡，开始了专门的著作生涯。

徐星友的棋风，最重要的特点是"平淡"。这大概是因为师承黄龙士的缘故。在徐星友写的《兼山堂弈谱》中，对他自己的棋风，有这样的论述："冲和恬淡，浑沦融和"，"制于有形，不若制于无形"，"善战而胜，曷若不战屈人"，"闲谈整密，大方正派"等等，其中最重要的一点就是"不战屈人"，这是"平淡"的根结。所谓"不战屈人"，就是不靠激烈的厮杀获胜，而是一点一点地侵蚀，直到取得最后胜利。这可说是所有围棋战略战术中最难掌握的。这种含蓄、不露锋芒而又坚强有力的棋术，非一般人所能达到，它对后世影响甚大。

徐星友后半生倾注全力，撰写《兼山堂弈谱》。这部著作是我国最有价值的几部古谱之一。明朝以前的棋谱，一般只列姓名图势，不加评断。明朝中叶起，有的棋谱开始加些评语，但也是寥寥数语，读者获益不多。清初一些棋谱，如吴贞吉的《不古编》、盛大有的《弈府阳秋》、周东侯的《弈悟》等，开始改变过去评语过于简单的不足，但终因水平有限，辞语多含糊不清，不确之处俯首可拾。徐星友的棋著，精选了过百龄、李元兆、周懒予、盛大有、汪汉年、周东侯、黄龙士等国手有代表性的各局，详加评注，观点颇为中肯确切。

延伸阅读

过百龄少年成名

过百龄，名文年，江苏无锡人，是明末棋坛造诣最深、名声最大的国手。他的同乡秦松龄所撰《过百龄传》，记述了他的生平。过百龄天资慧颖，爱好读书，也好下围棋。11岁时就通晓围棋中的虚势与实地，先手和后手，进攻和防守之间的关系处理得非常好。他与成年棋手对弈，常能取胜，名震无锡。

有一年，学台叶向高因功到无锡，他也是一个喜欢下棋的人。过百龄被推荐和他下棋，叶向高见是一个儿童，十分奇怪。原以为过百龄不是他的对手，不料一交手连败三局。在比赛过程中，有人悄悄对过百龄说："同你下棋的是位学台大人，你得暗中让他一些，不能全赢了。"过百龄年纪虽小，却已很懂道理，回答说："下棋不能这样敷衍人家，因为他是大官就去讨好，是很可耻的。假如他真是好官，会同孩子过不去吗？"叶向高见过百龄棋艺高超，人品端正，十分器重，提出带他一起到北京去，过百龄因年纪太小，还要读书，故而没去。从此，过百龄名扬江南。

康熙帝——痴迷下象棋的天子

> 康熙皇帝是中国历史上最著名的君主之一，同时也是一位多才多艺的皇帝。他擅长书法、金石，精于天文、地理，甚至还亲自学习西方国家的物理、化学与几何知识。他提倡满族的体育活动，倡导木兰秋狝。在诸多竞技性的活动中，尤其喜欢下棋。

康熙帝（1654—1722），清朝的第四位皇帝。庙号"圣祖"，爱新觉罗氏，名玄烨，8岁时登基，15岁除掉权臣鳌拜，之后开始亲政。康熙十二年（1673），三藩之一的尚可喜请求归老辽东，但请求留其子之信继续镇守广东为引线，引发了是否撤藩的激烈争论。最后康熙帝认为"藩镇久握重兵，势成尾大，非国家利"，决定下令"撤藩"。

吴三桂得知康熙帝动手撤藩后，发动了叛乱，同时三藩也都参与了叛乱。康熙帝果断用兵，经过三年的战争，福建、广东两地的藩王先后投降。康熙十七年（1678）八月，吴三桂死后，其部将迎立其孙吴世璠继位。此后，清军不断进攻，收复了被吴三桂攻陷的城池。康熙二十年（1681），清军攻破昆明，吴世璠自杀。三藩反动的叛乱彻底剿平，康熙帝的撤藩行动宣告成功。

康熙二十一年（1682）三月二十五日，康熙帝带文武百官和扈从人员共计7万余人，从北京出发，经沈阳来到了吉林市。到达东北后天气一直阴郁，下着雨。康熙帝想找一个人下一下棋，同时了解一下沙俄的情况。一名总管为康熙推荐了在当地做官的郑姓官员，说他的棋艺很高，康熙对此很有

◆ 康熙帝

兴趣。这位郑姓官员和康熙下棋时，竟然忘了对方的皇帝身份，差点将皇帝杀败。这时有人在郑姓官员的身后碰了他一下，郑姓官员立即明白了其中的深意，假装失手，下了一场和局。康熙皇帝知道对方有意让自己，龙颜大悦，把这副象棋赐给了郑姓官员，并要求他进京做官。

康熙帝来到塞北木兰围场狩猎，当他走过伊逊河，来到一座大山前，渐觉疲劳，便传旨大队人马停下歇息。康熙信步登上山顶，坐在一棵青松下观看风景，微风吹来，使人心旷神怡。一时间，康熙来了棋瘾，便让随从摆好象棋盘，与一位大臣对弈起来。不多久，大臣便连输三局。但康熙兴致甚浓，问周围的大臣们："谁再来同朕下一盘？"众大臣深知皇上的棋艺高明，谁也不敢与皇上对弈。这时，侍卫那仁福早就想同皇上对弈一盘，康熙看出他的意思，便说："一同玩玩无妨，朕不怪罪就是了。"于是，那仁福就大着胆子与康熙对弈起来。

那仁福是个象棋迷，对弈起来连"皇上"两字都抛诸脑后。只见那仁福节节推进，好多卒子过了楚河，又巧用连环马，使出八面威风。不几着，就把康熙的车踩掉了。就在这个节骨眼上，一个最会察言观色的老太监对康熙说："皇上，不好了，山下窜出一只猛虎。"康熙一听忙站起身来对那仁福说："朕先去猎虎，你等着，回来再与你下完这盘棋吧！"那仁福听了，只好等在棋盘旁。

其实，老太监见皇上棋势已成败局，便把鹿当虎，故意引皇上下山，康熙只顾猎虎，越追越远，早把下棋的事忘得一干二净了。一晃眼半个月过去了，康熙狩猎归来，又路过这座大山跟前，抬头见到那棵松树，才想起那地方还有一盘棋没下完呢！康熙来到松下，见那仁福一膝跪地，纹丝不动。这时，康熙才发觉忠厚守职的那仁福已经死了，十分难过。

君而无信，何以为君？自此以后，康熙引以为鉴，再也不失信于人了。有诗为证："侍臣松下守枰台，逐虎归来命已衰。未识君王轻信诺，悔将一马踏车来。"

1684年，康熙帝收复了台湾，平定了准格尔汗葛尔丹发动的叛乱，并胜利驱逐了沙俄的侵略，为维护祖国的统一作出了巨大贡献。康熙帝在位61年，是中国历史上在位时间最长的君主，开创了康乾盛世的局面，是一位伟大的政治家。

范西屏——驰誉海内的棋坛剑客

范西屏（又作西坪），是围棋四大家中的佼佼者，在袁枚的《范西屏墓志铭》和毕沅《秋学对弈歌序》等诗文中，对他的生平都有较详细的记载。

范西屏名世勋，浙江海宁人，生于康熙四十八年（1709）。范西屏的父亲是个棋迷，可惜棋艺始终不高，只把这一嗜好传给了儿子。范西屏三岁时，看父亲与人对弈，便在一旁呀呀说话，指手画脚了。

父亲见儿子与己爱好相同，很喜欢，但是怕儿子和自己一样不成气候，就带儿子拜乡里名手郭唐镇和张良臣为师，棋艺慢慢长进了。两位老师的棋力都不及他了。父亲又送他拜山阴著名棋手俞长侯为师，俞长侯棋居三品。有这位名师指点，范西屏长进更快，12岁时就与俞长侯齐名了。三年后，西屏竟已超过师长。他与俞长侯下了十局，俞完全不能招架学生的凌厉攻势，均败在学生手下。

范西屏学成时，正值雍正、乾隆年间。他和俞长侯同住松江，受到棋艺家钱长泽的盛情招待。十余年后，范西屏再访松江，帮助钱长泽完成《残局类选》。

范西屏出名之时，天下太平，大官们多闲聊无事，他们争着拿银子请强手与范西屏较量，以此为乐。当时棋林高手梁魏今、程兰如、韩学之、黄及侣都纷纷败在范西屏手下。棋手胡兆麟，人称"胡铁头"，棋力甚凶猛，也成为范西屏手下败将。

当时能与范西屏抗衡的，只有一个人，就是四大家之一的施襄夏。不过，据各种史料记载来看，施襄夏思路不如范西屏敏捷灵活，两人对弈，施襄夏常锁眉沉思，半

◆ 竹亭对弈图

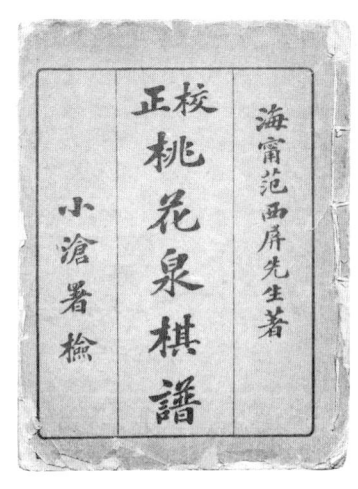

◆ 范西屏所著的《桃花泉棋谱》

天下不了一子。范西屏却轻松得很，似乎全不把棋局放在心上，甚至应子之后便去睡觉。有一回对局，范西屏全局危急，观棋的人，都认为他毫无得胜希望了，必输无疑。范西屏仍不以为然，隔了一会儿，他打一劫，果然柳暗花明，七十二路棋死而复生，观棋者无不惊叹。

范西屏和施襄夏本是同乡，年龄又相仿，未出名前，两人常在一起下棋。后来他们相继成为国手，便分道扬镳，各奔前程，相聚时便不多了。据《国弈初刊·序》引胡敬夫的话，范、施雍正末、乾隆初曾在京师对弈十局，可惜这十局棋的记录现已无处找寻。以后，乾隆四年（1379）时，范、施二人受平湖人张永年邀请，前往授弈。张永年请二位名手对局以为示范，范、施二人就此下了著名的"平湖十局"。原本十三局，现存十一局，"平湖十局"下得惊心动魄，是范西屏、施襄夏一生中最精妙的杰作，也是我国古代对局中登峰造极之局。同代棋手对其评价很高。钱保塘说："昔抱朴子言，善围棋者，世谓之棋圣。若两先生者，真无愧棋圣之名。虽寥寥十局，妙绝千古。"邓元穗认为这十局是棋中"至当"。

在平湖，范、施除对弈外，主要是教张永年和他的儿子张世仁、张世昌下棋。张氏父子都能文工弈，棋达三品，有"三张"之称，范、施教其间，与三张受子对局，后选出了精彩的二十八局，刻成《三张弈谱》一书。

范西屏和施襄夏棋力远在众多棋手之上，能与他们对子者寥若晨星，一般棋手者如张氏父子，受子后方可开局。当时受棋者从二子到十一子不等。凡让子者，均称指导棋，是当时培养后进的一种较为实际有效的方法。除此之外，范、施二人都亲自面授了不少门徒，为发展围棋事业作出重大贡献。

延伸阅读

黄龙士

黄龙士，名虬，又名霞，字月天，号龙士，以号行于世，江苏泰州姜堰人，约生于清顺治时期，是清代围棋国手，和范西屏、施襄夏并称为清代三大棋圣。黄龙士少年时代棋名便已闻名乡里，略年长后，父亲就带他到北京找名手对弈，从此黄龙士棋艺大进。康熙三年（1654），他在门宁第一次见到围棋高手杜茶村时，他的棋艺尚不能敌，第二次见到杜的时候，杜氏已非其对手。围棋圣手盛大有驰骋棋坛50余年，罕遇敌手，后来和黄龙士连下七局，均告败北。他的前辈，围棋大家周东侯遇到他也只能退避三舍。吕书舱说他下棋如"淮阴用兵，战无不胜"。当世人将黄龙士尊为棋圣，把他和思想家黄宗羲、顾炎武等人并称为"十四圣人"。可惜天才早夭，黄龙士还不到壮年就已撒手人寰，留下十局名局《血泪篇》，著有《弈括》一书。

施襄夏——康乾围棋大师

施襄夏是清代著名的围棋圣手,和范西屏、梁魏今、程兰如一起并称为清代围棋四大家。他不但围棋技艺高超,而且善于教授弟子,总结围棋理论,为我国的围棋发展作出了重大贡献。

施襄夏(1710—1771),清代围棋国手,本名绍暗,号定庵,以字行,浙江海宁人。施襄夏出身于士绅家庭,从小安静、颖悟。他父亲是一位多才多艺的知识分子,不但擅长诗书,而且工于丹青,常在他学习之余,教他弹琴、学画和下棋。逐渐地,他在围棋方面的禀赋展露出来,并不断向父亲询问棋理。

清代围棋高手不少,其中范西屏堪称围棋界的"黑马"。他比施襄夏年长一岁,曾经跟随围棋界的高手俞长侯学下棋,12岁的时候棋力已经和老师相当,成为与老师一样出名的国手。这使施襄夏非常羡慕,暗下决心要成为和范西屏一样的围棋高手。后来,父亲把他也送到了俞长侯门下。

施襄夏追随俞长侯学习三年,棋力大增,已经能够和范西屏争个高下。这期间,他认识了老棋友徐星友,徐氏慧眼识英才,发现施襄夏是一个非常具有围棋天赋的少年,因此倾囊相教,把自己的著作《兼山堂弈谱》也赠给他。施襄夏也不负厚望,对这本棋著认真研究,受益匪浅。

21岁的时候,施襄夏在湖州遇到了年长于他的围棋国手梁魏今和程兰如,并受教于二人。两年以后,施襄夏又遇梁魏今,他们同游砚山,见山下流水淙淙,都很高兴,就坐下对弈。梁魏今对施襄夏说:"你的棋已今非昔比,但你真的领会了其中的奥妙吗?下棋时该走的就得走,该停的就得停,要听其自然而不要强行,这才是下棋的道理。你虽然刻意追求,然而有'过犹不及'的毛病。"施襄夏彻悟,欣然拜谢。

施襄夏和范西屏是同乡,年龄相差又不大,曾先后受教于俞长侯。开始的时候,施襄夏和范西屏下棋,范西屏总是让他三子,一年以后两人就可以分先对弈。后来,就连围棋界的前辈大师梁魏今、程兰如也都不是他们的对手了,一时间二人名震天下,人称"范施"。当事人曾评论说:"西屏奇妙高远,如神龙变化,莫测首尾;襄夏邃密精严,如老骥驰骋,不失步骤。与之诗中李杜,询为至今。"把他们比作盛唐时期诗坛上的李白和杜甫。

施襄夏人生的后30年间,游历吴楚各

◆ 《溪亭对弈图》（明 唐伯虎）

地，与众多名手对弈，交流棋艺。50岁以后，和范西屏一样，也客居扬州，教授学生，为培养下一代花了不少心血，他的学生很多，但他始终很谦逊。晚年在扬州，他还写了不少围棋著作，为后来棋手留下了宝贵的遗产。

施襄夏总结前人的经验，更上一层楼，他在自己的著作《弈理指归·序》中对当时的各大名家都进行了评点。他说："圣朝以来，名流辈出，卓越超贤。如周东侯之新颖，周懒予之绵密，汪汉年之超轶，黄龙士之幽远，其以醇正胜者徐星友，清敏胜者娄子恩，细静胜者吴来仪，夺巧胜者梁魏今，至程兰如又以浑厚胜，而范西屏以遒劲胜者也。"正是基于对其他棋手如此深刻的认识，施襄夏才能在棋路上迭出奇招，成为围棋史上的一位集大成者。

清代围棋理论家邓元穗说："定庵如大海巨浸，含蓄深远。"施襄夏自己也说过："盖穷向背之由于无形，而决胜负之源于布局也。"由此可见，棋路绵密，思考慎密是施襄夏的风格。

施襄夏对围棋理论贡献颇大，他认真总结了前人棋著的得失之后，写出自己的著作。他十分推崇《兼山堂弈谱》和《晚香亭弈谱》，但也大胆、尖锐地指出了它们的缺陷。他在《弈理指归》中说："徐著《兼山堂弈谱》诚弈学大宗，所论正兵大意皆可法，唯短兵相接处，或有未尽然者。程著《晚香亭弈谱》惜语简而少，凡评通当然之着，或收功于百十着之后，或较胜于千百变之间，义理深隐，总难断详，未入室者仍属望洋犹叹。二谱守经之法未全，行权之义未析也。"

延伸阅读

施襄夏《自题诗》

弗思而应诚多败，信手频挥更鲜谋。
不向静中参妙理，纵然颖悟也虚浮。

杨露禅——杨氏太极拳创始人

> 杨氏太极拳是太极拳的一个流派,创始人杨露禅。杨氏太极拳练法简洁,由松入柔,刚柔相济,形成独特的风格,深受大众的喜爱,故而流传最广。

杨露禅(1799—1872),名福魁,河北广府(今永年)人,曾经拜河南陈家沟陈王廷的后裔陈长兴为师学习太极拳。后来他根据陈式太极拳,创编了杨氏太极拳,为太极拳的发扬光大作出了贡献。

杨露禅少年时,一恶霸至邻街泰和堂药铺寻衅生事,仗势欺负掌柜是外地人,强以低价买珍贵药材,以致发生争执动武。恶霸来势凶狠,只见掌柜略一举手,其人已跌至对街。露禅目睹此景,甚为惊奇,心知掌柜必精武功,心中十分羡慕。他日,趁闲谈中探问掌柜所练是何种拳法,并表示愿意拜师求学。因露禅年少时曾习少林拳,自认为不能达到掌柜的武艺境界。掌柜开始推托,对自己所习拳法讳莫如深,不愿讲。后来感于露禅求学的诚意,告诉他自己所习为绵拳,又称太极拳,并对露禅说:"我的功夫不足为你老师,我的家乡河南陈家沟,习太极拳者甚众,而陈长兴的太极拳,是海内泰斗。陈平时立身中正,不倚不靠,气势伟岸,时人称为牌位先生。我可介绍前往,倘许名列门墙,成为他的徒弟,将来必有成就。"露禅大喜,遂至陈家沟拜陈长兴为师。

在当时,拜陈长兴为师跟他学习拳法的都是陈氏家族的人,外人只有露禅和李伯魁两个人。所以,陈姓族人都歧视他们。当时露禅年方壮年,朝夕苦练,寒暑无间,六年后回到永年县,以为有所成就了。

◆ 杨露禅

永年县本来也是武术之乡，习武者颇多。乡中精拳技者开玩笑说："老露今天从远方办得好货（意谓从陈家沟学太极拳）回来了，我们要见识见识。"比武中，露禅输了，乃发愤再至陈家沟。

一天晚上，露禅从睡梦中醒来，听见隔院有哼哈之声，遂起来越墙过去，见有几间很宽敞的房子，哼哈之声是从屋里发出的。于是就在破墙缝中偷视。见其师陈长兴正在教众徒弟太极拳的发放之术，口讲指授都是拳中的精义，大为惊奇。从此每夜都去偷看，然后与李伯魁互相结纳，悉心研究，功夫大进。

六年后，露禅又回到永年县。时值新年，乡中人又想试其功夫，趁贺年相互作揖行礼的时候，突然攻击露禅。但刚刚才一接触，其人已经仰面后跌，起来大笑说："老露今天果然办了好货回来了。"

永年县有一个有名望的人家武氏，是有功名的人。因与陈家沟有亲戚关系，武艺造诣很深，听见露禅从陈家沟又回来了，而且武功大进，于是相约一试。比武中二人功力悉敌，露禅拿出全部本事，始终无法获胜。露禅因此悟出虽然从师十余年，力求上进，但未能深入堂奥，得到太极的精髓。遂再度发愤三到陈家沟。

旧时代的武师教徒，往往要保留一手，陈长兴也不例外。但是，精诚所至，金石为开。陈长兴鉴于露禅执礼之恭顺，求进之诚恳，习拳之刻苦勤奋，当然也不能无动于衷。有一天，陈长兴命露禅与众师兄弟比手，杨露禅战胜了所有的人。陈长兴惊叹露

禅为天才。于是集合陈氏的族人告诉他们："露禅师我逾十年，去而复至者三次，其专心一志，勤学苦练之精神毅力，非你们所能及。我的功夫，本想传给你们而你们不能得，不给露禅而露禅已经得到了。遂尽其所有授其密术。"陈长兴犹恐露禅立志勿坚，常以倨傲无理的态度对待他、考验他。但是露禅越久越恭敬。正是这种尊师重道的品格，才能尽得其师秘传。

如此又过了两年多，陈长兴对露禅说："你可以回去了，你现在的武艺，已经可以无敌于当世。"露禅拜别老师回来后，把太极拳传给家乡的人，从学者甚众。当时称杨拳为化拳，或称绵拳，以其动作绵软而又能化解对方来力。露禅后来到了北京，果然以"神拳杨无敌"之号，倾动一时，享誉武林。

延伸阅读

杨氏太极拳的套路及兵器

传统的杨式太极拳套路有杨氏老架太极拳、杨氏低架太极拳、杨氏用架太极拳和杨氏小架太极拳。

杨氏太极拳还有太极推手、大履、太极散手、太极拳内功等流传于世。杨氏太极拳为了配合现代人的健身习惯，还有其他套路流传下来，如24式、46式、竞赛48式，最新套路为广州胡氏所创，为67式。

杨氏太极拳的拳架有高、中、低之分，初学者可以根据不同的年龄、性别、体力条件，以及不同的要求，采用高低不同的拳架适当调整运动量。因此，它既适于体力较好者用来增强体质，又适用于体弱者作为疗病和保健的手段。

杨氏太极拳的兵器有杨氏太极剑、杨氏太极刀、杨氏太极棍等。

黄飞鸿——粤港洪拳名师

> 黄飞鸿一生以弘扬国粹、振兴岭南武术为己任,因平生绝技如虎形诸势,故在武林中享有"虎痴"之雅号。此外,黄飞鸿亦善于舞狮,有广州狮王之称。

黄飞鸿(1847—1924),原名黄锡祥,字达云,祖籍南海西樵禄舟村,清道光二十七年(1847)七月初九生于广东佛山。黄飞鸿是岭南武术界的一代宗师,同时也是一位医术高超的人。他的医术十分精湛,驳骨疗伤的功夫堪称一绝。光绪时期,他曾在广州仁安里设"宝芝林"医馆,悬壶济世,治病救人。

有一日,年仅13岁的小飞鸿在佛山闹市豆巷卖艺售药之时,遇见铁桥三的首徒林福成,随他学艺两年,得其传授"铁线拳"和"飞铊"绝技。"铁线拳"属于少林外家拳之内功手法,是"广东十虎"铁桥三的绝技。铁线拳以运动肢干,畅通血脉为主,具有壮魄健体,反弱为强的功能,以刚、柔、逼、直、分、提、留、运、制、订等十二支桥手为经纬,阴阳并用,以气透劲,习者能却病延年。黄飞鸿得高人指点,进步神速。

16岁时,飞鸿移居广州,在当地铜、铁行工人的集资下,于西关第七甫水脚开设了他平生第一家武馆,结束了居无定所的街头卖艺生涯。黄飞鸿武艺高强、身手敏捷,被广州三栏行(果、菜、鱼栏)聘为行中武术教练。他是在市井中成长起来的,饱尝人间辛酸,为人耿直、浑身是胆、嫉恶如仇,像大多数习武之人那样,有着高尚的民族气节。有一次,某洋人在香港设擂台以一头大如牛犊的狼狗向华人邀斗,分明是侮辱华人。黄飞鸿知道后怒不可遏,马上赴港。擂

◆ 黄飞鸿

◆ 黄飞鸿纪念馆里的雕像

台上的黄飞鸿紧握铁拳，手臂上青筋暴显，像青龙盘绕着。只见他脸色涨红，浓眉倒竖，怒目圆瞪，猛喝一声，以"猴形拐脚"招式踢得恶犬飞落几丈远，倒毙于地，台下掌声一浪高过一浪。黄飞鸿从此扬名香江。

黄飞鸿致力于弘扬中华武术，谈起粤港洪拳名师，无人不晓"黄飞鸿"。黄飞鸿对洪拳又进行了较全面的整理，并以飞铊入埕、舞狮采高青、无影脚等绝技闻名。黄飞鸿的狮艺更是独具特色，融武术、技巧为一体，擅长表演狮子出洞、狮子滚柱、狮子吐球、狮子上楼台、狮子采灵芝等项目。飞铊采青堪称一绝，百发百中，是"飞铊"绝技与狮艺套路完美的结合。飞鸿更首创女子舞狮之先河，他的妻子莫桂兰及女弟子邓秀琼的狮艺表演出神入化，享誉粤港。"虎鹤双形拳"等一批拳术套路留传至今，黄飞鸿功不可没。虎鹤双形拳既取虎的"劲"（如虎之猛）和"形"（如虎爪），又取鹤的"形"（如鹤嘴啄食）和"意"（如鹤的灵秀飘逸）。手型有拳、掌、指、爪、钩；手法有抛、挂、撞、插等。步型有弓步、马步、跑步、虚步、独立步和麒麟步等，步法讲究落地生根，身型注重挺拔端庄。整套动作蕴含佛家拳的凌厉攻势，又吸取洪拳的严密守势，拳势威武，刚柔并用，长短兼施。

黄飞鸿纵横武坛数十年，对洪拳的普及和振兴起到了重要作用，门下弟子中又不乏出类拔萃的武术家，较著名的有林世荣、梁宽、凌云阶、邝祺添等，女弟子有莫桂兰、邓秀琼。黄飞鸿传人在世界各地致力于弘扬中华武术和武术精神，为中国传统武术走向世界作出不懈的努力。

延伸阅读

黄飞鸿与岭南武术

黄飞鸿一生以弘扬国粹、振兴岭南武术为己任，经其门人林世荣等整理的铁线拳、工字伏虎拳、虎鹤双形拳结构新颖，动作轻快，革除了以往南派拳法沉滞狭隘、动作重复之弊病。虎鹤双形，虎形练气与力，动作沉雄，声威叱咤，有推山倒海、龙腾虎跃之势；鹤形练精与神，身手敏捷，动作迅速，有静若处子，动如脱兔，气静神闲之妙。刚柔并用，长短兼施，偏正配合进退中规，成为飞鸿一脉之代表拳法，为武术界独树一帜。一时风行全省，并远传至港澳、东南亚甚至北美等地，迄今历久不衰。在新中国成立后，被列为我国高等体育院校教材内容之一。

第九讲
古代体育与养生

养生体育的基本内容

> 在中国的养生体系中,人的生命体的自我活动占有重要位置,而且形成了一套关于人体运动锻炼的思想、理论和方法的体系,我们称之为中国养生体育。

养生,在人类与大自然的搏斗中萌芽,于社会物质文明的进步中发展。殷商后期,人们逐渐产生了长寿思想。人类不仅只满足于活着,而更加重视生命的质量,健康长寿成为越来越多的人的祈求和希望。长寿思想的产生,是人对自我价值认识的一大飞跃,也是"生命观"的一大变革。

传统体育养生是运用人自身的运动锻炼手段,通过姿势的调整、呼吸的锻炼、意念的运用,来调节和增强人体各部位的机能,诱发人体内在潜力,起到防病、治病、益智、延年的作用。这种身体运动是为养生长寿服务,即以养护生命使达最长期限为目标的体育活动。由于它以养生保寿为目标,有其独特的内容和特色。

随着人类的需要和生活实践,传统养生得到不断的充实和完善。理论上,传统体育养生,多以中医学原理和传统哲学为指导。中国古典医学理论,如《黄帝内经》,不仅有治病的理论,也包括了养生理论。养生理论又与中国古代的各种修炼思想(包括道家和佛教)融合在一起,因而传统养生的底蕴要比体育深厚。

"养生"是根据生命规律,养护身心,保持或增进健康,减少疾病,以延年益寿的一种措施,体现了"天人合一"思想。强调在养生过程中要符合自然规律,不可违背自然规律。同时也要重视人与社会的统一协调,人要与自然环境统一,也要与社会统一。正如《黄帝内经》主张:"上知天文,下知地理,中知人事,可以长久。"

"形"指形体,就是身体;"神"就是指人的心性、精神、思想意识等。所谓"形神兼养""守神全形""保形全神",就是说在养生过程中既要注重形体养护,更要重视精神心理方面的调适。

人的生命过程是形神统一的过程,形体与精神相互依存、相互作用,又处于相对平衡运动之中。体育养生是一种极好的强身健体的锻炼项目,如太极拳、少林武功等,一招一式无不有神韵的体现,"内练一口气,外练筋骨皮",这里的"气"指的是精、气、神,"筋骨皮"指的是肌肉、关节、筋骨,长久练习就可以使身体强健,精神充沛。

现代医学主张"生命在于运动",

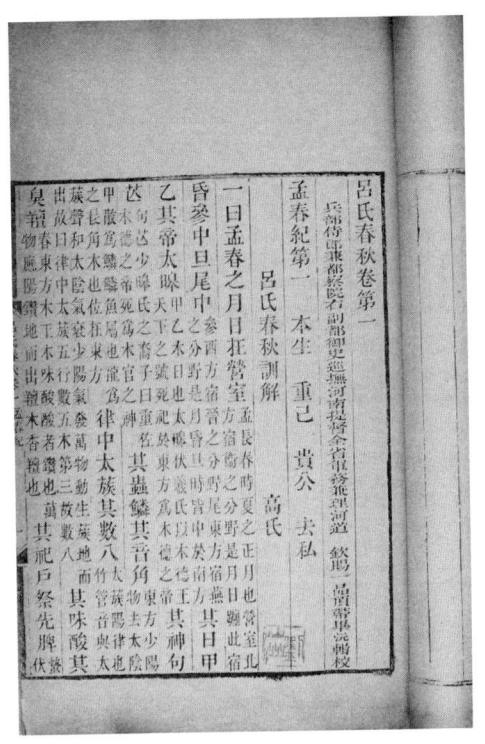

◆ 《吕氏春秋》书影

但中医养生也主张"动中取静""不妄作劳"。体育养生与单纯的体育锻炼不同，它强调在运动的同时，人要保气全神，静运调息。正如《周易外传》所说"动静互涵，以为万变之宗"，《类经·医易》所说"天下之万理，出于一动一静"。

《吕氏春秋》认为，要长寿就要养生，其方法是"顺生"，即顺应人们生理机能、自然等生活规律；"节欲"即生活要有节制，要适度，否则对身体有害；"去害"即要去掉那些对健康有害的因素；"主动"，即运动。在《吕氏春秋·尽数》篇中，提出了著名的"流水不腐，户枢不蠹，动也。形色亦然……"的论述，从而指出了运动的重要意义；主张靠积极的运动来增进健康，这是《吕氏春秋》可贵的养生思想。

传统体育养生与体育虽然都是肢体运动，而传统体育养生侧重于内部的锻炼，体育则主要是筋骨皮的锻炼。体育运动一般带有竞争性和对抗性，如跳高，要求跳得高；举重，要求举得重；有的球类运动的对抗非常激烈。

传统体育养生则重视加强人体内部运动，调整人体内部的机能，也就是精、气、神的锻炼。它不追求短期内身体的激烈运动，而是通过姿势、呼吸、意念的锻炼，慢慢地调整人体生理功能来发挥作用，因此尤其适合应体质弱者和慢性病患者锻炼。

延伸阅读

中医

中医指中国传统医学，是研究人体生理、病理以及疾病的诊断和防治的一门学科。它承载着中国古代人民同疾病作斗争的经验和理论知识，是在古代朴素的唯物论和自发的辨证法思想指导下，通过长期医疗实践逐步形成并发展成的医学理论体系。在研究方法上，以整体观相似观为主导思想，以脏腑经络的生理、病理为基础，以辨证论治为诊疗依据，具有朴素的系统论、控制论、分形论和信息论内容。

中医一般指中国以汉族劳动人民创造的传统医学为主的医学，所以也称汉医。中国其他传统医学，如藏医、蒙医、苗医等则被称为民族医学。

养生中的体育人文思想

> 中国哲学"天人相应""天人合一"的思想对中医学的理论形成产生了深刻的影响，这一理论也提示人们要在生产、生活和体育活动中处处适应自然界的变化，如此才能安养生息。

中医认为，天与地、阴与阳、人与自然有着不可分割的关系。阴阳、五行、脏腑，更是为中医注入了生命力，使其成为体育活动中丰富哲理的一项理论。中国哲学对中医有深远影响，从而也衍生出了体育人文思想。

天人合一是一种养生境界，其核心思想是把人道与天道相融合。天地是个大宇宙，人身是个小宇宙，天人是相通的，人无时无刻不受天地的影响，同样，天地的所有变化都会影响到人。

形神合一是中医基础理论中重要的学术思想之一。中国养生体育在神形、心身的协调发展中，更注意利用一些特殊的运动方式，来锻炼、调节人的神经系统的机能，这样才有利于人体整体功能的优化。

情绪是不可触不可视的，运动员在一些比赛中，有些需要感觉到对手的压力而释放出自己的体育能量，有些则需要靠自己给对手施加压力而壮自己的士气，情绪与体育之间的关系因人而异，因时而异。寻求将他们的需要转变成最佳表现感情，则是运动员们最需要注意的问题。

《黄帝内经》上讲："怒伤肝、喜伤心、思伤脾、忧伤肺、恐伤肾。"由此可见，人的情绪变化对身体所造成的不同影

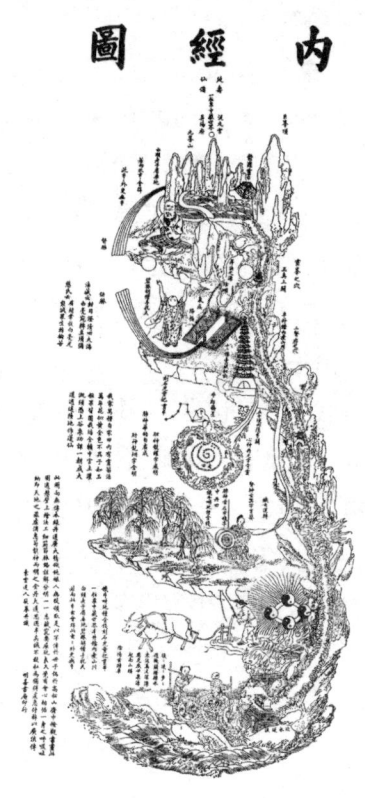

◆ 内经图

◆ 现代养生运动

响,坏心情会有害于人的健康。人对周围的事物,在态度上总会有一定的反应,或是好感或是反感,弱者任思绪控制行为,强者让行为控制思绪。情绪出现过度的大起大落,对人体健康极为不利。

体育锻炼的最高境界是追求一种身心平衡,顺四时、节饮食、调情志、慎医药是中医养生的要诀,一个人只有阴阳平衡才能少生病,从而达到强身健体的目的。理想的平衡状态,是心理和生理的健康状态实现同步,没有平衡的肌体和心理,就没有健康身心和美丽的容颜。所以体育锻炼的目标不但是要有肌体的健康,还要同时实现心理的健康。如果一个人总过分苛求他人,其心理就会有失衡的危险。所以对待他人要宽容些。另外,在给自己定目标时要客观,不要超出自己的能力范围。如果你的抱负不切实际,力所不及,那么当你总欲求不得时,就会对自己失去信心,甚至自暴自弃,藐视自己。长时间的抑郁寡欢也会影响人的身体结构,

影响人的生理健康。

人的生物钟随着日、月、阴、阳变化而变化。古人总结出"日出而作,日落而息",就是遵守大自然的规律来养生的。现代人因为不注重人与自然和谐统一的生存关系,夜生活、夜工作频繁,导致人体内阴阳与在自然界的阴阳颠倒错乱,故引起疾病。医院检查诊断多为病因不明,吃药打针收效甚微,而这类疾病在康复医学上只需调整作息时间就能奏效。故"起居有常",指的是人要顺应自然规律作息。

古人认为,劳动、运动、锻炼身体可以摇动气血,滑利关节对健康长寿有益处。但是运动太过或不及都会伤身,而且影响健康长寿。中医学总结出五劳七伤有"久立伤骨,久视伤血,久卧伤气,久行伤筋,久坐伤肉,大思伤脾,大怒伤肝,大悲伤肺,大喜伤心,大惊伤肾,大劳伤形,大恐伤志",过劳对人体健康有害,要适宜多做柔体运动,不妄劳作,对健康养生长寿有利。

延伸阅读

董仲舒与"天人合一"

"天人合一"的思想概念最早是由庄子阐述,后被汉代思想家、阴阳家董仲舒发展为天人合一的哲学思想体系,并由此构建了中华传统文化的主体。对这个概念而言,董仲舒之所以重视是因为他是儒家最早言说五行者,战国以前的儒家只言阴阳而不论五行。而董仲舒将阴阳、五行学说合流并用,他一般还被看作是儒门解易的第一人,其代表作为《春秋繁露》。

药物养生与体育

> 祖国中医药学古老而神秘，博大精深，浩如烟海，习武与养生的人们很早就学会利用它，为世世代代国人的健康保驾护航。

运用传统中药增强体力和精神上的能力，在古代就十分盛行，药物保健，历史悠久。几千年来，各种各样的保健药物，行之有效的延年益寿方药，不论是在提高体育竞技方面，还是在培养体育精神方面都起到了不小的辅助作用。

古代体育用药多是活血化瘀、疏经通络的功效，它以通为补，以通为用。这个古老的主张，也符合现代医学界的共识。

古代养生家把情绪调节作为治病的良药，认为"行宽心和是一药，心静意定是一药，忿恨自制是一药，解散思虑是一药，恬淡宽舒是一药"。而医家更重视调节情志，认为将情绪调整与药物治疗相结合，是预防和治疗病症的根本。

从魏晋南北朝到隋唐时期，延寿药物研究出现了一种新趋势，即不少方士、医家烧炼金丹，研究和推行秦汉方式的炼丹服石法，就连著名医家陶弘景、孙思邈的著作中亦有许多炼丹服石的内容。现代药理研究已证实，一些石类药如钟乳石、白石英、麦饭石、紫石英等，含有大量的人体必需微量元素，具有抗衰老的作用。因此，当时的炼丹服石法还是有一定科学根据的。

值得一提的是，孙思邈继承和发展了服用药物以延缓衰老的思想。他在《千金方》中提出"药能恬神养性，以资四气"，并记载了不少延寿中药，如服地黄方、乌麻散、琥珀散、熟地膏、枸杞根方、孔圣枕中丹等。宋金元时期，延寿药物的理论有了重要的发展，如著名医学家陈直、邹

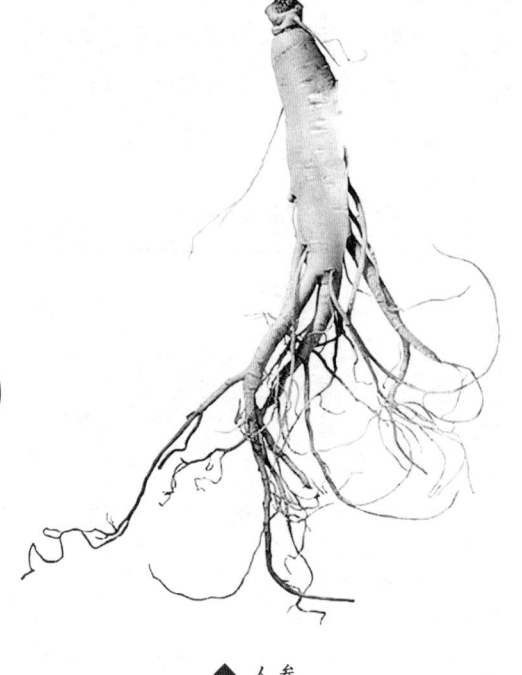

◆ 人参

◆ 茯苓

衰老和延年作用的药物有253种，并选录延寿方剂89则。

清代统治阶级热衷于服用长生不老方药，故宫中此类医方甚多，如益寿膏、补益资生丸、菊花延龄膏、百龄丸、松龄太平春酒等。这些医方，为研究延缓衰老药物提供了宝贵的资料。

铉明确指出，老年药物保健，应着眼于培补先、后天之本。观其书中常用之品，如地黄、枸杞、狗脊、胡桃肉、首乌、菟丝子、人参、茯苓、山药、陈皮、木香等，皆为补肾益精、健脾理气之药。这个时期，方剂学有了高度的发展，出现了以《圣济总录》《太平圣惠方》《妇人大全良方》等为代表的许多部著名的医药方剂学著作，收集了许多延寿方药，如"巴戟丸""神仙服鹿角法""二精丸""益寿地仙丸""枸杞子丸"等，为后世抗衰老方药的研究留下了宝贵遗产。

到了明代，进入延寿药物发展的全盛时期，以赵献可、张景岳为代表的温补学派，主张用温补药物峻补真火；万密斋主张以阴阳平衡、五味既济的中和之法，为老年保健用药制方的原则。尤其是伟大的医药学家李时珍，著成了《本草纲目》这部药物学巨著，在其所记载的1892种药物中，具有抗

延伸阅读

李时珍与《本草纲目》

李时珍22岁开始一边行医，一边研究药物。他发现旧的药物书有不少缺点：许多有用的药物没有记载，有些药物只记了个名称，没有说明形状和生长情况，还有一些药物记错了药性和药效。他想，病人吃错了药，那多危险啊。于是他决心重新编写一部完善的药物书。

为了写这部药物书，李时珍不但在治病的时候注意积累经验，还亲自到各地去采药。他走遍了出产药材的名山，拜访了千百个医生、老农、渔民和猎人，他还亲口品尝了许多药材，判断药性和药效。花了整整27年时间，他终于编写成了一部新的药物书，就是《本草纲目》。

《本草纲目》有100多万字，记载了1800多种药物，每一种都有图，是中药书籍中一部伟大的著作，已经被译成多国文字，在全世界流传。

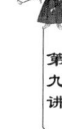

气功与体育运动

在强身健体这一方面，气功和体育锻炼目标是一致的；但是方法和手段却有很大的差异。中华气功源远流长，包罗万象，对传统文化产生了广泛而深远的影响。

中华气功有文字记载在春秋时期。如《周易》《道德经》《庄子》等，据今已3000年时间。根据考古发现，气功源于8000年前，甚至远在伏羲之前就已经诞生。

在古代，气功流派众多，各派对气功的称谓也不尽相同，道家称之为"吐纳""内丹"，佛家称之为"静坐""止观"，儒家称之为"养气""修身"，医家称之为"导引""按跷"……总之，不论是吐纳导引，还是静坐养气，都没有超出气功的范围。这种通过身心调炼，达到养生目的的气功术，在中国文化的长河里绵延了数千年。

气功和体育锻炼都是人类自我身心锻炼的方法，都具有健身作用。体育锻炼通过加强人体的运动量，而使人的身体素质得到提高；而气功修炼则强调以静御动，表面上看来，人的形体不动，但内心、呼吸、意念却没有一刻停止，它的动是缓慢的、内在的、无声无息的。

气功，尤其是动功，也是一种特殊的体育锻炼。包括"调身""调息""调心"三方面相应的内容。如"调身"本来就是体育锻炼的主要内容，而呼吸的调整对于体育锻炼来说也很重要，就像长跑运动员必须使呼吸与步伐相协调一样。正确的呼吸方法，是"调身"达到完美状态的保证。体育锻炼也很重视心理状态的影响，几乎所有的体育项目的竞技成绩都与运动员的心理稳定性有关，只是影响的程度不同，像射击、射箭，情绪的任何波动都可能大大影响成绩。"调息"的目的是使形体的锻炼得到充分的

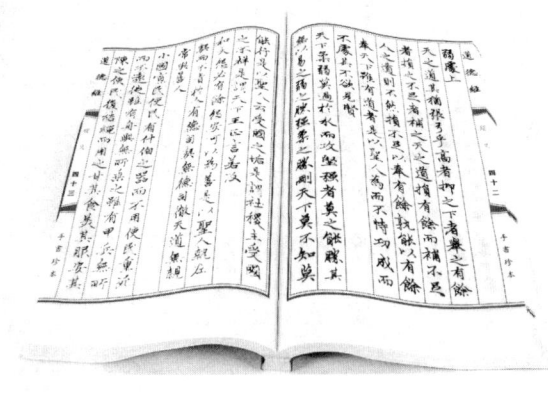

◆《道德经》书影

发挥。而"调心"也同样是为了保证形体的完美发挥。三者有机地结合起来，逐步达到气功入静的状态，并在意识的主导下进行机体内部功能的自我调整和锻炼，通过特殊的心理过程来改变自身的生理状态，达到治病强身的目的。

与体育锻炼相比，气功更强调人的心理状态对人体健康的影响，强调通过主动的自我精神活动来调整自身的生理活动。在气功入静状态下调动和培育人体的生理潜力，起到强身治病的作用。

气功锻炼是在气功入静状态下进行的有呼吸要求的运动，它要求在保持松静自然的基础上，全身协调运动，呼吸柔和细缓，使耗氧量降低，心率减缓，血压降低，在整体上提高身体素质。这与一般的体育锻炼使呼吸加快，耗氧量增多，心率加快，血压升高，从而加快身体某些部分的新陈代谢，使形体按特定的要求完美发展等，有着很大区别。

传统体育中的武术，与气功更是密不可分。所谓"外练筋骨皮，内练一口气"，就是指武术与气功的结合。武术发展到今天，最引人注目的还是它与气功结合而起到的健身治疗作用。传统气功中的"五禽戏""八段锦"等许多功法，往往也同时被归入体育锻炼之列。

气功与医学也有很深的渊源，很多医者皆是气功境界很高的真人。如广成子、轩辕黄帝、赤松子、彭祖等。他们当时没有受到社会和自然环境的污染，他们修炼的理论，探索出深层次的气功修炼秘诀和方法，

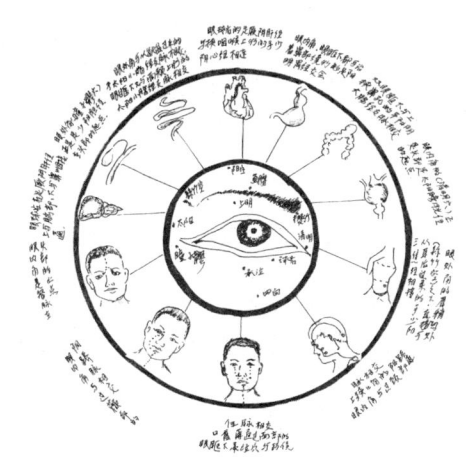

◆ 气功官窍图

都是第一手总结的真谛。万法归宗，要归在源头，归在这些真人那里，他们是名副其实的宗师，是中国养生文化创世的始祖。后世诸多修炼者，脱俗深居独修，有成者群星闪烁，光彩留世，为发展中华传统文化瑰宝，他们功不可没。

延伸阅读

"十六家真言"与气功

据古气功书记载，我国最早的气功"口诀"首推"十六字真言"。即"人心惟危，道心惟微，惟精惟一，允（永）执厥中"四句话。宋儒说这是历尧舜禹汤文武一脉相传下来的"圣人心法"。此四句中的前两句在于区分人心与道心，后两句则在于强调"精""一""中"三个字，尤其强调"中"字。所谓"儒家执中，道家守中，佛家空中"。对此十六字，宋儒朱熹认为，尧传给舜时，只有"允执厥中"一句话，舜传给禹时又加了三句。

佛家养生思想

佛教对中国传统的养生影响很大，佛教认为一个身体健康的人同时也应该是心理健康的人，因此注重修心养性。其中，禅定是重要的养性方法，保持平静、空寂、融通的内心是养生的基础。这种思想对养生中的修身养性方面有极大的影响。

佛教对中国传统体育养生的影响，是以"坐禅"为主要形式，通过调息、调心、调身等方法，对身体和心灵进行外静内动的锻炼。内则指通过呼吸系统、神经系统对机体的调节，来促进机体的基础代谢，从而达到了调节机理，以此改变机体各功能器官的机能，来促进人体的健康。

调息、调身、调心这种练功方法，其实就是一种排解烦恼的心理调解方式。俗话说"病由心生"，是指疾病的产生是由人的心理造成的，因此佛教更注重对心灵的修炼，所谓学佛修行，就是调整自己的内心。摒除杂念，保持心情舒畅，使身体回归人性原本的自然状态，从而促进身心健康。

所谓调心，就是自觉控制意识活动，所谓气功锻炼的中心环节。其基本要求，就是要做到"清心寡欲"，排除杂念，达到"入静"状态。

调息就是自觉控制呼吸，其基本要求是"细、静、匀、长"，逐步达到无声无息。运气是通过深长呼吸和停闭呼吸，以意领气，打通经脉，这在古代也称"闭气""引气""行气""运气"等。调息的意义首先在于提高呼吸效率，通过缓慢的呼吸运动，有节奏地改变着胸腹腔的压力，对内脏起柔和的按摩作用，从而改善内脏的血液循环。

所谓调身就是自觉控制身体的姿势和动作。调身一般分行、立、坐、卧、做。五种情况都必须与调心和调息配合进行。调身的总要求是宽衣解带，舒适自然，不

◆ 坐禅图

◆ 佛祖莲台坐禅

拘形式。

佛教认为若是身体遭受疾病痛苦的折磨，使身体不能健康，而心灵又怎能得到解脱，所以主张使身体的锻炼在整个心灵修炼的过程中顺其自然地发展，强调心理修炼是彻底解决身体疾病的关键所在。消除杂念，放飞心理，采取一种中道的生活方式，使身体回归人性原本的自然状态，促进身心健康。

禅坐，又称打坐，是佛教养生中外静内动的重要形式，人体的健康是在身体、心理的统一，现代体育不能把健康仅仅看作是身体的活动而忽视对心理的锻炼。佛教养生学提倡动静结合、适度运动，可把人体的精神、形体和气息三者能动地结合起来，促进四肢强健、气血畅达，提高人体生命力。而在早期由于生产力水平极低，生存环境又非常恶劣，人们出于自身的身心需要只能从最简单的行走、禅坐中寻找恢复体力、调节心气的良方，加之佛教导气、打坐的方法和行气的融入，使一批以医学保健养生为目的的传统体育逐渐发展成型。

禅坐是改变精神面貌的手段。禅坐的修习能够使人集中注意力，培养人灵明的知觉和积极向上的情感。我们可以藉此了解自身的精神模式和习惯，并在此基础上培养起更加积极的生存状态。只要我们能够自律而有耐心，通过平静且全神贯注的精神状态就可以产生镇定而充满活力的心灵。这样的经历能够使我们的人生发生显著转变，并对生活产生全新的理解和感受。所以，佛教的禅定养生思想为促进现代人身体与心理健康的完满状态提供了很好的途径。

延伸阅读

入静炼心修性

"静"是道佛二教炼心修性的主要方法。

"致虚极，守静笃。万物并作，吾以观复。夫物芸芸，各复归其根。归根曰静，静曰复命。"——《道德经》

"静"能使人心洁意纯，也就是说，能够净化人的灵魂，涵养人的道德。

炼心修性的最终目的是让人做到"相离无念"，就是让心性"灵空"，从而实现"万象有而非有，一心空而非空"的修持境界。

所谓"有非有""空非空"，指的是人内心的一种状态，即人的意念尚存，但却无他想，不为外界诸般事物所干扰，不为内心诸般情绪所困惑。

第九讲 古代体育与养生

儒家养生思想

> 儒家养生是一种"以心为本"的养生体系。儒家养生是通过锻炼、活动筋骨、培养道德以达到心灵的升华,它的最终目的不仅仅是为了"健",而且还为了"寿"和"道"。

儒家着重强调的是心性的道德主体作用,是以人为形、气与心一体的三相有机体。心乃意识层,形、气为非意识层。可见,儒家养生是为了训练道德实践的能力。

儒家养生以修身养性为主要内容,以养气为健身要务,以"仁者寿"为理论导向,以"天人合一"为哲学基础,以致"中和"为最高境界。儒家养生思想把生命的价值和养生的必要统一在"修身、齐家、治国、平天下"的信念中,不以纯粹的养生为要务,而是关注作为整体的社会人的生命存在,培养人们养生而不苟生的大无畏精神,属于道德养生的范畴。

在儒家的养生理论中,孔子首先提出了"仁者寿"(《论语·雍也》)的观点,后来又十分肯定地提出:"大德必其得寿(《礼记·中庸》),认为只有道德高尚的人才可能长寿。良好的道德情操,确实是心理健康的重要标志,而心理健康则是祛病延年的必要前提。

颜回向孔子请教什么是"心斋",孔子说:"你首先要全身心放松,静下心来摒除杂念,使自己的思想意识逐渐归于一处,专注一心。同时要调整呼吸,使自己的呼吸由快及慢,由浅入深,那时候你就不用耳去听,该用心去体会了。进而加深修炼,杂念全无,这时已达到心息相依的地步,那时候用心也听不到了,该用气去感应了。耳朵的功能只能听到有声之音,心的功能也只能感受到外界有形之物。而气是空明的、虚无的,但又是无所不在的,它能容纳一切。当修炼进入高深层次时,大脑思维也进入了一种极静的状态。渐入混沌之境,神气合一,

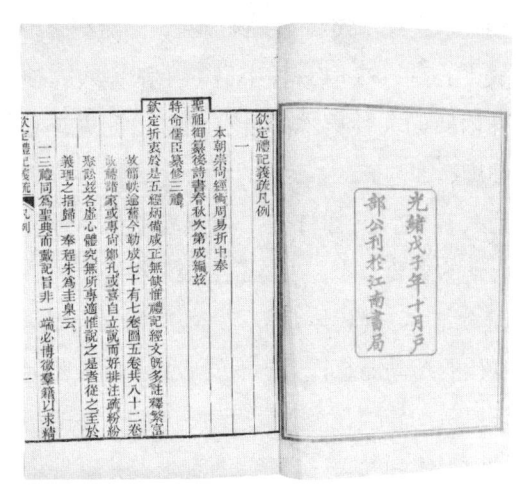

◆ 《礼记》书影

心中寂然。此时人与天合，真性毕露，似乎进入一种空明的世界，这时"道"自然与你相合。这就是虚，就是心斋。

此外，孔子非常强调运动健身，他非常喜欢射箭、弹琴、舞拜、驾车等运动。据有关资料记载：孔子还利用大自然来进行锻炼身体的活动，经常和他的弟子们一起进行郊游和登山，泰山和鲁南的景山，都留有他的足迹，至今泰山天门的石碑上，还有"孔子登临处"的古迹。

孔子对于饮食卫生还提出了某些宜忌问题，他说："食不厌精，脍不厌细，食饐而餲。鱼馁而肉败不食，色恶不食，臭恶不食，失饪不食，不时不食。"（《论语·乡党》）从而明确指出了食品要精细，烹调要得当，进餐要定时，以及变色、变味、腐败变质的食品都不宜食。这些饮食卫生要求，是减少疾病、增进健康的重要一环。

除孔子外，孟子亦提出了许多正确的养生思想，如他非常强调精神调适，指出"养心莫善于寡欲"。人不可能没有欲望，但只能在社会许可的条件下实现欲望，不可有过分的要求。孟子自己提出"我四十不动心"，意思是在我四十岁后，要自己能掌握自己的情绪，不因情志所动，不为名利所惑，情不动则心安。

不但孟子强调寡欲，荀子亦是这样。如《荀子·正名》谓："欲不待可得而求者，从所可。"意思是，欲是人生固有的，既不可贪得无厌地纵情任性，又不可去、止，要"从所可"，根据实际情况，适当满足欲望。

◆ 《荀子》书影

汉代哲学家兼养生家董仲舒在分析孔子关于"仁者寿"的原因时曾精辟地指出："仁人之所以多寿者，外无贪而内清净，心和平而不失中正，则天地之美以养其身。"

延伸阅读

儒学

"儒"是春秋时从巫、史、祝、卜中分化出来的，熟悉诗书礼乐而为贵族服务的术士。《说文》：儒，术士之称。《法言·君子》：通天地之人曰儒。儒学以孔子为至圣先师，而有神论者则把孔子神化为承受天命的教主。

儒学思想除了"先王之道"以外，人与人之间的伦理关系也很重要。记录孔子言行的《论语》当中就有很多关于伦理关系的主张，比方说"孝""仁"，生活方式上主张节俭、富贵不淫等等。在性别上，认为男女有别，阴阳互补，传统社会是"男尊女卑"。儒学不主张通过暴力革命来进行社会地位和身份的改变，并且把这看作社会动乱的根源，而主张通过学习文化知识、建功立业的方式，而政府也安排相应的"选贤与能"的制度。

道家养生思想

> 道家"静以养生"的思想，以老子、庄子为代表，强调修炼内心、养性养神，深为后世养生家、道家所重视。

老子的顺乎自然、恬淡寡欲、静养柔气的养生观点，2000多年来不仅一直成为道家养生的指导思想，而且被我国传统医学所接受，后经历代医家和养生学家的不断补充、提高，逐发展成为我国独特的"中医养生之道"。

养生学家庚桑楚有一个叫南荣的弟子，30多岁了，有一天跟庚桑楚谈论养生之道。庚桑楚说："古人说，蜜蜂孵不出青虫，鸡孵不出大雁，人和人的本领不同，我的才能有限，不够教你的，你去宋国向老子求教吧。"于是，南荣来到宋国拜见老子，说道："弟子南荣，走了七日七夜，来到这里向圣人求养生之道。"老子对他说："养生之道，在神静心清。静神心清者，洗内心之污垢也。心中之垢，一为物欲，一为知求。去欲去求，则心中坦然；心中坦然，则动静自然。"意思也就是说，养生之道在于，心里清静，无欲无求。

老子所著的《道德经》被后世奉为道家经典。从医学角度来看《道德经》包含了不少养生的观点，对中国传统医学产生了深远的影响。比如：

顺乎自然，祛病延年。老子说："人法地，地法天，天法道，道法自然。"老子认为，自然界是人类生命源泉，人要维持生命活动，必须顺乎自然，适应自然变化规律。

少私寡欲，恬淡为上。老子要求少私念，去贪心，知足常乐。认为追逐荣利，嗜欲无穷，是招灾惹祸之源，伤身损寿之根。

静气致柔，以静为正。老子认为柔和之气是人体最富生机之气，就像出生婴儿生机盎然，朝气蓬勃，是有利于人体的真元之气。被后世医家称为元气，指导着养生理论，演化成以柔克刚，以静制动的道家气功基础。

庄子继承和发展了老子的养生观点，进而提出了"静以养生"的思想，要人们做到"恬淡寂寞虚无无为"。这些思想构成了我国古代养生界主静派的思想基础，其对后世的养生家、医学家，甚至哲学家所采用的修炼身心的方法产生了影响。

庄子提出养生的同时，对追求健康与长生的"导引""养形"完全否定。《庄子·刻意》否定了五种人，其中一种人是导引之士，养形之人，就是考察彭祖长寿原因

◆《老子授经图》（清　任颐）

的人们的主张。这种观点是比较片面的。然而，庄子借"庖丁解牛"的故事，提出了"依乎天理，因其固然"的养生原则，主张只有遵循自然法则，才能保持形体的强壮和精神的健全，却是十分可贵的。"静以养生"的思想，是在"动以养生"思想形成以后，在养生实践中派生出来的一个支流。"动以养生"思想萌发于商末和西周，成熟于战国末期和汉代；而"静以养生"思想则萌发于战国后期，成熟于两晋南北朝至隋唐五代。二者时间相距足有500—1000年之久。"以静养生"思想萌发于"劳逸适度""张弛相辅""不妄作劳"等有关劳逸结合的观点；到了战国末期，进而发展出与"动以养生"相对的一派主张，至汉以后才逐渐构成体系。

延伸阅读

《黄帝内经》

《黄帝内经》是中国传统医学四大经典著作之一（《黄帝内经》《难经》《伤寒杂病论》《神农本草经》），是我国医学宝库中现存成书最早的一部医学典籍。它是研究人的生理学、病理学、诊断学、治疗原则和药物学的医学巨著。在理论上建立了中医学上的"阴阳五行学说""脉象学说""藏象学说""经络学说""病因学说""病机学说""病症""诊法"，以及"养生学""运气学"等学说。其医学理论是建立在我国古代道家理论的基础之上的，反映了我国古代天人合一思想。由于《黄帝内经》所论的养生之道多是从老子学说中发挥的，所以又称"黄老之学"。

"五禽戏"与养生

"五禽戏"是2000多年前，东汉末年的神医华佗所编创的一套养生健身术，它看似简单的几种招式却是中国流传年代最为久远的健身体操。

"五禽戏"的创始人华佗，被后世尊为"外科鼻祖"。相传他活到150多岁时仍然保持着60多岁的容貌。华佗一生救人无数，而且用的都是十分简单而又有效的方法。他的学生吴普，樊阿都活到了90多岁，而且耳聪目明，齿发坚固，相传就是得益于华佗传授给他们的"五禽戏"。

华佗在许昌地区行医治病时，发现了好多疑难症，不太好治。所以他就观察动物创制了五禽戏。"五禽戏"是模仿虎、鹿、猿、熊、鹤五种动物的形态和神态，来达到舒展筋骨、畅通经脉目的的一种健身方法。今天盛行的太极等传统健身方式，最初就源于华佗创编的"五禽戏"，以至于太极传承至今还留有五禽戏的痕迹。

"五禽戏"最初的动作主要是模仿虎的扑动前肢、熊的伏倒站起、鹿的伸转头颈、猿的脚尖纵跳、鸟的展翅飞翔。通过模仿这五种动物的动作，不仅能锻炼四肢的筋骨，而且还能使五脏六腑得到全方位的

◆ 五禽戏

运动。做翔飞鹤的时候，这一飞起来，头顶朝天，后背朝天，脚心朝天，单腿独立。这个时候，站长了自然呼吸，叫悬六腹，吊五脏，肺腑兼牢。所以，从虎到鹤这五种动物，它动作起来以后，互相兼顾，互相配合，达到统一健身。中国自古就有一句话，叫"药补不如食补，食补不如动补。"

华佗"五禽戏"是一种取法自然的古老运动。两千年后的今天，这源远流长的健身术，已经由最初的五个动作，加入了虎、鹿、猿、熊、鹤的更多姿态，丰富到了20个动作。

虎扑动前肢：虎走阴属肾，行膀胱属阳，阴阳平衡防治疾病，练虎的时候，瞪起眼睛来加强肾脏的锻炼。

鹿伸转头颈：鹿主肝，肝脏有毛病，它很起作用。鹿是斜视，斜视作用于肝脏，叫疏通肝气，调理肺气，互相配合，互相起作用。

猿脚尖纵跳：猿属火。心火猿主心脏，对心神起作用，猿的动作闪展腾挪灵活眼。这个动式，一活动起来以后，这个眼睛眨巴三下，不要多，你把这个神气掌握到了，就三下解决问题。

熊伏倒站立：熊属土，主脾胃，特别是练摇臂熊、晃臂熊的时候。胃酸，胃痛胃溃疡，十二指肠溃疡，胃上有毛病，就练熊（的动作），它很起作用。

飞鹤展翅飞翔：鹤的眼神，目光是环视。鸟的眼珠是环视，动起来，环视。这种环视它的作用在肺，它配合动作的时候，比

◆ 纪念华佗的庙宇

如说做平飞鹤，一抬，五脏六腑都起来，一落，杀下去，都恢复回去。这一张一弛，一开一合，对内脏特别是肺起作用了。

延伸阅读

刮骨疗毒

刮骨疗毒见于小说《三国演义》，书中曾有一段广为流传的故事，甚至后人们时常用刮骨疗毒而不吭一声成为赞誉铮铮铁骨的好男儿。

关羽曾经被一支飞箭射中，箭穿透了他的左臂，后来，伤口虽然愈合了，但是每到阴雨天，骨头常常疼痛。华佗说："箭头有毒，毒已渗入到骨头里，应当切开臂膀再一次治疗箭伤，刮掉渗入毒药的骨头，完全除掉毒药。这样以后，病才能根除。"关羽便伸出臂膀让华佗切开。当时，关羽恰好邀请各位将领在一起喝酒吃饭，臂膀上的鲜血淋漓，溢出盘子，而关羽却依然切烤肉吃，举起酒杯喝酒，谈笑自若。

八段锦与养生

八段锦是中国古代流传下来的一种气功动功功法,由八节组成,体势动作古朴高雅,故名。八段锦形成于12世纪,后在历代流传中形成许多练法和风格各具特色的流派。

八段锦是从北宋起便开始流传的一项健身运动,其实就是古人创编的八节不同动作组成的一套医疗、康复体操。古人把这套动作比喻为"锦",意为动作舒展优美,如锦缎般优美、柔顺,又因为功法共为八段,每段一个动作,故名为"八段锦"。八段锦动作简单,易记易学,适合男女老少等不同人群习练。传统医学认为,八段锦柔筋健骨、养气壮力,具有行气活血、协调五脏六腑之功能。

八段锦被分为南北两派。行功时动作柔和,多采用站式动作的,被称为南派,伪托梁世昌所传;动作多马步,以刚为主的,被称为北派,附会为岳飞所传。从文献和动作上考察,不论是南派还是北派,都同出一源。

柔和,是指习练时动作不僵不拘,轻松自如,舒展大方。缓慢,是指习练时身体重心平稳,虚实分明,轻飘徐缓。圆活,是指动作路线带有弧形,不起棱角,不直来直往,符合人体各关节自然弯曲的状态。它是以腰脊为轴带动四肢运动,上下相随,节节贯穿。连贯,是要求动作的虚实变化和姿势的转换衔接,无停顿断续之处。既像行云流水连绵不断,又如春蚕吐丝相连无间,使人神清气爽,体态安详,从而达到疏通经络、畅通气血和强身健体的效果。

松,是指习练时肌肉、关节以及中枢神经系统、内脏器官的放松。在意识的主动支配下,逐步达到呼吸柔和、心静体松,同时松而不懈,保持正确的姿态,并将这种放

◆ 十二段锦图谱

◆ 八段锦图谱

动作的缓慢用力之处，在外观上看略有停顿之感，但内劲没有停，肌肉继续用力，保持牵引抻拉。适当的用力和延长作用时间，能够使相应的部位受到一定的强度刺激，有助于提高锻炼效果。

神，是指人体的精神状态和正常的意识活动，以及在意识支配下的形体表现。"神为形之主，形乃神之宅。"神与形是相互联系、相互促进的整体。本功法每势动作以及动作之间充满了对称与和谐，体现出内实精神、外示安逸、虚实相生、刚柔相济，做到了意动形随、神形兼备。气寓其中，是指通过精神的修养和形体的锻炼，促进真气在体内的运行，以达到强身健体的功效。习练本功法时，呼吸应顺畅，不可强吸硬呼。

松程度不断加深。紧，是指习练中适当用力，且缓慢进行，主要体现在前一动作的结束与下一动作的开始之前。八段锦中的"双手托天理三焦"的上托、"左右弯弓似射雕"的马步拉弓、"调理脾胃须单举"的上举、"五劳七伤往后瞧"的转头旋臂、"攒拳怒目增气力"的冲拳与抓握、"背后七颠百病消"的脚趾抓地与提肛等，都体现了这一点。紧，在动作中只在一瞬间，而放松须贯穿动作的始终。松紧配合得适度，有助于平衡阴阳、疏通经络、分解黏滞、滑利关节、活血化淤、强筋壮骨、增强体质。

动与静主要是指身体动作的外在表现。动，就是在意念的引导下，动作轻灵活泼、节节贯穿、舒适自然。静，是指在动作的节分处做到沉稳，特别是在前面所讲八个

延伸阅读

十二段锦与十六段锦

明清时期，出现了多种在八段锦基础上发展而成的功法，其中以十二段锦、十六段锦最为有名。十二段锦，即坐式八段锦，因有十二节，故名十二段锦。此功包括动功和静功，静功包括入静、存想；动功有鸣天鼓、摩后精门、攀足等。

十六段锦之名，是在八段锦基础上吸收了老子导引二十四势、婆罗门导引十二势、赤松子导引法十八势、钟离导引法十八势、胡见素五脏导引法等精华创编而成。由抱项、按项、鸣天鼓、按膝、开弓、摆肩、摇腰、排天、钩脚、曲脊、扳身、拗步、背手、扭腿、漱津、起火等十六组动作组成。

导引术与古代养生体操

> 中国导引术是内向的、自我的、没有竞争意识的，它浸沉于一种超然的、宁静的、自足的个人身心体验与实践之中。

中国导引术的历史要追溯到远古先圣帝尧时代，是中国先民们在同大自然奋争苦斗过程中产生的。正是在千百年漫漫岁月里，在与洪水灾害所进行的可歌可泣的斗争中，为了治疗"膝卫滞着而多重槌"等疾病，先民们创制出了导引术。它是在中华民族深厚而悠久的文化土壤中产生的一种独特的、具有特定内容构成和功能的养生治病方法体系。

中国古代导引术着重于满足自我，通过熊经鸟伸、龙导虎引、凫浴猿躩等栩栩如生、惟妙惟肖的动作练习获得自身的乐趣，体验一种神奇的、超意识的快感。

运动是中国导引术的灵魂和生命，在中国的导引术和气功中，运动却是相对的。导引术要求形体运动但心理上却要至虚至静，凝神于中，反观于心。而在内丹等静气功中，形体处于静态却要用特殊的方法促使调整人的内部生理系统进入一种微妙的、高度的活动状态。

◆ 导引图

中国的导引术是内在的。中国导引术是建筑在中国古代生理认识层次上的，着眼于发展人的内脏器官的生理功能。照《黄帝内经》的说法，是"理血气而调诸逆顺，察阴阳而兼诸方，缓节乘筋而心和调者，可使导引行气（《灵枢·官能》）。"一个练习中国导引术的人将是精神旺健，神气充足，身心康乐，洋溢着内在的生命力。

中国的导引术是平和的、冷静的、小运动量的，有如和风下缓缓流动的小河，弥漫着温馨、宁穆、理智和神秘。华佗曾对他的弟子谈论过导引术："人体欲得劳动，但不当使极耳。动摇则谷气得消，血脉流通，病不得生，譬如户枢终不朽也。是以古之仙者，为导引之事，熊经鸱顾，引挽腰体，动诸关节，以求难老。"

中国导引术是多元的，是多种方法要素的组合。先秦的庄子说："吹嘘呼吸，吐故纳新，熊经鸟伸，为寿而已矣。此导引之士，养形之人，彭祖寿考者之所好也。"（《庄子·刻意》）这就是说，导引术是呼吸吐纳为主的行气术与模仿动物动作的肢体活动相结合的，通过"养形"来追求寿考的养生方法。西汉的《淮南子》说法基本与《庄子》相同，但于"熊经鸟伸"之后又加上了"凫浴蝯躩，鸱视虎顾"四个动作（《精神训》）。从养生家的角度来看，所谓导引，就是通过一系列内(气)、外(形体)结合锻炼的方法来"导气令和，引体令柔"，达到养生长寿的目的。所以唐代道士成玄英注《庄子》说："吹冷呼而吐故，呴暖吸而纳新。如熊攀树而可以自悬，类鸟飞空而伸其脚

也。斯皆导引冲气，以养形魂。延年之道，驻形之术。"

然而，在医家看来，导引的价值不仅在于"治未病"，而且在于"治已病"。也就是说，医家与养生家有所不同，他们所更为关注的是导引的医疗价值。唐王冰注《内经》说："按谓折按皮肉，娇谓捷举手足。导引按矫，中人用为养神调气之正道也。"唐代和尚释慧琳在《一切经音义》中干脆直截了当地说："凡人自摩自捏，伸缩手足，除劳去烦，名为导引。"清人郑文焯在《医故》中也说："古之按摩，皆躬自运动，振挼顿拔，按捼拗伸，通其百节之灵，尽其四肢之敏，劳者多健，辟犹户枢。"

由此可见，导引术既是一种养生术，又是一种体育医疗方法。它的基本内容包括肢体活动、呼吸吐纳运动和自我按摩。同样，导引也并不完全能归类于气功。尽管在强调掌握实践呼吸技巧和方法上很多导引术与行气术相通，但它更接近于现代医疗体操。

延伸阅读

《易筋经》

《易筋经》是古代的一种医疗体操。相传天竺和尚达摩为传真经，只身东来，一路扬法颂法，后落迹于少林寺。达摩内功深厚，在少林寺面壁禅坐九年，以致石壁都留下了他的身影。达摩会意后，留下两卷秘经，一为《洗髓经》，二是《易筋经》。《洗髓经》为内修之典，归慧可，未传于世。《易筋经》为外修之书，留于少林，流传至今。然而现代考古资料证明，《易筋经》实为明末天台紫凝道人所创，原系道家导引之术，与佛教实无干系。

行气术与吐故纳新的运动

> 行气是早期道教的一种颇为重要的修炼方术，也称服气、食气、炼气，是一种以呼吸吐纳为主，辅以导引、按摩的养生修炼方法。

道教重视行气之法，与它对元气的重视有直接的关系。道教认为，天地万物包括人，都是由元气化生而来的。如《太平经》说："元气行道，以生万物。"既然气对于人的生存如此重要，道教从它的长生不死的宗旨出发，便很自然地提出，常保身中元气，使之不失，便可长生不死。

那么，如何才能使气在人身中久久不竭呢？道教提出了行气之法。如何行气？道士们在吸收前人经验的基础上，创造了许多具体方法，仅《云笈七签》即载有行气法数十种。尽管具体方法很多，但基本原则却是相同的。一般说来，行气时，均要求凝神净虑，专气致柔。呼吸吐纳，要做到轻、缓、匀、长、深。轻，即呼吸轻细；缓，指进出气舒缓；匀，呼吸节拍有致，不时粗时细；长，呼吸之间间隔时间长；深，即要求使吸入之空气渗入脏腑百脉，渗透组织深部。据称行气既久，可以达到鼻中无出入之气的最佳境界。

行气也称服气，其实这只是从一般的意义上讲的，从道教经典中关于这一内容的具体记述来看，两者还是有区别的。行气主要是以我之心志，来驱使气，使气为我所用。如《抱朴子内篇·释滞》中说："初学行炁，鼻中引炁而闭之，阴以心数至一百二十，乃以口微吐之，及引之，皆不欲令己耳闻其出入之声。常令人多出少，以鸿毛著鼻口之上，吐炁而鸿毛不动为候也。渐习转增其心数。久久可以至千，至千则老者更少，日还一日矣。"这里介绍的是具体的行气之法，它要求人初学行气时，用鼻吸气

◆ 道教三清像。道教注重行气，三清之说实则是道教"气"的认识的延伸。

然后屏息，心中默数数，数到一百二十再吐气，然后才吸气，照前数数。吸气或呼气时，要做到不让自己的耳朵听到气的出入之声。这样，常使气进的多，出的少，如果把鸿毛放到你的鼻下，而呼气时鸿毛不动，就是达到一定的境界了。到了这一步，就可以使闭气数数的数目增加，如果能增加到一千，就可以使你返老还童，而且一天比一天年轻。

服气，也称吐纳、食气，主要指的是吸收天地间的生气或日精月华，服外气以养生。《云笈七签》卷三十六《食气法》中有关于服气法的记述："养生之家，有食炁之道。夫根植华长之类，蚑行蠕动之属，莫不仰炁，以然何为能使人饱乎？……"《仙经》云："食炁法，从夜半至日中六时为生炁，从日中至夜半六时为死炁，唯食生而吐死，所谓真人服六炁也。"这里，首先说明了一切动物、植物，都是仰仗气而生存，所以人也可以单凭食气而生存。然后介绍食气时，应注意生气和死气，一天之中，从夜半到日中六时为生气盛行之时，从日中到夜半六时为死气盛行之时，所以食气时，必须食生气，而不能食死气，只有生气才是天地日月之精华。

道教认为，人通过行气，可以带来种种神效。对此，《抱朴子内篇》有诸多记述。如在《至理》篇中说："服药虽是长生之本，若能兼行气者，其益甚速，若不能得药，但行气而尽其理者，亦得数百岁。"葛洪认为最上乘的仙术是服食金丹，但这里同时说，如果服药时能兼行气，其效果就更

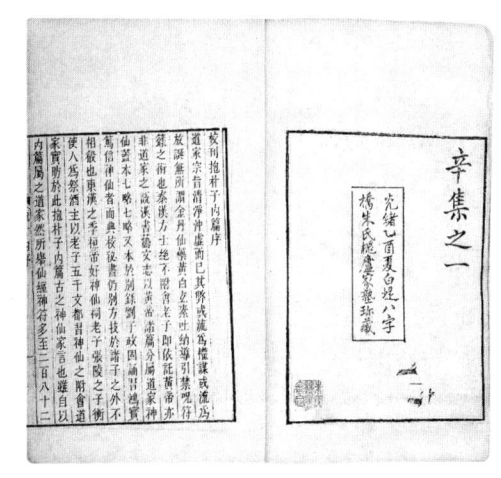

◆《抱朴子》书影

好。而且，如果没有金丹大药，但是你能尽得行气之理，也可以活上数百岁。在《释滞》篇中，葛洪总结行气之法说："故行炁或可以治百病，或可以入瘟疫，或可以禁蛇虎，或可以止疮血，或可以居水中，或可以行水上，或可以辟饥渴，或可以延年命。"

延伸阅读

道教

道教是中国的传统宗教，它的历史远可以追溯到先秦时期，而正式形成于东汉的中后期。与世界其他大型宗教不同，道教并非是一人一时一地所创，乃中国历代各地不同的文化、思想相结合而成为宗教。

道教的起源现存的史料和道教经书中的说法各不相同。《魏书》中认为道教起源于老子，葛洪则认为起源于"二仪未分"之时的"元始天王"（这种说法常常被研究者斥之为无稽之谈）。目前普遍认为道教于中国古代各地的巫术和鬼神信仰，而后各地巫俗信仰（如鬼道、方仙道等）再与儒、道、释、墨、五行、阴阳等诸家学说相结合创造出各地不同的民间信仰体系。

按摩术与推拿

按摩与推拿以中西医基础理论为指导,以各种手法技巧或器械为作用力,通过神经系统调节,体内精液循环调节,以达到舒筋活骨、消除疲劳、防治疾病的效果。

在原始社会中,原始人在与野兽博斗中或劳动中,必定有一些外伤,导致发生疼痛,原始人自然地用手去抚摸,逐步收到效果。人类本能地重复应用一些能够祛病的抚摸手法,经过时间的延续,这些手法得到发展和积累。约在几千年前,我国祖先为按摩术奠定了基础,并逐步形成我国的按摩术。战国时期,我国最早的医书《黄帝内经》对按摩术有所记载,其中《素问·异法方宜记》指出:"中央者,其地平以温……故其病多痿厥寒热,其治宜导引按跷。故导引按跷者,亦从中央出也。"这说明当时我国已有推拿按摩术,起源地在黄河流域,那时称按摩为按跷,由于操作简单,所以,很快在我国各个时期都得到了迅速发展。

原始社会生产力水平低下,文化不发达,所以一些抚摸的手法,形成于早期医疗的雏形。随着原始社会的瓦解,以及奴隶社会的形成,在当时医事管理方面,按摩术已成为一科。

夏商时期生产力水平提高,医事有所发展,出现了中药。此时,按摩术与中药成为这个时期的主要医疗方法。春秋战国时期,涌现出众多学派医学思想,并对按摩治疗疾病有所记载。如《韩非子》《老子》《墨子》《史记·扁鹊传》等对按摩术都有记述,并且形成了一些手法。秦汉时期,中国成为统一的封建集权国家,祖国医学逐步形成体系,推拿按摩也随医学发展而形成

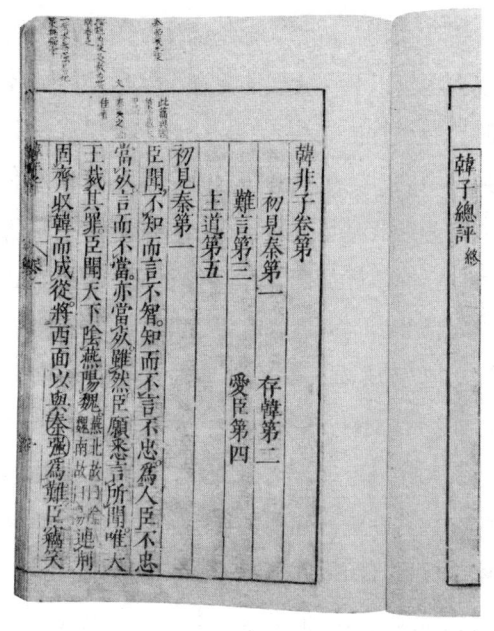

◆ 《韩非子》书影

◆ 注重养生的慈禧太后

独立体系，出现了第一部按摩专著《黄帝岐伯按摩经》，它和《黄帝内经》《华佗别传》等著作记述了十几种按摩手法。

经过漫长的岁月，按摩术在我国逐步得到了发展。中国足部按摩，有文可查的是《黄帝内经》中介绍足部有38个腧穴与脏腑相通、东汉华佗"足心道"和他创编的五禽戏中"除疾兼利蹄足"的功效。足部按摩有缘传承下来，还有一个传说。据说，仙女每走一步足生莲花的故事，可以理解为古人对足文化的崇拜，佛足石印上的人体图，可以推揣出印度古代智者已经懂得人体与脚部内在联系，古老的瑜珈术也早就在强调修炼足部。

隋唐时期，是封建社会强盛时期，按摩术也已发展到鼎盛阶段，按摩手法有了大的发展，并且推出小儿按摩的新方法。在医事制度中，按摩术有专门编制，如隋时太医署设有按摩博士2人；唐代继承了这种制度，《唐六典》记载太医署有按摩工56人和按摩生115人；宋朝医学著作《圣济总录》有独立篇对按摩进行记载，这说明推拿按摩比以前有了新的发展。明清时期，随着按摩术的发展，保健按摩也取得了进展。

唐太宗李世民的时代，各种养生文化得到了极大的成长，他的专属按摩师李淳风尤其出名，李淳风总结了前人的经验，研究出一套非常有效的推拿术，并写成书籍，还配上绘画使得技法更容易理解。

清代满族王室也十分注重按摩，御花园里面有一条共有900多种不同图案的"御道"，是经过历代皇帝的修整补充才形成的，据说这是当年专门为皇帝按摩脚而辅设的。慈禧太后就曾用玉石按摩来做日常保养，使其美容常驻。

延伸阅读

推拿的简介

推拿又有"按跷""跷引""案杌"诸称号。推拿，作为一种非药物的自然疗法、物理疗法，的确由来已久，有学者赞之为"元老医术"。推拿作为以人疗人的方法，通常是指医者运用自己的双手作用于病患的体表、受伤的部位、不适的所在、特定的腧穴、疼痛的地方，具体运用推、拿、按、摩、揉、捏、点、拍等形式多样的手法，以期达到疏通经络、推行气血、扶伤止痛、祛邪扶正、调和阴阳的疗效。

孙思邈妙论养生

> 孙思邈是我国古代杰出的医药学家、养生学家，被后世尊称为"药王"。传说他寿高101岁，一生为人治病疗疾，广采医药文献，结合自己的从医经验著书立说。

孙思邈养生学的著作，全面地论述了他的养生术，成为我国医学和保健学的优秀文化遗产，为祖国的医学事业作出了巨大的贡献。

孙思邈在《千金翼方》中写道："人年五十以上，阳气日衰，损与日至，心力渐退，忘前失后，兴居怠惰。计授皆不称心，视听不稳……万事零落，心无聊赖，健忘嗔怒，情性变异，食饮无味，寝处不安。"他告诫子孙要充分认识这些老年人的生理和心理的特征，不可错误地认为"大人老来恶性不可恣谏"而埋怨他，应该根据老人的生理和心理的特点而顺其自然，"与宜常预慎之"，"不得令其意负不快"而影响健康。因为"怒甚偏伤气，思多太损神"，"神疲心易役，气弱病相侵"。这就要求子孙们必须善于适应和调节老人的感情变化，"勿使悲欢极，当令饮食均；再三防夜醉，第一戒神嗔"，以便顺其自然，保持平和的心态。孙思邈的这种养生观，是根据他自己的实践、体会总结出来的，也是孙思邈长寿的宝贵经验。

孙思邈很重视食养，他认为，"安神之本，必资于食"，只有吃得好，才能强身防病。他说："春七十二日，省酸略甘，以养脾气；夏七十二日，省苦增辛，以养肺气；秋七十二日，省酸增甘，以养肝气；冬七十二日，省咸增苦，以养心气；季月各十

◆ 孙思邈

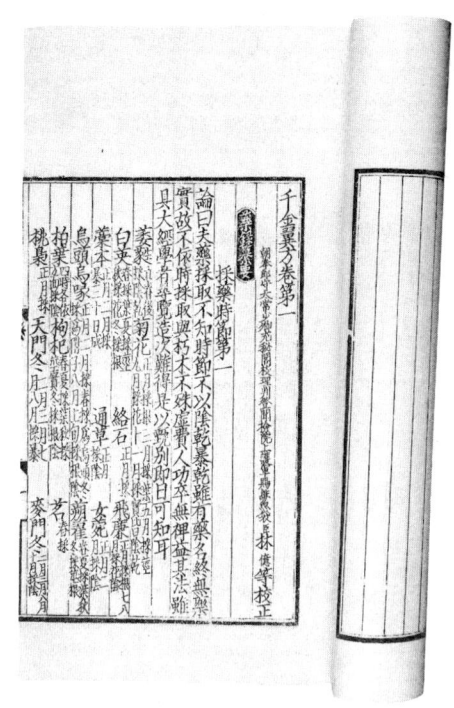

◆ 《千金翼方》书影

余日，省甘增咸，以养肾气。"他把饮食与季节的变化联系起来，根据季节的不同和身体的营养需要来确定进食的重点，就使得平日的一日三餐成为养生健身的手段，避免了随心所欲的进食方式。此外，他还极力主张饮食须有所节制，不可吃得过饱。应该做到少吃多餐，多吃淡食，少吃肉，还经常服用蜂蜜、莲子、山药、芝麻、牛乳等，对长寿都有好处。

孙思邈说："养生之道，常欲小劳，但莫大疲，强所不能堪耳，且流水不腐，户枢不蠹。"他从不"饱食即卧"，而是"食毕当行步踌躇"，"每食讫以手摩面及腹，令津液通流"，有助于消化，达到祛除百病的目的。孙思邈不仅善于活动筋骨，还很注意用脑和健脑。他平时勤于动脑，善于思考。

孙思邈为世人留下了总结自己养生保健、延年益寿宝贵经验的十二少秘诀："少思、少念、少事、少语、少笑、少愁、少乐、少喜、少好、少恶、少欲、少怒"。他认为人的七情六欲，是难以回避的精神活动，如果放纵或者抑制都会对身体有损害。为此，要做到适度，就贵在一个"少"字上。就是说要有所节制，不太过，保持中庸之道，不走偏锋，对于养生益寿多有裨益。

他在倡导"十二少"的同时还提出了他所忌讳的"十二多"。即："多思则神殆，多念则志散，多欲则志昏，多事则形劳，多语则气亏，多笑则脏伤，多愁则心摄，多乐则意溢，多喜则忘错混乱，多怒则百脉不定，多好则专迷不理，多恶则憔悴无欢。"他把这"十二多"视为"丧生之本"。

延伸阅读

孙思邈小故事

孙思邈医术高明，隋文帝请他出任"国子博士"，他假托有病谢绝，继续隐居，钻研医学，为人民治病。一天，一个患腿疼的病人来就诊，孙思邈便给他针灸。他按照医书上的穴位，扎了几针，都未能止疼。他想，难道除了古人发现的365个穴位之外，再没有别的穴位了吗？他仔细地认真地寻找新的穴位，一面用大拇指轻轻按掐，一面问病人按掐的部位是不是疼，病人一直摇头。最后，当孙思邈的手指按掐住一点时，病人立即感到腿疼的症状减轻了好多。孙思邈就在这一点扎了一针，病人的腿立刻不痛了。这种随疼点而定的穴位，叫做"阿是穴"，又名天应穴、不定穴。这是孙思邈对我国针灸学的一大贡献。

第九讲　古代体育与养生

苏轼的养生术

> 苏轼是我国北宋著名的政治家和文学家,不但散文写得美,而且精通诗、词、书、画,堪称文坛宗师。同时他还热爱中医中药,潜心研习,造诣较高,对养生之道尤有心得。

苏轼一生仕途坎坷,屡遭贬谪,迁徙多地,历经磨难,但享年仍近古稀,这在当时已属高寿,与他善于养生、注重保健有密切的因果关系。

苏轼认为,饮食有节是长寿的基本条件。他主张少食、素食、食有节度。提倡"已饥方食,未饱即止"。他说这样可以"宽胃以养气";且饥而后食,虽纵然是粗饭淡菜,也觉得味美可口,犹如珍馐。他的名言"晚食以当肉",讲的就是这个意思。苏轼平时所食,每餐是一荤一菜一汤,从不暴饮暴食。他所说的素食,并非指油脂一点不吃,而是少食油脂,以素为主。

苏轼还认为,清心寡欲是长寿的关键因素。他生性达观,常以"安分以养福""无事以当贵"自慰。他说"养生难在去欲",人生在世,不必追求功名利禄,不要留恋官位权势,不宜看重荣辱得失。如果贪欲无度,永无满足之时,便会亏损心神,耗伤气血,妨碍健康。对于酒、色、财、气,切勿迷恋沉溺,不知控制,不能自拔,而贻害自己。他曾在黄州寓所的墙壁上挥毫题写:"出舆入辇,蹶痿之机;洞房清宫,寒热之媒;皓齿娥眉,伐性之斧;甘脆肥脓,腐肠之药。"这段精辟论述,可算是规劝人们关注养生保健的宝贵箴言。

苏轼又认为,动静结合是长寿的重要保证。他告诫人们不要贪图安逸、久坐不动。应多走路跑动,提倡"安步以当车",多运动以活动筋骨,畅通气血。他喜爱爬

◆ 苏东坡(清代萧晨《东坡博古图》)。苏东坡爱好广泛,性情豁达,精于养生。

◆ 《东坡养生集》书影

山，说登山既可锻炼腰腿，强身壮骨，又能陶冶性情，清除心中杂念。他还爱在庭院中抚花弄草，经常劳动，辛勤种植。他很赞同神医华佗说的这句话："人体欲得劳动……动摇则谷气得消，血脉流通，病不得生。"他每天定时散步，称"散步可令腹空"，有助于消化。另一方面，他坚持练静坐功，黎明起床面向东南盘膝打坐，先叩齿数十次，咽唾液，后做腹式呼吸以吐故纳新，再按摩脚心、脐下、两腰及颜面耳廓直至发热，最后揉鼻两翼，梳发百余次而止。苏轼说："此法甚效，初不觉，但积累时日，功用不可量，比之服药，其效百倍。"

苏轼深刻认识到，适当服药养生是长寿的得力措施。苏轼一生酷爱研读中医药书籍，他每到一处，都爱与当地名医结交友谊，探讨防治疾病的方法及养生之道。他为官一方，关心民生，特别注重贫苦大众的疾病防治问题，常向他们义诊送药，如遇疫病流行，更是大力救治，故百姓口碑极佳。后人曾搜集他治病常用的48个验方，编为《苏学士方》，至今存于中医宝库中。他还自著了《东坡养生集》，书中介绍他长期服食芡实的养生体验：每日不拘时间取熟芡实米仁数粒放口中细嚼，待唾液满嘴时慢慢咽下，每天吃20—30粒，终日不断。他还在庭院中种植枸杞，供自己食用及宴请宾朋，有《小圃枸杞》诗句为证："……根茎与花实，收拾无弃物。大将玄吾鬓，小则饷吾客。"他说常吃枸杞能乌须黑发，强身健体，益寿延年。

延伸阅读

东坡肉

苏轼被贬黄州的时候，有著名的《猪肉颂》打油诗："黄州好猪肉，价钱等粪土。富者不肯吃，贫者不解煮。慢著火，少著水，火候足时它自美。每日起来打一碗，饱得自家君莫管。"这里的"慢著火，少著水，火候足时它自美"，就是著名的东坡肉烹调法了。苏轼后来任杭州太守深受百姓爱戴。而这"东坡肉"也跟着沾光，名噪杭州，成了当地的一道名菜了。

第十讲
古代体育轶事

汉代的骑术与马戏

> 马术起源于何时？起源于西方还是东方，目前尚无定论。从史料记载和出土文物来看，我国至少在战国时期已经开始马背上的活动了。当时的马上活动，除了军事的推动外，还有马戏和赛马，可以说马戏和赛马是最古老的马术活动。

传说，黄帝时期我国已经出现了骑兵。某一天，黄帝的一个部署捕获了一匹野马，并对它进行饲养。一个叫王亥的人对野马进行驯化，并骑着它在部落里走动，顿时轰动了整个部族。黄帝立刻命令属下捕获更多的野马，并协助王亥驯化。当时捕捉野马很难，因此马匹就显得非常珍贵。正当大家在为训练出能够乘骑的马匹而高兴的时候，却发生了一件不幸的事，有只老虎潜入围栏，咬死了一只刚出生的小马驹。

黄帝的大将应龙大怒，立刻带上人骑马去追赶老虎，他们翻过几座山，终于找到了那只老虎。并用弓箭将它射死带了回来。这件事引起了黄帝的得力助手风后的注意，他认为既然可以骑马追上老虎，并将它射死，也就可以骑马杀敌。从此之后，黄帝下令，此后出去打猎遇到野马不可杀死。如果能生擒，并带回驯养，都予以重赏。也就是这一刻，骑兵诞生了。

传说毕竟是传说，黄帝时代或许有人骑过光背马，但是未必诞生骑兵。因为在马具未出现之前，人类无法在马行进中达到平衡骑乘。否则，夏商周时期的战争主导模式就不应该是车战，而是骑兵战术。大约在战国时期，中国北方的少数民族开始出现骑兵，马具主要是"绳镫"，他们往来如风，剽悍快捷，常常袭扰秦国、赵国、燕国等西北和北方诸侯国，尤其是匈奴对燕赵两国的影响最大。匈奴人的骑兵引起了赵国国君赵武灵王的重视，从而发起了一场革命——胡服骑射。

胡服骑射不但推动了赵国兵种的改变，而且也引起了其他六国对"骑兵"的重视，相继重视骑士。这样，骑射就诞生了。这一时期是否已经出现马鞍和马镫等成熟马具，史书缺乏记载，也没有出土文物佐证。但是有一点是可信的，那就是已经克服了骑在马上时"不平衡"的问题，也就是说出现了类似马鞍和马镫的物品，是否学习了游牧民族的"绳镫"，目前尚无定论。汉代，真正的成熟马具出现了，那就是高桥马鞍和铜铁马镫，正是因为马镫的出现，汉代卫青和

◆ 乐舞百戏图

霍去病的远征才能够匈奴，而匈奴在历次战争中失败的很大一个原因，就是马具的落后。当时汉军已经普遍装备了骑乘稳固的铜铁马镫，而匈奴骑兵普遍是简易的"绳镫"，在长途数千里的奔袭中，简易的"绳镫"极大地消耗了战士体力。汉军的高桥马鞍和固定马镫则更利于骑战。

汉代的赛马活动非常盛行，出土的汉砖上著名的《赛马图》就是当时赛马活动的生动反映。张衡在《西京赋》中对赛马活动也有过生动的描写："百马同辔，骋足并驰。"骑术的精湛推动了马术的发展，这一时期骑术不仅仅是军人的必备技能，而且还衍生出了"马戏"，也就是在马背上进行表演的活动。山东沂南汉墓中出土的《乐舞百戏图》中有一幅《马戏图》，生动地刻画了马戏表演时的状况。画面上两个小孩各自在马上表演，两马相向奔驰，左边一小孩左手执马鞭，右手持曲柄幢立于马上；右边一小孩双手执手戟据于马背，横体腾空，双足后翘，马蹄腾飞，显示出了表演者的精湛技艺。

延伸阅读

正史中的"马戏"

马戏，又叫戏马。《汉书》注称"戏马之术"。一说传自西域。西汉桓宽的《盐铁论》中，就有"马戏斗虎"的记载。当时，马戏还没有独立发展成一种体育运动，和"百戏"混合在一起，作为观赏的娱乐，叫做"骗"，从汉字的造字法来看，可知和"马"紧密相关。

汉末，马戏表演艺人到处巡回演出。《魏书·甄皇后传》记载："甄宓（甄皇后）八岁的时候，外面有马戏表演，他的家人都站在楼阁上去观看，只有他不为所动。"由此可见，在汉末，马戏表演已经相当普遍。

唐朝的盛装马术表演

唐朝的马术表演非常盛行，尤其是在宫廷里。唐朝的帝王拥有一定程度的少数民族血统，骨子里有着草原民族的豪放和骑射之风。当时打马球、骑射、赛马都很流行，而且还出现了舞马，这种舞马堪称当时的"盛装马术"表演。

舞马是唐朝宫廷重要的娱乐活动，每当节庆、国家大典、皇帝寿辰，舞马表演是必备的表演项目。据了解，舞马的演出规模庞大，每次表演的参与马匹多达数百匹。它们会随着音乐舞动身躯，有时甚至会表演衔杯祝寿等高难度项目，可说是"盛装舞步"的雏形。

唐朝诗人张说在的《舞马词》中记述了舞马表演的盛况："万玉朝宗凤扆，千金率领龙媒。眄鼓凝骄蹀躞，听歌弄影徘徊。天鹿遥征卫叔，日龙上借羲和。将共两骖争舞，来随八骏齐歌。彩旄八佾成行，时龙五色因方。屈膝衔杯赴节，倾心献寿无疆。帝皂龙驹沛艾，星阑骥子权奇。腾倚骧洋应节，繁骄接迹不移。二圣先天合德，群灵率土可封。击石骖驔紫燕，摐金顾步苍龙。圣君出震应箓，神马浮河献图。足蹋天庭鼓舞，心将帝乐踟蹰。"另外一位诗人钱起也

◆ 唐玄宗的爱马"照夜白" （唐 韩幹）

◆ 唐舞马衔杯银壶

在其《千秋节勤政楼下观舞马赋》中描述了宫廷舞马的情状:"忽兮龙踞,愕尔鸿翻,顿缨而电落朱鬣,骧首而星流白颠。"

唐玄宗非常喜欢"盛装马术表演",每年他的寿诞都会举行盛大的马术比赛,名曰"千秋节"。届时在长安城的勤政楼前举行盛大的表演,除了文武百官之外,还有骑兵步兵组成的仪仗队,身披金甲、锦旗招展,数百宫女穿着华丽的服饰,随着鼓点的节奏翩翩起舞。

当时的舞马表演已经和今日的"盛装马术表演"非常近似,有专门的乐队奏乐,表演的马匹和参演人员一起随着音乐翩翩起舞,训练有素的马匹不但能够随着音乐的节奏腾挪,还能够做出些令人难以相信的高难度动作。唐人又称马舞为蹀马。曾慥引《景龙文馆记》说,唐中宗景龙某年,"宴土蕃,使蹀马之戏,皆五色彩丝,金具装于鞍,上加麟首凤翅。乐作,马皆随音蹀足,宛转中节。胡人大骇"。由此可见,当时马术表演的舞蹈已经非常复杂和高超。

唐玄宗时期舞马表演中的音乐和舞蹈已经高度规范化和系统化,不少音乐直接从上古音乐中取得,《倾杯乐》是当时最为流行的马舞乐曲。唐中宗时这个乐曲已经被用于舞马,名为《饮酒乐》,宋代程大昌在《考古编》中记载:世传舞马衔杯上寿起于开元,非也。中宗时已有之。景龙文馆记:殿中奏蹀马之戏,婉转中律。遇作《饮酒乐》者,以口衔杯,卧而复起。"唐玄宗命人将这首曲子修改,每逢自己生日的时候就演奏,从而成为定制。与前曲相比,《倾杯乐》在技术处理上更为复杂。《明皇杂录》说:"其曲谓之倾杯乐者,数十回。"另外,还有一首叫做《华冈》的曲子也是当时比较流行的马术表演曲目,张诗记载:"试听紫骝歌乐府,何如绿骥舞华冈?"

延伸阅读

中国舞马的消失

安史之乱后,唐朝官廷的乐师和驯马人员大多流落民间。叛军占领长安后,官廷的舞马被史思明部将当做战马,并编入战斗序列。舞马被拉上沙场后,听到金铁交鸣之声和战场上的号角,以为是音乐之声,因此腾挪舞动,但却不冲锋前进。叛军们见这些马匹不听指示,就使劲用鞭子抽它们,舞马反而跳得更起劲。叛军以为这些马是"马妖",就将它们全部杀死,至此舞马从中国的历史舞台上消失了。后世虽然偶有复兴,但是都未曾达到唐朝的盛况,加之专业人员在乱世中的湮没,舞马也逐渐失传了。但是部分学者认为,舞马并未彻底消失,而是通过丝绸之路传到了欧洲。

古代体育交流与俱乐部

> 中国古代体育运动非常发达，不但出现了各种体育项目，还出现了体育比赛和体育俱乐部。其中产生于北宋的"角力社""圆社"，南宋的"齐云社"都是有史可证的体育俱乐部。

在所有竞技性的体育赛事中，对弈是最早的体育运动之一。既然存在竞技，那么棋手的分级就必不可少。南北朝时开始评定棋手的等级。那时棋手分为九品，以一品为最高。有人还写了《棋九品序》，这是围棋棋手分等级的最早记录，相当于古代第一次公布"等级运动员"名单。从此，围棋棋手分成九等一直不变，发展为现在的九段。

《北齐书·綦连猛列传》记载了南朝萧梁与北齐之间选派力士比赛武艺的事件，这是南北朝时期、鲜卑和汉族之间进行体育交流的一个事例，也是中国古代国与国之间互派军事体育代表进行比赛的最早而明确的记载。

另外，中国古代还诞生了女子足球比赛（女子蹴鞠）。女子蹴鞠的诞生和时代的发展有关，唐代是一个开放型的时代，不但男子拥有豪迈向上的风气，女性的社会地位也相对较高。当时宫廷中的女子大多参加蹴鞠，宫女们或踢弄传递，或绕身盘带取乐，这一运动一直到清末才消失。

除了女子蹴鞠，唐朝还出现了大型的集体体操。唐代宫廷中有一种"集体舞"，由武则天创造，用来给皇帝祝寿。舞蹈的宫女排列组合成汉字，有"皇帝万岁""圣超千古"等字样。这种舞与今天的大型团体操十分相似。

宋朝的时候城市发展迅速，市民文化发达。诞生了不少体育俱乐部，蹴鞠业的行会组织"齐云社""圆社"都很出名，其中"圆社"是全国性的足球"俱

◆ 蹴鞠图

乐部"。宋人陈元靓在其著作《事林广记续集》中记载："四海齐云社，当场蹴气毬，作家偏著所，圆社最风流。"明人高明《琵琶记·牛氏规奴》记载："白打从来逞艺，官场自小驰名，如今年老脚蹉蹭，圆社无心驰骋。"这些文献都反映了"圆社"的情况。另外文学作品中也出现了关于"圆社"的内容，《水浒传》第二回写道："俺道是甚么高殿帅，却原来正是东京帮闲的圆社高二。"

从诸多文献来看，圆社无疑是一个足球组织了，那么它在历史上的具体情形是怎样的呢？蹴鞠发展到南宋，踢球的艺人已经非常多，各地都产生了不少类似"蹴鞠俱乐部"的组织，其中以都城临安(今杭州)的圆社实力最雄厚，高俅即是圆社社员。圆社订有社规，规定参赛的人数、比赛规则等，参加圆社的人，要遵守社规，如不许做"人步拐、退步踏，人步肩、退步背"等危险动作，还规定"狂风起不踢，酒后不可踢"等。

圆社除了制定行规，还具有准入性。一个人参加了圆社，就可以到处跑码头，圆社对他们进行技术考核，通过后即可以免费接待他们。圆社中的社员，论技术高低分等级，最高级称校尉，女子进入校尉级的，称女校尉。著名元曲家关汉卿就有两首《女校尉》散曲，描写女校尉的球技。曲曰："蹴鞠场上，鸣珂巷里，南北驰名，寰中刻意"，"关白打、官场小踢，竿网下，世无双，全场儿占了第一"。

女蹴鞠者在消闲娱乐中有重要地位，"茶余饭饱邀故友，谢馆秦楼，散闷消愁，唯蹴鞠最风流，演习得踢打温柔。"邓玉宾《仕女园社气球双关》更道："似这般女校尉从来较少，随圆社常将蹴鞠抱抛，占场儿陪伴了英豪。"等等。

这说明，元代市民的蹴鞠继宋之后仍非常普遍。考古工作者曾在内蒙的辽墓中，发现了蹴鞠活动的壁画，从画面的布局看，应是一般的"白打"踢法，说明在辽代的北方少数民族中，蹴鞠活动也较为普及。

明朝时，为了提高女子蹴鞠的水平，开始从杂技行业中选拔蹴球伎。因为杂技演员身手更为敏捷灵活，所以，明代蹴球伎的能力明显超过前朝，如杂技女子彭云秀就是蹴鞠"明星"，名噪一时。

延伸阅读

古代的其他运动俱乐部

在中国古代，除了"齐云社""圆社"等蹴鞠行业的俱乐部外，其他运动项目也产生了自己的俱乐部。如"角力社"（以比力气为主要运动的俱乐部）、"角抵社"（类似于摔跤俱乐部）、"锦标社"（相当于射击俱乐部，射箭爱好者的组织）等。在这些俱乐部中，以北宋的"弓箭射"最为出名，北宋市民文化发达，娱乐业和运动繁荣。史载"弓箭射"的成员满布城乡，他们"带弓而锄，佩剑而樵"，常常聚集在一起射箭饮酒为乐。

《三国演义》中的大规模射箭赛事

> 古典文学作品《三国演义》中描写了曹操大宴铜雀台时举行的一场"射箭比赛"。比赛中曹休、文聘、曹洪、夏侯渊、张郃、徐晃都射中了箭靶的红心,都受到曹操的嘉奖。这场比赛堪称古典文学中描写的最细致、也最接近现代式的比赛。

古典文学中有不少比赛的场景,而且都记述得非常详尽。古代人比赛,已经开始设立奖项,如《红楼梦》中比诗才的奖品叫做"彩头",当然这种比赛是"文比",不具备竞技性。而《三国演义》第五十六回《曹操大宴铜雀台》中则详细的描写了一场竞技性的比赛,比赛有主办人,有参与的"运动员",有具体的奖品,有比赛过程,而且还分了参赛的团体。

曹操自从赤壁之战后,回到北方励精图治,努力发展农事。建安十五年(210)新建成"铜雀台",为了庆祝高台的落成,特别举办了一场射箭运动会,参与人员是其属下的诸将。曹操的部将基本分为两种,一种是起于同宗的曹氏诸将,另一种是历次征战中逐渐提拔和重用的别姓将领。曹操把将领们分成了两个队。曹氏宗亲出身的将领穿红色队服(披红战袍),别姓将领穿绿色队服(披绿战袍),并把一领西川红锦战袍挂在垂杨枝上作为奖品。

曹操坐在高高的铜雀台上,在台下设一箭靶子,以百步为射箭的场距。两队参赛者分成红绿两队站好,各带雕弓长箭,跨鞍勒马,等待主办人曹操发出比赛开始的命令。小说中写道:"曹操头戴嵌宝金冠,身穿绿锦罗袍,玉带珠履,凭高而坐。文武侍立。"铜雀台也可算是古典文学中较出名的"体育场看台"了。

◆ 曹操雕塑

参赛者都准备好之后，曹操发布了比赛规则："有能射中箭垛红心者，即以锦袍赐之；如射不中，罚水一杯。"比赛开始后，红队中一个少年将军飞马而出，原来是曹休。曹休在箭靶子前面纵马奔驰，往来三次，跑出一百步后，扣上箭，拽满弓，一箭射去，正中红心。顿时获得了满堂喝彩。在看台上的曹操也高兴地说："这是我们家的千里马啊！"曹休在射箭前纵马往来奔驰三次，这有点类似于今日的运动员测距，是否是寻找射箭的感觉，也说不定。总之他获得了头筹。曹操准备把"奖品"颁发给曹休，却引起了绿队中文聘的不满，因为绿队还未曾出场。曹操也就任由文聘上场。文聘拈弓纵马一箭，也射中了红心。鼓乐齐鸣，大家为他叫好。要说的是，在这场比赛中不但有参赛者，还有啦啦队。所谓"啦啦队"，就是那些来观看比赛的文士，以及为之鼓乐的人员。

文聘射中后，准备取奖品，引起了红队中曹洪的不满。他认为是曹休先射，因此也出场比赛，同样射中红心。曹休，曹洪，红队中二曹都射中了红心，曹洪认为二比一，己方取胜，准备取奖品。但绿队中张郃认为赛事还没有结束，因此"飞马翻身，背射一箭，也中红心。四枝箭齐齐的攒在红心里。"张郃射箭不但准，而且有点"花式"的意味，姑且叫作"花式射箭"，并能够从三支箭丛中射进去，也可看出其射艺之高超。

张郃准备领取奖品时，红队的夏侯渊（书中认为夏侯氏，曹氏属同宗，因此夏侯渊也是红队）却不买账了，也纵马出场，书中描写"马至界口，扭回身一箭射去，正在四箭当中，金鼓齐鸣。"眼看，最终奖品要落到夏侯渊手中，绿队的徐晃干脆一箭把杨树枝射断，锦袍坠落，他接在手中披在了自己的身上。前面四将射的还是靶子，目标较大，是平射，而徐晃射的却是杨树枝，而且是仰射。一箭射断杨树枝，堪称真正的"百步穿杨"。

徐晃披上锦袍，成为实至名归的"冠军"。最终冠军披"袍"是现代比赛中常见的，例如现代公路自行车赛，总时间领先者会"黄袍加身"，穿上象征冠军的"黄色领骑衫"。可惜，徐晃的"冠军袍"披得并不安心，被自己队里的许褚抢了过去，两人在厮打过程中将锦袍撕得粉碎。许褚的行为属于明显的犯规行为，但是曹操并未处罚这员爱将，而是给六人每人赐了一匹蜀锦，当然给许褚这个"犯规者"也奖赏了一匹。射箭比赛也到此结束。

延伸阅读

许褚

许褚，字仲康，谯国谯（今安徽亳州）人。曹操最信任的大将，屡立战功。和典韦一起统领曹操的亲军"虎卫军"，被称为"虎痴"。建安九年（204），追随曹操围攻邺城，因功赐爵"关内侯"。在小说《三国演义》中他被塑造成能和张飞，马超匹敌的猛将，弓马娴熟，刀法精良。尤其是和马超大战的那一次，酣战连日而不倦，并成就了"赤膊上阵"这个成语，是古代军事体育方面的楷模。

爱好球类的帝王们

> 蹴鞠从中国战国时代就已十分兴盛，据记载战国时期齐国的都城临淄是当时各国最繁华的城市，蹴鞠运动尤为兴盛。齐国的君主也都喜欢蹴鞠，引领了当时蹴鞠的时尚。此后，蹴鞠不断发展，并形成了多种打法，其中马球和脚踢的蹴鞠最为流行。不但民间爱好蹴鞠，就连宫廷里也有很多球迷，并出现了一大批球迷帝王。

早期的蹴鞠，以皮革为外壳，里面装满毛发，是一种实心球，主要用脚踢，称为蹴鞠；后来发展出"击鞠"，即骑在马上用球杖打，也叫做马球。现在国际上公认，蹴鞠是足球的前身，起源于中国。《汉书·艺文志》记载："蹴鞠者，传言黄帝所作。"假设这一记载属实的话，那么黄帝就是第一个热爱球类的帝王了。

《战国策·齐策》记载："临淄甚富而实，其民无不吹竽鼓瑟，弹琴击筑，斗鸡走狗，六博蹴鞠者。临淄之途，车毂击，人肩摩，连衽成帷，举袂成幕，挥汗成雨，家殷人足，志高气扬。"由此可见，当时齐都临淄体育之盛。秦汉时期，体育在民间更加普及，汉高祖刘邦在乡里时，就常常斗鸡走狗，热爱蹴鞠，他的父亲刘太公也是蹴鞠的爱好者。刘邦称帝后，专门在都城长安建造了一个大规模的"鞠城"，他不但观看蹴鞠，还常常下场踢球。鞠城建成后，史料虽无记载大规模的球赛，但是举行比赛是显而易见的。汉代的足球场（鞠城）已经具备了现代足球运动的雏形，东西两面各有六个鞠室（进球的地方）。汉武帝刘彻也是一个球迷，常和内侍踢球。在对匈奴的战争中，行军所到之处，都设立球场，把踢球作为训练

◆ 喜欢蹴鞠的宋太祖赵匡胤

◆ 宋徽宗

士兵的方法。

唐代发明了用"八片尖皮"制作的充气足球,鞠室也变成拉网的两个球门,这已经非常接近现代足球了。唐朝是一个开放的时代,因此马球和蹴鞠都很盛行,唐朝的球迷皇帝也最多。709年,唐中宗李显把养女金城公主送到吐蕃去和亲的时候,就曾在宫中举行和吐蕃队的马球比赛,以示庆贺,这可算得上是国际性的大赛。

宋代的皇帝也都热爱球类,宋太祖赵匡胤、宋太宗赵光义都是球迷。宋代无名氏画的《宋太祖蹴鞠图》就画了他俩和赵普、石守信等六人踢球的情形,甚为精彩。宋徽宗赵佶也是球迷,他规定每年他的生日,文武百官祝寿后,内廷的球队要进行足球比赛。高俅本来只是端王府的一个跟班,因为球踢得好,很受端王的恩宠。后来端王登基为帝,也就是宋徽宗,高俅也跟着鸡犬升天,被提拔为高官。

金代也有一些球迷皇帝。金世宗完颜雍不但自己经常在常武殿打马球,而且还鼓励老百姓都打马球。金哀宗完颜守绪酷爱打马球。但是球技太差,他就请当时的"足球明星"撒合辇教他打球,结果被太后知道,认为他玩物丧志,遭到一顿狠批。

明代,开国皇帝朱元璋认为蹴鞠丧志,因此严厉禁止蹴鞠。但是他无法禁止自己的后代子孙不玩蹴鞠,明宣宗、明武宗、明熹宗都是蹴鞠的高手,常常在宫中举行蹴鞠比赛。明代人绘制的《明宣宗行乐图》中生动地反映了明宣宗朱瞻基身穿紧衣短靴,头戴尖帽,在宫中蹴鞠的形态。另外,宣宗之后的皇帝还常在端午节和重阳节举行球赛,西华门内锣鼓喧天,马球场上常常能见到皇帝的身影。

明末蹴鞠逐渐失传,清代未能继承蹴鞠传统。

延伸阅读

明宣宗行乐图

《明宣宗行乐图》是明代宫廷画家所画,长690厘米,分为五部分。画中的五个场景用宫墙、门楼自然分开,明宣宗容貌丰硕,体格魁梧,头戴尖顶圆帽,身着窄袖衣,外罩紧袍服,分别参与了射箭、蹴鞠、马球、捶丸、投壶等运动。生动地反映了明代宫廷里帝王的体育活动。

古代神射手佳话

> 中国古代有很多射箭名手,后羿、纪昌虽然称为"神射",但都是传说中的人物。太史慈、斛律光,以及唐高祖李渊却都是有史可查的神射手。李渊还因为善射,而被招为佳婿,堪称是对他最大的奖赏。另外,中国历史上对射箭冠军还有多种奖励,蔚为大观。

早在西周时期,人们已经非常重视射箭,学校里有射箭课,男人们自幼练习,以不会射箭为耻。到了战国,战争更是极大地推动了射箭技术。《韩非子·内储》记载,当时为了激发百姓习射热情,有谁犯了罪过,不拿刑具而是拿弓箭,犯罪者如果射中目标,可以免罪,反之则从严治罪。因而百姓人人习射。

冷兵器时代,射箭是最有效的狙击方式,远距离隐蔽攻击,保证了自身的安全,而且成本低廉,可以回收再利用。对于箭手来说,要精确命中目标,和现代狙击枪手一样,既要考虑距离、风速,又要考虑温度、湿度的影响,可惜很难在史书里找到如此专业的记载,这与当时人的认知有很大关系。许多箭手能够在复杂的环境条件下射中目标,凭借的并不是多么科学的数据计算,而是多年实践积攒下来的经验。《三国志》卷四十九记载,大将太史慈"猿臂善射,弦不虚发",一次讨敌时,敌人在屯子里的楼上叫骂,手扶着楼柱,太史慈引弓射之,箭穿透其手掌狠狠钉在楼柱上,史载"矢贯手著柎"。远距离射中手掌这么小的目标,而且还是在不断移动的过程中,其难度可想而知。

《北齐书》记载,斛律光从小善骑射,17岁被善于识人的高欢任命为都督,后来高欢的儿子高澄做了北齐皇帝,更是善加恩

◆ 唐高祖李渊。李渊出身陇右豪族,也是一个善射的神箭手。

宠，封为征虏将军。一次随皇帝打猎，看到一只大鸟在云际飞翔，斛律光引弓扣箭，一箭射中其颈，大鸟如车轮般旋转落地，原来是一只大雕。顿时喝彩声四起，人们称其为"落雕都督"。

斛律光的父亲斛律金也是一名神射手，从小便教导儿子斛律光和斛律羡射箭。兄弟俩出去打猎，斛律羡常常满载而归，但是斛律光带来的猎物却很少。每次斛律金都叫哥儿俩交换获得的猎物，并把斛律羡责骂一顿，人们奇怪斛律羡获得的猎物多，为什么还要责骂。斛律金解释说，别看小儿子斛律羡猎物多，但他是看到什么射什么，随处下手。而斛律光是有选择地射，而且所有的箭都射在猎物后背上，所以斛律金说斛律羡"其数虽多，去兄远矣"。由此更见斛律光射箭技艺之精，斛律金对两个儿子的了解之深。

北周时期，很多将领都是游牧民族出身，因此多善射。李渊的高祖是北周"八大柱国"之一，因此李渊也继承了父系一脉善射的传统。当时北周上柱国窦毅有一个女儿窦氏，胆识过人，就连他的舅舅周武帝都对她另眼相看，因此父亲也很重视她，想为她寻一个佳婿。他叫人在门屏上画了两只孔雀，凡是两箭各射中一只孔雀眼睛的，就招为女婿。前边有几十人都没有射中，轮到李渊之时，两箭都射中孔雀的眼睛。窦毅十分高兴，便把女儿嫁给了李渊。李渊因为射中孔雀双眼而获得佳妻，堪称佳话。窦氏是一个贤内助，对李渊成就大业有不可忽视的作用。

《北史》记载，魏孝武帝将银酒杯悬

◆ 骑射雕像

挂于百步之外，"命善射者十余人共射，中者以赐之"，这大概是最早的奖杯。最幸福的当然是李渊，赢了个老婆。

宋代射箭比赛在民间非常盛行，也出了不少神射手。但是到了元代，弓箭开始被禁，明清之后民间的射箭比赛逐渐衰弱了。

延伸阅读

元朝管制弓箭

元朝统一全国后，弓箭成了管制工具。民间禁止射箭练习。据《元史·刑法志》记载，除了政府的缉捕人员配置弓箭外，其他人一律禁用。而且不但不能使用，私藏也不允许，当时以一张弓三十只箭为一副，凡家有私藏，不足一副者鞭五十七；四副以下，鞭打七十七，劳改二年；五副以上，杖打九十七，劳改三年；私藏十副者，立即处死。就这样，弓箭这种原本属于民间的东西被彻底禁止了。

王积薪蜀中得棋艺

> 王积薪是唐代围棋国手,翰林出身,因其对弈高妙而受到唐玄宗李隆基的赏识,任"棋待诏"。他长期在宫中陪唐玄宗下棋。王积薪性情豁达,勤勉好学,在棋术上刻苦精进,有"棋圣"之称。

王积薪擅长对弈,青年时代就已很出名。他考中翰林后,长期陪侍唐玄宗左右,很多全国著名的棋手都曾和他下过棋,不少人成为他的手下败将,他因而赢得大名。但是他从不以名家自居,而是乐于和普通人结交,因此认识了不少民间的高手。

王积薪爱棋成痴,每次外出游玩,身边总带着一个竹筒,里面放着棋子和纸画的棋盘,以便于遇到高手对垒。他常把竹筒系在马车的辕上,途中不管遇见谁,只要会下棋,即便是乞丐,他也会坐下来杀上一盘。如果对方输了,他会礼貌对待,毫不折辱;如果对方赢了,他也不愤怒,还会请对方吃一顿佳肴。正是因为这种性情,他的棋艺获得了很多隐居在林泉之下的高人指点。关于他的棋艺,还有一个故事。

天宝十五年(756)秋天,范阳节度使安禄山发动叛乱,安史之乱爆发。很快,叛军就攻陷了首都长安的门户潼关,唐玄宗和一大帮官员匆匆离开长安,逃往蜀中。在这条逃亡路上不但有军队扈从,也有文学棋画侍从,王积薪就是其中一位。当时,追随玄宗奔蜀的官兵军纪很差,常常发生火并和争执事件。皇帝的随行人员流散的流散,逃亡的逃亡,王积薪一路吃尽苦头,晚上只能露宿荒野,更不要说和人下棋了。有一天晚上,逃亡人员在一个小村镇歇脚,官兵们强占了村镇里所有能住人的地方,就连屋檐下也是散兵游勇。王积薪无处夜宿,只好沿着溪水寻找人家,不觉间进了山林,发现了一处茅屋。便向茅屋的主人求宿,但主人家只有一个孤老太太和一个中年村妇,因此他只好呆在屋檐下。主人见他寒微,就给了他水和米。

星月在天,茅屋的主人阖门闭户入睡,王积薪躺在屋檐下怎么也睡不着。忽然听到东边茅屋里老太太对西边屋子里中年妇人说:"今晚天气很好,下一盘棋怎么样?"中年妇人应声说:"好。"王积薪感到很好奇,屋子里既没有蜡烛和灯光,而且两人又不在同一个房间,如何下棋呢?过了一会儿,东边屋子里的老太太说:"起东五南九置子矣。"西边屋子的中年妇人回应:"东五南十二置子矣。"老太太又说:"起西八

有礼，恭敬地向茅屋的主人请教棋艺。屋子里的老太太说："你可以按照你平常下棋的方法来和我下棋。"王积薪使出浑身解数，把自己最精湛的棋艺都使了出来，但仍然刚走十余步就输了。老太太说："可以教你一些棋艺中一般的方法。"之后，就教他攻守杀夺救应防拒之法，但却说得很简略。王积薪请求老太太教自己更高明的棋艺，老人笑着说："以你现在的棋艺已可无敌于天下了。"

王积薪拜别老人，后来再去寻找却再也找不到了。他曾苦思当夜记下的妇姑棋局，但是罄竭心力，仍然悟不透。此次意外的受教，王积薪的棋艺变得鬼神莫测，日臻化境，再也未曾遇到与之匹敌的敌手。

◆ 《松溪对弈图》（明 陈洪绶）

南十置子矣。"中年妇人回答："西九南十置子矣。"王积薪恍然大悟，原来这姑妇二人是在下盲棋，不由骇异。仔细听她们的棋路，高深莫测。这场棋局一直持续到四更天，王积薪也没有睡，他不敢有丝毫惊动，只是在心里默默地把棋路都记下。

天亮后，王积薪收拾齐整衣冠，整肃

延伸阅读

王积薪围棋十诀

王积薪的棋艺冠盖古今，不仅在当世影响很大，而且完成了一套围棋理论，如《金谷九局图》等，可惜他的著作大多失传，仅有围棋《十诀》传世。

围棋十诀指：不得贪胜；入界宜缓；攻彼顾我；弃子争先；舍小就大；逢危须弃；慎勿轻速；动须相应；彼强自保；势孤取和。

达摩祖师与少林武功

> 达摩是在中国传禅宗的第一人,是佛教在中国本土化的重要人物,后人尊达摩为中国禅宗初祖,尊少林寺为中国禅宗祖庭。历史上流传下来关于达摩的故事家喻户晓、为人乐道,都表达了后人对达摩的敬仰和怀念之情。

达摩从印度出发,东行来到中国。到南梁后,受到梁武帝的接待。梁武帝是笃信佛教的帝王,他即位以后建寺、写经、度僧、造像甚多,他很自负地询问达摩:"我做了这些事有多少功德?"达摩却说:"无功德。"武帝又问:"何以无功德?"达摩说:"此是有为之事,不是实在的功德。"武帝不能理解。达摩就去了魏都洛阳。不久又来到嵩山,他发现这里山青水秀,就在五乳峰的山洞中落迹面壁,一坐就是九年,直到达到悟出佛之终极。从此也被尊为中国佛教的禅祖。

当年达摩和僧侣们终日在深山老林里静坐,修禅普法。时间长了,达摩发现他们学习新东西进度很慢,原来是因为他们长时间保持一个姿势,身体变得僵硬,筋骨酸疼,有些僧人甚至会体力不支,打坐没多久不免会精神不振,昏昏欲睡,而且在山林里还时常担心野兽的袭击。于是达摩意识到了锻炼身体的重要性,在向僧侣们传授禅宗的同时,还注意训练僧侣们的体能。他叫僧侣们每天长途跋涉到自己的山洞,根据自己所学的瑜珈学开发了一系列功夫,这些功夫对于促进体内能量循环、提神和放松筋骨等有很大的帮助,长期坚持训练就可以达到强身健体的目的。

同时,为了驱倦、防兽、健身、护寺,达摩等人还仿效我国古代劳动人民锻炼

◆ 达摩面壁图

◆ 少林寺的达摩石雕

场上搏斗。为了维护名声被敌人损害的头领的荣誉，一名角头场上的冠军会与来自敌方的另一名冠军激烈拼杀，直到其中一个在这场智与勇的较量中死去。印度有两部古籍都提到过它：一部是讲述战争技艺的《戴诺吠陀》，另一部是医学著作《寿命吠陀》。然后，也许正是那位佛教圣贤——达摩，于公元前5世纪左右将卡拉里帕亚介绍到中国，又在少林寺那里它发展成了"中国功夫"并最终派生出其他门类的武功。

身体的各种动作，编成健身活动的"活身法"传授僧人，此即为"少林拳"雏形。此外，达摩在空闲时间还练几手便用铲、棍、剑、杖等防盗护身的动作，后人称之为达摩铲、达摩杖、达摩剑。以后，他又吸取鸟、兽、虫、鱼飞翔、腾跃之姿，发展"活身法"，创造了一套动静结合的罗汉十八手。经过历代僧徒们长期演练、综合、充实、提高，逐步形成一套拳术，达百余种，武术上总称"少林拳"。的确，把武术训练作为寺庙的主要课程似乎是令人难以理解的。但历史表明，在当时，对僧人来说，寺院武术项目要比佛教的说教更重要。

无论关于达摩与武术的传说是真实的，还是虚构的故事，总之僧人强身健体之术的传播是毋庸置疑的。据考证，3000年来，印度西南部的确一直有习武的传统——这大概比世界上其他任何地方都历史悠久。武术在印度被称作"卡拉里帕亚"，意思是在角斗

延伸阅读

一苇渡江

传说，达摩在金陵时听到一个叫神光的人很通佛法，讲经时地涌金莲，顽石点头，吸引了很多人。达摩就去听经，他发现神光讲的并非如传言那般正确，因此认为对的就点头，不对的就摇头。神光发现了他，见他摇头，认为他对自己不敬，就和他探讨佛法。两人的认识不一致，达摩转身离去，一直向北。人们告诉神光，离去的僧人叫达摩。神光一听是达摩大师，大为后悔，立刻去追赶。达摩到了长江边上，没有渡船。他看到一个老妇抱着一捆芦苇坐在江边。于是，恭恭敬敬地施了一礼，说道："老菩萨，我要过江，怎奈无船，请您老人家化棵芦苇给我。"老人便送给他一根芦苇，达摩乘着芦苇飘然过江。

神光一见达摩乘苇渡江，冲过去抢过老妇的芦苇丢到江里，跳上去就追，谁知却坠入水中，差点被淹死。她责问老妇，为何达摩能乘一支芦苇渡江，自己用一捆却不行。老妇回答："他是化我的芦苇，助人有份，你是抢我的芦苇，物各有缘，无缘无故，岂能相助？"说完，老妇就消失了。神光大为愧恨。

清代木兰围场的体育盛会

> "木兰秋狝"是清代皇帝举行的盛大的围猎活动,它不但是帝王不忘尚武的体现,也是盛大的体育活动。尤其是"塞宴四事",更是有骑射、赛马、摔跤等比赛,堪称中国古代的皇家体育盛会。

游牧民族常把大规模的围猎作为军事演习,辽代的帝王曾多次进行准军事性质的围猎活动。居于我国东北地区的满族人也常常进行围猎活动,一方面获取猎物,一方面达到磨砺军队的目的。满族人入主中原,建立清政权后仍然保持了这一习俗。1681年清康熙皇帝为了锻炼军队,开辟了一万多平方公里的狩猎场,称为木兰围场(今河北省围场县境),从此开始了延续140多年的"木兰秋狝"。这既体现了满族人的尚武之风,也是盛大的体育活动。

木兰秋狝通常在每年的秋天举行,清朝皇帝带领王公大臣、八旗精兵来到森林密布、绿草茫茫的木兰围场,进行骑射、狩猎。从康熙四十二年(1703)开始在承德修建行宫,到乾隆五十五年(1790)建成,这就是

◆ 清代大阅兵。清代大阅兵中有许多军事体育活动。

◆ 塞宴四事图

热河行宫，后世也称"承德避暑山庄"。

乾隆帝对"木兰秋狝"相当重视，自乾隆六年（1741）到乾隆五十六年（1791），秋狝次数达40次之多。嘉庆曾在乾隆四十九年（1784）随驾进驻避暑山庄进行木兰行围，因此对木兰秋狝留下了很深的印象。"木兰秋狝"结束后，蒙古卓索图、昭乌达盟的盟长按照惯例进献御宴，诈马、什傍、相扑、教跳是必不可少的节目，史称"塞宴四事"，也就是盛大的体育比赛。

宴会开始后，皇帝进茶，诸王公要逐一行跪拜礼。皇帝饮茶结束后，开始饮酒进食，并命蒙古王公台吉一起进餐。这时，开始演奏各种乐器，蒙古少女们跳舞助兴，皇帝和王公们饮酒娱乐。皇帝进膳结束，再次献茶，便开始正式的体育活动了。首先表演的是摔跤（满族称为"布库"），摔跤是蒙古族的传统体育项目，也是蒙古人最喜欢的运动之一。参赛的两人脱下帽子，穿上紧身褡裢，系上腰带，两人以力量和技巧角逐，以摔倒对方决定胜负，胜者当场赐酒。

摔跤之后的运动项目是"教跳"。所谓"教跳"就是骑生驹。一般选择野性大、狂奔乱咬、难以制服的3岁马，赶到御帐前面的原野，王公弟子手持套马竿追赶从未受过约束的生马驹，经过一番风驰电掣般的追逐，最终给马带上鞍鞯，驭手骑乘上去，将马调驯制服为获胜。

第三项比赛是"诈马"，也就是少年骑马赛跑，骑手全部是贵族的少年子弟，挑选出近百匹好马，扎好马鬃马尾，去掉马鞍，骑着光背马在草原上赛跑，赛程一般为20华里（10公里）。比赛的枪响后，骑手们纵马奔驰，最先到达终点的36人都会获得奖品。

什傍（音乐表演）、摔跤、教跳、诈马被合称为"塞宴四事"，历来是宫廷最受欢迎的体育活动，清代画家郎世宁曾画有《塞宴四事图》，专记此事。

延伸阅读

承德避暑山庄

承德避暑山庄位于河北省承德市北部。始建于清代，历经康熙、雍正、乾隆三代帝王才建成，是清代皇帝夏日避暑和举行围猎的地方。整个山庄沿着武烈河西岸一带狭长的谷地而建成大面积的宫殿，山庄的建筑布局大体可分为宫殿区和苑景区两大部分。苑景区又可分成湖区、平原区和山区三部分。内有康熙乾隆钦定的72景。拥有殿、堂、楼、馆、亭、榭、阁、轩、斋、寺、等建筑100余处。避暑山庄半环着寺庙群，称为"外八庙"，面积达40多万平方米，和整个山庄浑然一体。

清末体育教学

清朝末年，西方列强侵入中国，中国的传统体育项目受到极大冲击。随着清政府的日益没落和衰败，中国的传统体育也走到了尽头。西方的体育思想进入中国，为了富国强兵，增强人民的体质，仁人志士们在学校教育中开展了一系列新式的体育教学。

1901年，面临内外交困的清政府。为了缓和阶级矛盾，不得不宣布实行"新政"。"新政"的颁布，使新式教学方式较快得到发展，其中体育教学受到极大的重视。"新政"的内容中，与体育关系比较密切的是编练新军、废科举、兴学堂、选派留学生、建立教育行政机构和颁布"学堂章程"等。

1902年，清政府颁布了《钦定学堂章程》，这个章程是中国近代教育史上，由政府公布并在全国范围内施行的第一个学制，对后来的学校教育影响很大。它一直施行至1911年清政府灭亡。新的学堂章程完全照搬日本模式，首先把"体操课"列为各级学校的必修课。它规定：小学堂每周上三学时，中学堂每周二学时，高等学堂每周三学时，另外高等学堂的男生另加一学时的兵学课。

清末的"体操教育"有着强烈的实用主义观念，中学的体操课每周3—4节，进行普通体操和兵式体操两种。所谓"普通体操"就是日本、瑞典式的体操。"兵式体操"是训练军人的体育手段，主要来源于德、日。内容有队列、刺杀、托枪、射击、战阵、单兵教练、小队教练、中队教练、枪剑术、野外实习、柔软体操、器械体操、兵学大意等。这些在《钦定学堂章程》中都有明确的规定。可是，当时教师奇缺，又无系统的教材，大部分学堂实际上并未开设体育课。有的学堂虽然开设了，但教师多为留学生和从日本请来的洋教师，并且多是退役军人。上课时，操的是"洋操"，"口令"是用日语喊的，学生们根本听不懂。

由于大批的学校都开设体育课，因此

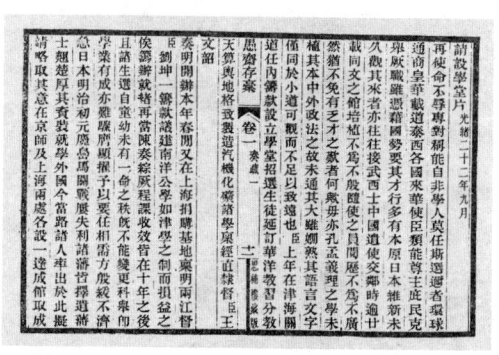

◆ 清代盛宣怀请求清廷开新式学堂的奏疏

◆ 盛宣怀。他提出废止科举，开设近代化教育，对现代体育的发展起到了较大的促进作用。

带来了体育师资力量奇缺的社会矛盾。为了解决这一难题，1906年，清政府学部通令全国"附设五个月毕业之体操专修科，授以体操、游戏、教育、生理、教授法等，名额百名，以养成体育教习"。这一通令，对兴办培养体育师资的学堂和体育专业是有促进作用的。

甲午战争结束后，引发了又一波出国留学热潮。其中，不少留学生出国后专攻体育，留日学生中很多人进了"大森体育学校"。"大森体育学校"又称"大森体育会"，学制一年和一年半，课程有体育学、教育学、解剖学、生理学、音乐、徒手体操、器械体操、兵式体操等。我国去日本学体育的，基本上进此学习。回国后，也基本上仿照"大森体育学校"，在国内兴办培养体育师资专业。这些留学生回国后，在国内办起体育专门学科的学校或任师范学堂中的体育专修科教师，对近代体育的传播起到了桥梁作用。

1907年11月，中国留日学生徐一冰和徐傅霖等六人在上海创办"中国体操学校"。喊出了"提倡正当体育，发扬全国尚武精神，养成完全体育教师，以备教育界专门人才"的口号。该校从1907年开始，持续了20年，共有毕业生36届，学生达1500余人，为我国的近代体育发展作出了巨大的贡献。

清末体育教学是在"废科举、兴学堂"，提倡尚武精神的历史条件下开始的，是中国近代学校体育实施的开端。

延伸阅读

徐一冰

徐一冰（1881—1922），浙江南浔人，体育教育家。青年时期思想激进，主张维新，因不忍"东亚病夫"之辱，赴日本学习近代体育，其间加入同盟会。两年后学成回国，先在高阳里设华商体操会，同时任教于上海爱国女校、湖州旅沪公学、民立中学、中国公学等校。光绪三十三年（1907）年底，与徐傅霖等人在上海创办中国体操学校。1911年辛亥革命爆发后，支持学生参加革命，组成学生军攻打制造局。民国政府建立后，曾颁发给他一等金质嘉禾章。此后长期办学，发展体育运动，以提高国民素质。他还倾尽家财，创办《体育杂志》，亲任总编，有《徐氏教育学》等书留世。

刘长春与中国奥运梦

> 刘长春是中国近代史上参加奥运会最具悲剧性的人物,他曾于1932年参加了第10届奥运会,1936年参加了第11届奥运会,但都和冠军无缘。他的悲剧是中国近代史的缩影,而他的进取精神则代表了整个中华民族的精神。

刘长春1909年11月25日生于辽宁省大连市北河口,1927年就读于东北大学体育系。他擅长短跑,步频快、步幅大、动作向前性好,是当时学校里的体育尖子。他于1932年参加了在美国洛杉矶举行的第10届奥运会,是中国正式参加奥运会的第一位运动员。

1929年5月,第14届华北运动会在沈阳举行,刘长春参加了此次运动会,并一举打破100米、200米和400米3个短跑项目的全国纪录,成绩分别是10.8秒、22.4秒和52.4秒。这个成绩在当时是具有很大的鼓舞性质的,因为1928年在荷兰举行的阿姆斯特丹奥运会上100米冠军的成绩也是10.8秒。

1932年洛杉矶奥运会,中国曾有意参加足球赛,当时中国的足球实力在远东首屈一指。但后来主办方取消了足球赛事,代之以美式足球表演赛。另外,当时国民政府的经济状况非常萧条,没有能力参加奥运会,因此决定不参加。

1932年6月12日,上海《申报》爆出一条消息,引起全国震惊。消息中指出,洛杉矶奥运筹备会接受"伪满州国"的报名,并报道说"伪满州国"正在举行奥运选拔赛。不久,传出消息说"伪满洲国"将派遣于希渭和刘长春参赛。当时国内抗日情绪高涨,刘长春在东北沦陷不久后已经离开沈阳,逃到北平,并在《大公报》申明:我是中国人,绝不代表日伪满州国参加第十届奥运会。

为了粉碎日本人扶植的"伪满州国"参加奥运会,中国决定派遣运动员参加奥运会。1932年6月25日外交部从国际奥委会总部得到消息,伪满州国参加奥运未得到国际

◆ 赛场上的刘长春

◆ 准备参赛的刘长春

奥委会批准，故无参赛资格。当时奥运会报名已经结束，中国急电要求破例报名，后获得同意，刘长春和于希渭成为参赛选手。

刘长春经人安排转往上海练习，于希渭则被日本人扣留，无法离开东北。于是参加第10届奥运会只有刘长春一人。赴美经费是一大笔钱，当时教育部决定不派选手参加，因此没有经费支援。幸好时任东北大学校长的张学良将军出面，资助经费约8000银圆（约合1500美元）。当年7月6日、7日，上海新闻界、体育界及团体，为刘长春饯行，将近2000人出席，场面热烈。7月8日，刘长春自上海搭乘邮轮，出发前往美国洛杉矶。经过21天海上行程，邮轮在7月29日抵达洛杉矶，受到筹备会人员及侨胞热烈欢迎。筹备会人员以警车开道，将刘长春送到选手村，第二天下午就要举行开幕典礼了。

开幕典礼当天，由刘长春持国旗，绕场的人有宋君复、沈嗣良，以及在洛杉矶临时找来的华侨及青年会干事刘雪松、申国权、托平等人。刘长春经过3个星期海上漂浮，体力早已大受影响，因此原来报名3个项目，他只参加了100公尺和200公尺的比赛，400公尺则因体力不支，没有出场比赛。参加的两个项目，都是分组中最后一名，未能晋级。比赛结束后，刘长春因路费不够，而无法回国，后来是在当地华侨的捐助下才回到中国。

1936年，刘长春第二次代表中国参加第11届奥运会，同样由于28天的海浪颠簸，体力消耗较大，而未能取得好的成绩。从上世纪30年代起，刘长春开始体育教育生涯。

延伸阅读

一个人的奥林匹克

《一个人的奥林匹克》是一部电影，由著名导演侯咏执导，李兆林扮演刘长春，讲述中国第一个参加奥运会的运动员刘长春的故事。在日寇入侵中国，重重设置障碍阻挠他参赛时，他不顾个人安危，积极参加比赛。在经过多日漂泊，体力透支的情况下，仍然参赛。虽然未能获得冠军，但却显示出中国人不屈不挠的精神。拍摄此片时，国际奥委会主席雅克·罗格亲自为此片题了英文片名。这也是中国人在圆了百年奥运梦的同时，对历史的一种铭记。